WILLIAM H

COMENTARIO
AL NUEVO TESTAMENTO
– Tomo 9 –

1ª y 2ª Corintios

WILLIAM BARCLAY

COMENTARIO
AL NUEVO TESTAMENTO
– Tomo 9 –

1ª y 2ª Corintios

Editorial CLIE
Ferrocarril, 8
08232 VILADECAVALLS (Barcelona)

COMENTARIO AL NUEVO TESTAMENTO
Volumen 09 - Corintios

Traductor de la Obra completa: Alberto Araujo
© por C. William Barclay. Publicado originalmente en 1970
  y actualizado en 1991 por The Saint Andrew Press,
  121 George Street, Edimburgh, EH2 4YN, Escocia.
© 1997 por CLIE para la versión española.

ISBN 978-84-7645-749-8 Obra completa
ISBN 978-84-7645-906-5 Volumen 09

Impreso en USA

Printed in U.S.A.

Clasifíquese: 0235 COMENTARIOS COMPLETOS N.T. -Corintios
              C.T.C. 01-02-0235-04
Referencia: 22.38.55

PRESENTACIÓN

Las cartas de Pablo a la iglesia de Corinto contienen algunos de los pasajes más conocidos y queridos por los cristianos de todos los tiempos, como el himno al Amor, la institución de la Santa Cena y la exposición de la Resurrección. Además, tienen una palpitante actualidad y presentan a la Iglesia un desafío inquietante en este tiempo en que es más dolorosamente consciente de sus divisiones, y los movimientos pentecostal y carismático han sacado a luz dones y ministerios que habían quedado arrumbados en las iglesias históricas.

Pero algunos de nosotros no podemos negar que a veces tenemos dificultad para seguir el hilo de estas cartas, porque nos parece que se entremezclan los temas. Es muy posible que descubramos la clave para resolver algunos de estos problemas en la Introducción general a las cartas a los corintios que William Barclay pone al principio de este volumen. Luego, la misma traducción en lenguaje actual de los textos de Pablo puede que acerque más su pensamiento a nuestra comprensión. Y a medida que nos vayamos adentrando en el comentario propiamente dicho, iremos comprobando la extraordinaria habilidad de Barclay para aclararnos alusiones que nunca habíamos comprendido, como el bautismo por los muertos, las vígenes casadas y el aguijón de Pablo, entre otras.

Con sencillez y naturalidad nos explica las palabras más importantes del original, entre las que es posible que ya nos vayan sonando algunas hasta a los que no sabemos griego.

Sin hacer el menor alarde de erudición presenta, como a viejos amigos, a más de una docena de autores de la antigüedad clásica, a otros tantos padres de la Iglesia, a reformadores y figuras más modernas de la Cristiandad, y de la historia universal, y a personalidades relevantes del mundo de la cultura y del arte y de la ciencia como Platón y Aristóteles, Agustín y Tertuliano, Lutero y Knox, Fox y Booth, Händel y Goethe, Pascal y Freud, entre otros muchos. Quedarán indelebles en nuestra memoria las semblanzas que nos hace de contemporáneos y colaboradores de Pablo como Apolos, Aristarco, Epafrodito, Lucas y el mismo Pedro; el anciano obispo y mártir Policarpo de Esmirna; el místico mallorquín Ramón Llull; el apóstol del Metodismo John Wesley; el padre del movimiento misionero moderno William Carey... «Y qué más digo? Porque el tiempo me faltaría...»

Barclay nos hace percibir el hondo sentir del corazón de Pablo por las glorias y los problemas de aquella iglesia, que fue probablemente la que le dio más quebraderos de cabeza, y ante la que tuvo que defenderse, a su pesar, de toda clase de burlas y calumnias. No hubo que esperar hasta los siglos IX y XVI para que hubiera cismas y herejías, y no se diga plaitos, envidias, rivalidades y divisiones. Pablo receta la humildad, el orden y la disciplina; pero por encima de todo, y nada sin Amor, del que Cristo nos dio ejemplo y que Su Espíritu hace nacer y crecer en nuestros corazones. Y nos presenta la misión y la gloria de la Iglesia en una de sus alegorías geniales: como el Cuerpo de Cristo, vivificado y gobernado por Su Espíritu.

Otras alegorías típicamente paulinas e igualmente geniales son: la de nuestro cuerpo como la tienda de campaña, el habitáculo temporal de los peregrinos que van camino de su morada definitiva, el cuerpo espiritual que recibiremos en la Resurrección; y la de la muerte y la Resurrección como la siembra de la semilla que muere y se reproduce en una planta incalculablemente más plena y desarrollada.

Pablo y su intérprete Barclay dejan bien claro que su tema supremo es el único fundamento de la Iglesia, Jesucristo, a Quien nos presentan aquí además como Primicias de la Resurrección y como el Sí y el Amén de Dios.

Alberto Araujo

ÍNDICE

2 CORINTIOS

INTRODUCCIÓN GENERAL
A LAS CARTAS DE PABLO

LAS CARTAS DE PABLO

Las cartas de Pablo son el conjunto de documentos más interesante del Nuevo Testamento; y eso, porque una carta es la forma más personal de todas las que se usan en literatura. Demetrio, uno de los antiguos críticos literarios griegos, escribió una vez: «Cada uno revela su propia alma en sus cartas. En cualquier otro género se puede discernir el carácter del escritor, pero en ninguno tan claramente como en el epistolar» (Demetrio, *Sobre el estilo, 227*). Es precisamente porque disponemos de tantas cartas suyas por lo que nos parece que conocemos tan bien a Pablo. En ellas abría su mente y su corazón a los que tanto amaba; en ellas, aun ahora podemos percibir su gran inteligencia enfrentándose con los problemas de la Iglesia Primitiva, y sentimos su gran corazón latiendo de amor por los hombres, aun por los descarriados y equivocados.

EL ENIGMA DE LAS CARTAS

Por otra parte, muchas veces no hay nada más difícil de entender que una carta. Demetrio (*Sobre el estilo, 223*) cita a Artemón, el editor de las cartas de Aristóteles, que decía que una carta es en realidad una de las dos partes de un diálogo, y como tal debería escribirse. En otras palabras: leer una carta es como escuchar un lado de una conversación telefónica. Por eso a veces nos es difícil entender las cartas de Pablo: porque no tenemos las otras a las que está contestando, y no conocemos la situación a la que se refiere nada más que por lo que podemos deducir de su respuesta. Antes de intentar entender cualquiera de las cartas que escribió Pablo debemos hacer lo posible para reconstruir la situación que la originó.

LAS CARTAS ANTIGUAS

Es una lástima que las cartas de Pablo se llamen *epístolas*. Son, en el sentido más corriente, *cartas*. Una de las cosas que más luz han aportado a la interpretación del Nuevo Testamento ha sido el descubrimiento y la publicación de *los papiros*. En el mundo antiguo, *el papiro* era el antepasado del papel, en el que se escribían casi todos los documentos. Se hacía con tiras de la corteza de una planta que crecía en las orillas del Nilo. Las tiras se colocaban unas encima de otras y se abatanaban, de lo que resultaba algo parecido al papel de estraza. Las arenas del desierto de Egipto eran ideales para la conservación de los papiros, que eran de larga duración siempre que no estuvieran expuestos a la humedad. Los arqueólogos han rescatado centenares de documentos —contratos de matrimonio, acuerdos legales, fórmulas de la administración— y, lo que es más interesante: cartas personales. Al leerlas nos damos cuenta de que siguen una estructura determinada, que también se reproduce en las cartas de Pablo. Veamos una de esas cartas antiguas, que resulta ser de un soldado que se llamaba Apión a su padre Epímaco, diciéndole que ha llegado bien a Miseno a pesar de la tormenta.

> «*Apión manda saludos muy cordiales a su padre y señor Epímaco. Pido sobre todo que usted se encuentre sano y bien; y que todo le vaya bien a usted, a mi hermana y su hija y a mi hermano. Doy gracias a mi*

Señor Serapis por conservarme la vida cuando estaba en peligro en la mar.

En cuanto llegué a Miseno recibí del César el dinero del viaje, tres piezas de oro; y todo me va bien. Le pido, querido Padre, que me mande unas líneas, lo primero para saber cómo está, y también acerca de mis hermanos, y en tercer lugar para que bese su mano por haberme educado bien, y gracias a eso espero un ascenso pronto, si Dios quiere. Dé a Capitón mis saludos cordiales, y a mis hermanos, y a Serenilla y a mis amigos. Le mandé un retrato que me pintó Euctemón. En el ejército me llamo Antonio Máximo. Hago votos por su buena salud. Recuerdos de Sereno, el de Ágato Daimón, y de Turbo, el hijo de Galonio» (G. Milligan, *Selections from the Greek Papyri, 36*).

¡No podría figurarse Apión que estaríamos leyendo la carta que le escribió a su padre 1,800 años después! Nos muestra lo poco que ha cambiado la naturaleza humana. El mozo está esperando un ascenso. Era devoto del dios Serapis. Serenilla sería la chica con la que salía. Y le ha mandado a los suyos el equivalente de entonces de una foto.

Notamos que la carta tiene varias partes: (i) Un saludo. (ii) Una oración por la salud del destinatario. (iii) Una acción de gracias a un dios. (iv) El tema de la carta. (v) Finalmente, saludos para unos y recuerdos de otros. En casi todas las cartas de Pablo encontramos estas secciones, como vamos a ver:

(i) *El saludo: Romanos 1:1; 1 Corintios 1:1; 2 Corintios 1:1; Gálatas 1:1; Efesios 1:1; Filipenses 1:1; Colosenses 1:1s; 1 Tesalonicenses 1:1; 2 Tesalonicenses 1:1.*

(ii) *La oración:* en todas sus cartas Pablo pide la gracia de Dios para las personas a las que escribe: *Romanos 1:7; 1 Corintios 1:3; 2 Corintios 1:2; Gálatas 1:3; Efesios 1:2; Filipenses 1:3; Colosenses 1:2; 1 Tesalonicenses 1:2; 2 Tesalonicenses 1:2.*

(iii) *La acción de gracias: Romanos 1:8; 1 Corintios 1:4; 2 Corintios 1:3; Efesios 1:3; Filipenses 1:3; Colosenses 1:2; 1 Tesalonicenses 1:3; 2 Tesalonicenses 1:3.*

(iv) *El tema de la carta:* de lo que trata cada una.

(v) *Saludos especiales y recuerdos personales: Romanos 16; 1 Corintios 16:19; 2 Corintios 13: 13; Filipenses 4:21s; Colosenses 4:12-15; 1 Tesalonicenses 5:26.*

Las cartas de Pablo siguen el modelo de todo el mundo. Deissmann dice de ellas: «Son diferentes de las otras que encontramos en las humildes hojas de papiro de Egipto, no en cuanto cartas, sino en cuanto cartas de Pablo.» No son ejercicios académicos ni tratados teológicos, sino documentos humanos escritos por un amigo a sus amigos.

LA SITUACIÓN INMEDIATA

Con unas pocas excepciones, Pablo escribió todas sus cartas para salir al paso de una situación inmediata, y no como tratados elaborados en la paz y el silencio de su despacho. Si se había producido una situación peligrosa en Corinto, Galacia, Filipos o Tesalónica, Pablo escribía una carta para solucionarla. No estaba pensando en nosotros, sino solamente en aquellos a los que escribía. Deissmann dice: «Pablo no estaba pensando en añadir unas pocas composiciones nuevas a las ya existentes epístolas judías; y menos en enriquecer la literatura sagrada de su nación...No tenía la menor idea del lugar que sus palabras llegarían a ocupar en la historia universal; ni siquiera de que se conservarían en la generación siguiente, y mucho menos de que llegaría el día en que se consideraran Sagrada Escritura.»

Debemos recordar siempre que una cosa no tiene que ser pasajera porque se escribió para salir al paso de una situación inmediata. Todas las grandes canciones de amor del mundo se escribieron para una persona determinada, pero siguen viviendo para toda la humanidad. Precisamente porque Pablo escribió sus cartas para salir al paso de un peligro amenazador o de una necesidad perentoria es por lo que todavía laten de vida. Y es precisamente porque las necesidades y las situaciones humanas no cambian por lo que Dios nos habla por medio de ellas hoy.

LA PALABRA HABLADA

De una cosa debemos darnos cuenta en estas cartas. Pablo hacía lo que la mayoría de la gente de su tiempo: no escribía él mismo las cartas, sino que las dictaba a un amanuense, y añadía al final su firma, a veces con algunas palabras más. (Conocemos el nombre de uno de los que escribieron para Pablo: en *Romanos 16:22*, Tercio, el amanuense, introduce su propio saludo antes del final de la carta). En *1 Corintios 16:21* Pablo dice: «Esta es mi firma, mi autógrafo, para que estéis seguros de que esta carta os la mando yo.» (Ver también *Colosenses 4:18; 2 Tesalonicenses 3:17*).

Esto explica un montón de cosas. Algunas veces es difícil entender a Pablo porque sus frases no terminan nunca, la gramática se quiebra y se enreda la construcción. No debemos figurárnosle sentado tranquilamente a su mesa de despacho, puliendo cuidadosamente cada frase; sino más bien recorriendo de un lado a otro la habitación, «tartamudeando su poderoso griego polémico» como decía Unamuno, mientras su amanuense se daba toda la prisa que podía para no perder ni una palabra. Cuando Pablo componía sus cartas, tenía presentes en su imaginación a las personas a las que iban destinadas, y se le salía del pecho el corazón hacia ellas en torrentes que se atropellaban en su ansia de comunicar y ayudar.

INTRODUCCIÓN GENERAL
A LAS CARTAS A LOS CORINTIOS

LA GRANDEZA DE CORINTO

Una ojeada al mapa nos mostrará que Corinto estaba diseñada para la grandeza. La parte Sur de Grecia es casi una isla. Por el Oeste, el golfo de Corinto hace una incisión tierra adentro, y lo mismo el golfo de Arenas por el Este. Todo lo que queda para unir las dos partes de Grecia, como una cintura de avispa, es el istmo de Corinto, de menos de ocho kilómetros de ancho. En esa estrecha lengua de tierra está Corinto. Tal posición hacía inevitable que fuera uno de los centros comerciales del mundo antiguo. Todo el tráfico de Atenas y el Norte de Grecia a Esparta y el Peloponeso no tenía más remedio que pasar por Corinto.

Pero no era solamente el tráfico del Norte al Sur de Grecia el que tenía que pasar por Corinto por necesidad; sino que también la mayor parte del que iba del Este al Oeste y viceversa del Mediterráneo prefería pasar por Corinto. La punta más meridional de Grecia era el cabo Malea o Kavomaliás. Era proverbialmente arriesgado el rodear el cabo Malea. Había dos refranes griegos que expresaban lo que se pensaba de él: «El que rodee Malea, que se olvide de su casa;» y «Si vas a rodear Malea, haz el testamento.»

En consecuencia, los marineros tenían dos opciones:

(*a*) Remontar el golfo de Arenas y, si el barco era pequeño, sacarlo del agua, deslizarlo sobre rodillos hasta el otro lado del istmo y botarlo otra vez. El istmo se llamaba *Diolkos*, que quería decir «el lugar donde se hace el arrastre.» La idea es la misma que encierra el nombre escocés *Tarbert,* que quiere decir el lugar en el que la tierra es tan estrecha que se puede arrastrar un barco de un lago a otro. (*b*) Si no era posible hacer eso por el tamaño del barco, se desembarcaba todo el cargo, se transportaba a través del istmo, y se cargaba otra vez en otro barco al otro lado. Ese trasbordo a través del istmo por donde está ahora el canal de Corinto le ahorraba a los barcos una travesía de doscientas millas rodeando el cabo Malea, el más peligroso del Mediterráneo; pero, naturalmente, cualquiera de estas opciones costaba un dinero considerable, que iba a engrosar la riqueza de Corinto.

Es fácil comprender la tremenda importancia comercial que tenía Corinto. El tráfico Norte-Sur no tenía otra alternativa que pasar por él; y con mucho a la mayor parte del comercio Este-Oeste del Mediterráneo también le convenía pasar por Corinto.

Alrededor de Corinto se apiñaban otras tres poblaciones: Laqueo, al Oeste del istmo, Cencreas, al Este, y Esqueno, a corta distancia. Escribe Farrar: «Los objetos de lujo llegaban fácilmente a los mercados que visitaban todas las naciones del mundo civilizado: el bálsamo de Arabia, los dátiles de Fenicia, el marfil de Libia, las alfombras de Babilonia, los tejidos de pelo de cabra de Cilicia, la lana de Licaonia y los esclavos de Frigia.»

Corinto, como la llama Farrar, era la «Feria de las Vanidades» del mundo antiguo. La llamaban «el puente de Grecia»; alguien la llamó «el salón de Grecia.» Se dice que, si uno está en Picadilly Circus de Londres, al cabo de poco tiempo se habrá encontrado con todos los ingleses; pues Corinto era el Picadilly Circus del Mediterráneo. Para atraer aún a más gente, en Corinto de celebraban los juegos ístmicos, sólo superados por los olímpicos. Era una ciudad rica y populosa y uno de los más importantes centros comerciales del mundo antiguo.

LA CORRUPCIÓN DE CORINTO

Corinto tenía otra cara. Por un lado tenía fama de prosperidad comercial; pero, por el otro, era la guarida de todo lo malo. Los griegos habían acuñado el verbo *korinthiázesthai,* «corintiarse», vivir como los corintios, es decir, disipadamente. Esta palabra pasó al inglés y, en los tiempos de la Regencia, a los jóvenes ricos y disolutos que cometían toda clase de excesos los llamaban *corinthians.* Aelian, un escritor griego tardío, nos dice que si alguna vez salía un corintio en una obra teatral haría el papel de un borracho. El mismo nombre de Corinto era sinónimo de una corrupción que tenía su base en la ciudad y era conocida en todo el mundo antiguo. Por encima del istmo se elevaba la colina de la Acrópolis en la que estaba el gran templo de Afrodita, la Venus griega, la diosa del amor. Había adscritas a ese templo mil sacerdotisas, que eran en realidad una especie de prostitutas sagradas, que bajaban de la Acrópolis todas las tardes para cumplir su «ministerio» por las calles de Corinto. Había un proverbio que decía: «No todo el mundo se puede permitir un viaje a Corinto.» Además de esos vicios públicos, florecían otros muchos más recónditos que habían llegado con los viajeros y los marinos desde tierras remotas, de tal manera que Corinto llegó a ser sinónimo, no sólo de riqueza y de lujo, sino también de borrachera, libertinaje y degradación.

LA HISTORIA DE CORINTO

La historia de Corinto se divide naturalmente en dos partes. Era una ciudad muy antigua. El historiador griego Tucídides sostiene que fue en Corinto donde se construyeron los primeros trirremes o barcos de guerra. Dice una leyenda que fue en Corinto donde se construyó el *Argo*, el barco en que Jasón navegó por los mares buscando el vellocino de oro. Pero la desgracia sobrevino a Corinto en 146 a.C. Los romanos se habían lanzado a conquistar el mundo. Cuando trataron de conquistar Grecia, Corinto era el líder de la oposición. Pero los griegos no pudieron resistir frente a los disciplinados romanos, cuyo general, Lucio Mummio, tomó Corinto y la redujo a un montón de ruinas.

Pero un lugar con la posición geográfica de Corinto no podía permanecer devastado mucho tiempo. Casi exactamente cien años después, en el año 46 a.c., Julio César la reedificó, y Corinto renació de sus cenizas, ahora como colonia romana; y más, como capital de la provincia romana de Acaya, que incluía a casi toda Grecia.

En aquel tiempo, que era el de Pablo, tenía una población muy mezclada. (i) Había veteranos romanos a los que Julio César había instalado allí. Cuando un soldado romano había cumplido su tiempo, se le concedía la ciudadanía y se le enviaba a alguna ciudad de reciente fundación, donde se le daban tierras para que fuera un colono. Estas colonias romanas se encontraban por todas partes, y su base eran los veteranos cuyo servicio los había hecho acreedores a la ciudadanía. (ii) Cuando se reedificó Corinto volvieron los comerciantes, porque su ubicación todavía le daba una supremacía comercial. (iii) Había muchos judíos entre la población. La ciudad reedificada les ofrecía oportunidades comerciales que no tardaron en aprovechar. (iv) Había algunos fenicios y frigios y otros orientales desperdigados entre la población, con sus costumbres exóticas y sus hábitos histéricos. Farrar habla de «la población mestiza de aventureros griegos y burgueses romanos, con algunas muestras de fenicios; era una masa de judíos, soldados jubilados, filósofos, mercaderes, navegantes, libertos, esclavos, comerciantes, artesanos, buhoneros y traficantes de toda clase de vicios.» Farrar caracteriza a Corinto como «una colonia sin aristocracia, sin tradiciones y sin ciudadanos bien establecidos.»

Acordaos del trasfondo de Corinto, de su fama de riqueza y de lujo, de borrachera, inmoralidad y vicio, y luego leed *1 Corintios 6:9-10:*

¿Es que no os habéis enterado de que los inicuos no van a heredar el Reino de Dios? No os engañéis, que ni los fornicarios, ni los idólatras, ni los adúlteros, ni los sensuales, ni los homosexuales, ni los ladrones, ni los avaros, ni los borrachos, ni los calumniadores, ni los bandoleros... heredarán el Reino de Dios. ¡Y eso es lo que erais algunos!

En este lecho del vicio, en el lugar menos imaginable de todo el mundo griego, fue donde Pablo realizó algunas de sus obras señeras, y donde obtuvo el Evangelio algunos de sus más señalados triunfos.

PABLO EN CORINTO

Pablo se quedó en Corinto más que en ninguna otra ciudad de las que visitó, con la excepción de Éfeso. Había salido de Macedonia a riesgo de su vida, y había cruzado a Atenas, donde tuvo poco éxito. De allí pasó a Corinto, donde se quedó dieciocho meses. Nos damos cuenta de lo poco que sabemos realmente de su obra cuando vemos que aquellos dieciocho meses se comprimen en diecisiete versículos en el relato de Lucas (*Hechos 18:1-17*).

Cuando llegó a Corinto, Pablo se alojó con Áquila y Prisquilla. Tuvo mucho éxito con su predicación en la sinagoga. Con la llegada de Timoteo y Silas desde Macedonia, redobló sus esfuerzos; pero los judíos se le opusieron tan tenazmente que tuvo que retirarse de la sinagoga, alojándose en casa de un tal Justo, que vivía al lado. Su converso más representativo fue Crispo, que era nada menos que el moderador de la sinagoga; y también tuvo buenos resultados entre la gente de la ciudad.

En el año 52 d.C. llegó Galión como nuevo gobernador romano de Corinto. Era famoso por su simpatía y amabilidad. Los judíos trataron de aprovecharse de su carácter y de que era nuevo, y le trajeron a Pablo a juicio acusándole de enseñar cosas contrarias a la ley de ellos. Pero Galión, dando ejemplo de justicia romana imparcial, se negó a tomar parte en el asunto. Después de aquello Pablo dio por terminada su labor en Corinto y se marchó a Siria.

LA CORRESPONDENCIA DE PABLO CON CORINTO

Fue cuando estaba en Éfeso, en el año 55 d.C., cuando Pablo, al saber que las cosas no iban del todo bien en Corinto, le escribió a aquella iglesia. Es muy posible que la correspondencia de Pablo con la iglesia de Corinto no esté colocada en el debido orden en el Nuevo Testamento. Debemos tener presente que la colección de las cartas de Pablo no se hizo hasta el año 90 d.C. aproximadamente. En muchas iglesias no tendrían más que una parte, escrita en hojas sueltas de papiro, y el hacer la colección completa y colocarla en orden tiene que haber sido una tarea considerable. Parece que, cuando se reunieron las cartas a los corintios, no se descubrieron todas ni se colocaron por el orden en que fueron escritas. Vamos a intentar reconstruir lo que pasó.

(i) Hubo una carta antes de *1 Corintios*. En *1 Corintios 5:9*, Pablo escribe: «Os escribí en una carta que no os asociarais con los inmorales.» Está claro que se refiere a una carta previa que, o se ha perdido, o se encuentra, por lo menos en parte, en algún lugar dentro de una de las dos que conocemos. Algunos estudiosos creen que está en 2 Corintios 6:14 – 7:1. Es verdad que ese pasaje se refiere al tema al que Pablo hace referencia. Parece que no enlaza bien con el contexto; y, si quitamos esos versículos, hay incluso una mejor continuidad. Los estudiosos llaman a esa carta *La carta previa*. (En el original, las cartas no estaban divididas en capítulo y versículos. Los capítulos no se dividieron hasta el siglo XIII, y los versículos hasta el XVI, razón por la cual sería todavía más difícil colocar las páginas en un cierto orden).

(ii) A Pablo le llegaron noticias de los problemas de Corinto por varios conductos.

(*a*) Por medio de los de la casa de Cloe (*1 Corintios 1:11*), que le trajeron noticias de las contiendas que estaban dividiendo la iglesia.

(*b*) Esteban, Fortunato y Acaico le trajeron noticias cuando le visitaron en Éfeso (*1 Corintios 16:17*). Con su información personal completaron la que Pablo ya había recibido de otras fuentes.

(*c*) Pablo había recibido una carta de la iglesia de Corinto consultándole algunas cuestiones. En *1 Corintios 7:1*, Pablo empieza: «En relación con los asuntos que me habéis consultado en vuestra carta...» En respuesta a todo esto, Pablo escribió *1 Corintios* y la envió probablemente con Timoteo, según se deduce de *1 Corintios 4:17*.

(iii) El resultado de la carta fue que las cosas se pusieron todavía peor; y, aunque no tenemos datos de esto, podemos deducir que Pablo hizo una visita a Corinto. En *2 Corintios 12:14* escribe: «Estoy dispuesto a haceros una *tercera* visita.» En *2 Corintios 13: 1-2* dice otra vez que va a verlos por *tercera* vez. Ahora bien: si iba a haber una *tercera* visita, es lógico suponer que hubo una *segunda*. No tenemos noticias nada más que de una vez que Pablo fuera a Corinto, la que se nos cuenta en *Hechos 18:1-17*. No se hace ninguna referencia a una segunda visita; pero Corinto estaba a dos o tres días de navegación desde Éfeso.

(iv) Aquella segunda visita tampoco hizo ningún bien. Las cosas estaban muy exacerbadas, y lo siguiente fue una carta sumamente severa. Leemos acerca de ella en ciertos pasajes de *2 Corintios*. En 2:4, Pablo escribe: «Me costó mucho dolor y angustia de corazón y lágrimas el escribiros.» En 7:8 escribe: «Porque, aunque os puse muy tristes con mi carta, no lo siento, aunque entonces lo sentí en el alma; porque veo que esa carta os ha afligido, pero sólo por un poco de tiempo.» Aquella carta fue el resultado de mucha angustia, una carta tan severa que a Pablo le daba pena haberla mandado. Los estudiosos la llaman *La carta severa*. ¿Se ha perdido? Está claro que no puede ser *1 Corintios*, que no se escribió con lágrimas y angustia. Cuando Pablo escribió *1 Corintios* está claro que las cosas estaban bastante en control. Ahora bien: si leemos *2 Corintios* de un tirón, nos encontramos con algo que nos sorprende. En los capítulos 1 al 9, todo se ha resuelto, hay una reconciliación completa y son amigos otra vez; pero en el capítulo 10 hay un cambio brusco de tono. Los capítulos 10 al 13 de *2 Corintios* son el grito más desgarrador que Pablo escribiera jamás. Dejan ver que le habían ofendido, e insultado, y despreciado como nunca antes o después. Se habían burlado de su apariencia, de su manera de hablar, de su vocación de apóstol y hasta de su honradez.

Casi todos los estudiosos están de acuerdo en que *La carta severa* se encuentra en los capítulos 10 al 13 de *2 Corintios,* que se colocaron indebidamente cuando se reunieron las cartas de Pablo. Si queremos restaurar el orden cronológico de la correspondencia de Pablo con Corinto hemos de leer los capítulos 10 al 13 antes que los primeros nueve de *2 Corintios.* Sabemos que Pablo mandó la carta severa con Tito (*2 Corintios 2:13; 7:13*).

(v) Pablo estaba preocupado por esa carta. No podía esperar hasta que volviera Tito con la respuesta, así que se puso en camino para encontrarse con él (*2 Corintios 2:13; 7:5, 13*). Se encontraron en algún lugar de Macedonia, y Pablo se enteró por Tito de que ya todo estaba bien; y, probablemente en Filipos, se sentó y escribió los que son ahora los nueve primeros capítulos de *2 Corintios, la carta de la reconciliación.* Stalker ha dicho que las cartas de Pablo levantan el tejado de las iglesias, como hacía «el diablo cojuelo», y nos permiten ver lo que pasaba en el interior. De ninguna de ellas es eso más cierto que de las que escribió a los corintios. Aquí vemos lo que debe de haber sido «la preocupación de todas las iglesias» para el apóstol Pablo (*2 Corintios 11:28*). Aquí vemos a Pablo como pastor, sobrellevando en el corazón los dolores y los problemas de su rebaño.

LA CORRESPONDENCIA CON CORINTO

Antes de estudiar las cartas en detalle, pongamos la correspondencia de Pablo con la iglesia de Corinto en forma tabular.

(i) *La carta previa*, que *es posible* que se encuentre en parte en *2 Corintios 6:14 – 7:1*.

(ii) Llegada de los de Cloe, de Esteban, Fortunato y Acaico y de la carta de la iglesia de Corinto a Pablo.

(iii) Pablo escribe *1 Corintios* en contestación y la manda con Timoteo.

(iv) La situación empeora, y Pablo hace una segunda visita personal a Corinto que es un fracaso tal que casi le rompe el corazón.

(v) En consecuencia, Pablo escribe *La carta severa*, que es casi seguro que se encuentra en los capítulos 10 al 13 de *2 Corintios*, y que Pablo envía con Tito.

(vi) Incapaz de esperar la respuesta, se adelanta al encuentro de Tito, que tiene lugar en Macedonia. Pablo recibe la noticia de que todo está bien; y, probablemente desde Filipos, escribe *2 Corintios 1-9, La carta de la reconciliación*.

Los primeros cuatro capítulos de *1 Corintios* tratan del estado de división en que se encontraba la iglesia del Señor en Corinto. En lugar de estar unida en Cristo estaba dividida en facciones y grupos rivales que se adscribían a nombres de diferentes siervos de Dios. La enseñanza de Pablo es que estas divisiones habían surgido porque los cristianos corintios daban demasiada importancia a la sabiduría y al conocimiento humano y demasiado poca a la soberana gracia de Dios. De hecho, con toda su supuesta sabiduría, eran todavía espiritualmente menores de edad. Se creían muy sabios, pero no eran más que bebés en Cristo.

1 CORINTIOS

LA INTRODUCCIÓN DE UN APÓSTOL

1 Corintios 1:1-3

> *Pablo, llamado por la voluntad de Dios para ser apóstol de Jesucristo, y nuestro hermano Sóstenes, escriben esta carta a la Iglesia de Dios que se encuentra en Corinto; es decir, a los que están consagrados en Jesucristo, que han recibido el llamamiento para formar parte del pueblo de Dios en compañía de los que en todas partes invocan el nombre del Señor Jesús, su Señor y el nuestro:*
> *¡Gracia a vosotros y paz de parte de Dios nuestro Padre, y del Señor Jesucristo!*

En los primeros diez versículos de la Primera Carta de Pablo a los Corintios, el nombre de Jesucristo aparece no menos de diez veces. Esta iba a ser una carta difícil, porque iba a tratar de una difícil situación; y en tal situación, el pensamiento de Pablo se centraba en primer lugar y repetidamente en Jesucristo. A veces en la iglesia intentamos tratar una situación difícil aplicando un reglamento y en un espíritu de justicia humana; a veces en nuestros propios asuntos intentamos resolver una situación difícil con nuestros propios poderes mentales o espirituales. Pablo no hacía así las cosas; llevaba a sus situaciones difíciles a Jesucristo, y buscaba tratarlas a la luz de la Cruz de Cristo y del amor de Cristo.

Esta introducción nos habla de dos cosas.

(i) Nos dice algo acerca de la Iglesia. Pablo habla de *La Iglesia de Dios que se encuentra en Corinto*. No era la Iglesia de Corinto, sino la Iglesia de Dios. Para Pablo, dondequiera que estuviera una congregación individual, era una parte de la Iglesia de Dios. Pablo no habría hablado de la Iglesia de Escocia o de la Iglesia de Inglaterra; no le habría dado a la Iglesia una designación local, y mucho menos habría identificado una congregación con la denominación determinada a la que perteneciera. Para él la Iglesia era la Iglesia de Dios. Si pensáramos en la Iglesia de esa manera, nos acordaríamos más de la realidad que nos une, y menos en las diferencias locales que nos dividen.

(ii) Este pasaje nos dice algo acerca del cristiano individual. Pablo dice tres cosas acerca de él.

(*a*) Está *consagrado en Jesucristo*. El verbo *consagrar* (*haguiázein*) quiere decir apartar algo para Dios, hacerlo santo ofreciendo sobre ellos un sacrificio. El cristiano ha sido consagrado a Dios mediante el sacrificio de Cristo. Ser cristiano es ser una persona por la que Cristo murió, y saberlo, y darse cuenta de que ese sacrificio hace que pertenezcamos a Dios de una manera muy especial.

(*b*) Describe a los cristianos como *los que han sido llamados a ser el pueblo dedicado a Dios / recibido el llamamiento para formar parte del pueblo de Dios*. Hemos traducido una sola palabra griega por toda esta frase. La palabra es *háguios*, que la Reina-Valera traduce por *santos*. Esa palabra no nos sugiere lo que aquí quiere decir. *Háguios* describe a una persona o cosa que se ha consagrado como propiedad y al servicio de Dios. Es la palabra que se usa para describir un templo o un sacrificio o un día que se han señalado para Dios. Ahora bien: si una persona está señalada como propiedad exclusiva de Dios, debe mostrarse idónea en su vida y carácter para tal servicio. Así fue como *háguios* llegó a significar *santo*.

Pero la idea de la raíz de esta palabra es *separación*. Una persona que es *háguios* es *diferente* de los demás, porque ha sido apartada de lo ordinario para pertenecer a Dios de una manera especial. Este era el adjetivo con el que los judíos se definían a sí mismos: eran el *háguios laós*, el pueblo santo, la nación que era completamente diferente de las demás porque pertenecían a Dios y estaban apartados para Su servicio. Cuando Pablo dice que el cristiano es *háguios* quiere decir que es diferente de las demás personas porque pertenece a Dios y está al servicio de Dios. Y esa diferencia no consiste en retirarse de la vida corriente, sino en una calidad de vida que distingue de los demás a los que la viven.

(c) Pablo dirige esta carta a los que han sido llamados *en la compañía de los que en todas partes invocan el nombre del Señor*. El cristiano es llamado a formar parte de una comunidad cuyas fronteras incluyen toda la Tierra y todo el Cielo. Nos haría mucho bien si a veces eleváramos la mirada por encima de nuestro pequeño círculo y nos viéramos como parte de la Iglesia de Dios que es tan amplia como el mundo.

(iii) Este pasaje nos dice algo acerca de nuestro Señor Jesucristo. Pablo menciona a nuestro Señor Jesucristo, e inmediatamente, como si se corrigiera, añade *su Señor* y *el nuestro*. Ninguna persona ni iglesia tiene el monopolio de Jesucristo. Él es nuestro Señor, pero también el Señor de toda la humanidad. La maravilla del Cristianismo es que cada uno de nosotros puede decir de Cristo: «Él me amó y se entregó a Sí mismo por mí;» y que «Dios ama a cada uno de nosotros como si no tuviera a nadie más a quien amar, y así a todos.»

LA NECESIDAD DE LA GRATITUD

1 Corintios 1:4-9

> *Siempre estoy dándole gracias a mi Dios por vosotros, porque os ha otorgado Su gracia en Jesucristo. Y tengo motivos, porque en Él habéis llegado a enriqueceros en todos los sentidos en la expresión y en el conocimiento de tal manera que lo que os prometimos*

que Cristo podía hacer por Su pueblo se ha demostrado en vosotros que era cierto. El resultado es que no hay don espiritual en el que os hayáis quedado rezagados, mientras esperáis anhelantes la aparición de nuestro Señor Jesucristo, Quien os mantendrá a salvo hasta el mismísimo fin para que nadie os pueda echar nada en cara el Día de nuestro Señor Jesucristo. ¡Podéis confiar en el Dios Que os ha llamado a participar en la compañía de Su Hijo, nuestro Señor Jesucristo!

En este pasaje de acción de gracias hay cuatro cosas que sobresalen.

(i) Está la promesa que se cumplió. Cuando Pablo les predicó el Evangelio a los corintios, les dijo que Cristo podía hacer ciertas cosas por ellos; y ahora está satisfecho de que todo lo que él aseguró que Cristo podía hacer se ha hecho realidad. Un misionero le dijo a uno de los antiguos reyes pictos de Escocia: «Si aceptas a Cristo, descubrirás maravilla tras maravilla, y todas se harán realidad.» En último análisis, no se puede convencer a nadie para que se haga cristiano; pero sí le podemos decir: «Haz la prueba, y ya verás lo que pasa,» en la seguridad de que, si lo hace, lo que le hemos anunciado se hará realidad en su vida.

(ii) Está el don que se otorgó. Pablo utiliza aquí una de sus palabras favoritas, *járisma* —de donde viene la palabra *carisma*—, que quiere decir un regalo que se le da a una persona que no lo merece ni paga de ninguna manera. Este don de Dios, como lo veía Pablo, nos llega de dos maneras.

(*a*) La Salvación es el *járisma* de Dios. El llegar a estar en una relación perfecta con Dios es algo que nadie podría lograr por sí mismo. Es un don inmerecido, que nos llega de la absoluta generosidad del amor de Dios (*Romanos 6:23*).

(*b*) A cada persona Dios le da los dones que posea y los recursos especiales que necesite en la vida (*1 Corintios 12:4-10; 1 Timoteo 4:14; 1 Pedro 4:10*). Si uno tiene el don de la palabra, o el de la sanidad, si tiene el don de la música o de cualquier arte, si tiene los dones de artesanía en las manos, todos estos son dones de Dios. Si nos diéramos cuenta de esto como es debido, la vida tendría para nosotros un ambiente y un carácter nuevos. Las habilidades que poseemos no son nuestro mérito, sino dones de Dios que tenemos como en depósito. No los podemos usar *como nos dé la gana*, sino como *Dios manda*; no para nuestro exclusivo provecho o prestigio, sino para la gloria de Dios y el bien de los demás.

(iii) Hay un fin definitivo. En el Antiguo Testamento se usa frecuentemente la frase *El Día del Señor*. Quería decir el día que los judíos esperaban que Dios interviniera directamente en la Historia, el día en que desaparecería el mundo antiguo y nacería un mundo nuevo, el Día del Juicio de toda la humanidad. Los cristianos asumieron esa idea, pero tomando *El Día del Señor* en el sentido de *El Día del Señor Jesucristo*, cuando Jesús volverá a la Tierra con todo Su poder y gloria.

Está claro que ese sería un día de juicio. Caedmon, uno de los poetas ingleses primitivos, trazó un cuadro del Día del Juicio en uno de sus poemas. Se figuró que la Cruz estaba en medio del mundo, y que de ella salía una luz extraña que tenía la cualidad de los rayos X de penetrar más allá de los disfraces de las cosas y de las personas, mostrándolas tal como eran. Pablo creía que, cuando llegara el juicio, el cristiano —es decir, la persona que *está* en Cristo— podría presentarse sin miedo, porque no estaría vestido con sus propios méritos, sino con los de Cristo, de tal manera que nadie podría echarle nada en cara.

UNA IGLESIA DIVIDIDA

1 Corintios 1:10-17

Hermanos: Os suplico por el nombre de nuestro Señor Jesucristo que dirimáis vuestras diferencias y que hagáis todo lo posible para que no se produzcan divisiones entre vosotros, sino que estéis como una piña teniendo una misma mentalidad y una actitud en común. Porque he visto muy claro, hermanos, por la información que he recibido de los de la casa de Cloe, que hay brotes de peleas entre vosotros. Me refiero a eso de que cada uno va diciendo: «¡Yo soy de Pablo!», o «¡Yo soy de Apolos!», o «¡Yo soy de Cefas!», o «¡Yo soy de Cristo!» ¿Es que vais a repartiros a Cristo? ¿Fue Pablo crucificado por vosotros u os habéis bautizado en el nombre de Pablo? Por el giro que han tomado las cosas, me alegro de no haber bautizado a ninguno de vosotros más que a Crispo y a Gayo, para que nadie vaya por ahí diciendo que fue bautizado en mi nombre. Ahora que me acuerdo, también bauticé a la familia de Esteban; pero de los demás no sé si bauticé a ningún otro. Y es que Cristo no me mandó a bautizar, sino a proclamar el Evangelio; y eso, no con oratoria intelectual, no fuera que se vaciara de su eficacia la Cruz de Cristo.

Pablo inicia la tarea de remediar la situación que ha surgido en la iglesia de Corinto. Escribía desde Éfeso. Esclavos cristianos que pertenecían al *establishment* de una señora llamada Cloe habían tenido ocasión de visitar Corinto, y habían vuelto con la triste historia de la disensión y desunión.

Dos veces se dirige Pablo a los corintios llamándolos *hermanos.* Como el antiguo comentarista Beza dijo, «También en esa palabra hay escondida una razón.» Por el mismo uso de la palabra Pablo hace dos cosas. Primera, suaviza la reprensión dándola, no con la palmeta como un maestro de escuela, sino como alguien que no tiene más argumentos que los del amor. Segunda, debería habérseles ocurrido lo equivocadas que eran sus disensiones y divisiones. Eran hermanos, y deberían vivir unidos en amor fraternal.

Al tratar de aproximarlos, Pablo usa dos frases interesantes. Los exhorta a *dirimir sus diferencias.* La frase que usa es la habitual entre partidos hostiles que llegan a un acuerdo. Quiere que *se suelden,* un término médico que se refiere a los huesos

que han estado fracturados, o que se coloque en posición una
coyuntura dislocada. La desunión es contraria a la naturaleza
y debe curarse para restaurar la salud y eficacia del cuerpo de
la iglesia.

Pablo identifica a cuatro partidos en la iglesia de Corinto.
No se han separado de la iglesia; las divisiones son por lo
pronto internas. La palabra que usa para describirlas es
sjísmata, que es la que se usa para *una ropa que se rasga*. La
iglesia corintia corre peligro de ponerse tan fea como una ropa
hecha jirones. Debe notarse que las grandes figuras de la Iglesia
que se mencionan —Pablo, Cefas y Apolos— no tenían nada
que ver con las divisiones. No había disensiones entre ellos.
Sin su conocimiento y sin su consentimiento, aquellas facciones corintias se habían apropiado de sus nombres. No es infrecuente el que los supuestos partidarios de una figura le
traigan más problemas que sus enemigos declarados. Echémos-
les una ojeada a estos partidos a ver si podemos descubrir lo
que representaban.

(i) Había algunos que pretendían estar de parte de *Pablo*.
Sin duda serían principalmente gentiles. Pablo siempre había
predicado el Evangelio de la libertad cristiana y el fin de la ley.
Es muy probable que los de este partido estaban convirtiendo
la libertad en libertinaje, y usando el Cristianismo como excusa
para hacer lo que les daba la gana. Bultmann ha dicho que el
indicativo cristiano siempre conlleva el imperativo cristiano.
Aquellos corintios habían olvidado que al indicativo de la
Buena Nueva va unido inseparablemente el imperativo de la
ética cristiana. Habían olvidado que eran salvos para ser libres
del pecado, no libres para pecar.

(ii) Había algunos que pretendían estar de parte de *Apolos*.
Tenemos un boceto de Apolos en *Hechos 18:24*. Era judío, de
Alejandría, elocuente y versado en las Escrituras. Alejandría
era un centro de actividad intelectual. Fue allí donde los estudiosos crearon la ciencia de la interpretación alegórica de las
Escrituras, descubriendo los significados más recónditos en los
pasajes más sencillos. Veamos un ejemplo de la clase de cosas

que hacían. *La epístola de Bernabé,* una obra cristiana alejandrina cuya inclusión en el Nuevo Testamento se discutió durante un tiempo, deduce de la comparación de *Génesis 14:14* con *18:23* que Abraham tenía 318 varones en su familia a los que había circuncidado. En griego se usan las letras como números, y el 18 se pone con la *iota* seguida de la *eta,* que son las dos primeras letras del nombre de Jesús (*Iêsûs*); y 300 se indica en griego con la letra *tau,* que tiene la forma de la Cruz; por tanto, ¡este antiguo incidente es un anuncio de la muerte de Jesús en la Cruz! La erudición alejandrina estaba llena de cosas así. Además, los alejandrinos eran unos entusiastas de los recursos literarios. De hecho, eran personas que *intelectualizaban* el Evangelio. Los que se presentaban como partidarios de Apolos serían, sin duda, los intelectuales que se estaban dedicando a toda prisa a convertir el Evangelio en una filosofía.

(iii) Había algunos que pretendían estar de parte de *Cefas.* Cefas, o *Kefa,* era el apodo original de Pedro, *Petros,* y los dos quieren decir *piedra.* Estos serían muy probablemente judíos que trataban de enseñar que los cristianos tenían que observar la ley tradicional judía. Serían legalistas que exaltaban la ley aun a costa de rebajar la gracia.

(iv) Había algunos que pretendían estar de parte de *Cristo.* Esto puede querer decir una de dos cosas. (*a*) No se usaban los signos de puntuación en los manuscritos antiguos griegos, ni se dejaba un espacio entre las palabras. Puede que aquí no se trate de otro partido corintio, sino del comentario de Pablo mismo. Tal vez deberíamos puntuarlo así: «Yo soy de Pablo», o «Yo soy de Apolos», o «Yo soy de Cefas»... ¡Pero *yo* soy de Cristo!» Bien puede ser esta la reacción de Pablo a toda esa desgraciada situación. (*b*) Si no es eso y aquí se describe a otro partido, como ha dicho alguien, «¡Serían los peores!»: puede que fueran una secta rígida e intolerante que pretendían ser los únicos cristianos que había en Corinto. El mal no estaba en decir que pertenecían a Cristo, sino en actuar como si Cristo les perteneciera exclusivamente a ellos.

No hay que pensar que Pablo menospreciara el Bautismo. Los que él mismo bautizó eran conversos muy especiales. Esteban fue probablemente el primer convertido *(1 Corintios 16:15)*; Crispo había sido antes nada menos que el moderador de la sinagoga de Corinto *(Hechos 18:8)*; Gayo probablemente había hospedado a Pablo *(Romanos 16:23)*. Lo que Pablo quiere subrayar aquí es que el Bautismo era *hacia dentro del nombre de Jesús*: que representa nuestra *incorporación a* la Iglesia, que es el Cuerpo de Cristo.

La frase en griego implica la más íntima conexión posible. En griego *eis*, en inglés *into*, quieren decir *hacia dentro*. El dar dinero *eis* el nombre de alguien quería decir meterlo en su cuenta. El vender a un esclavo *eis* el nombre de una persona era pasarlo a su indiscutible posesión. Un soldado juraba lealtad *eis* el nombre del César; pertenecía totalmente al emperador. *Hacia dentro del nombre de* implica absoluta posesión. En la Iglesia implicaba todavía más: no sólo que el cristiano era posesión de Cristo, sino que, de alguna manera, estaba identificado con Él. Lo que Pablo está diciendo es: «Me alegro de haber estado tan ocupado predicando; porque, si hubiera bautizado, a lo mejor os habría hecho creer que por ello estabais conmigo en esa relación tan absoluta que no tenéis realmente nada más que con Cristo.» No es que para él el Bautismo fuera algo que no tenía importancia, sino que tenía tanta que no se podían correr riesgos con él. Pablo estaba contento de no haber hecho nada que pudiera haberse interpuesto en la relación que los convertidos debían tener solamente con Cristo.

Pablo no se proponía más que presentar lo más claramente posible delante de las personas la Cruz de Cristo. El decorar la historia de la Cruz con retórica o dialéctica habría hecho que las personas prestaran más atención al lenguaje que al mensaje. El propósito de Pablo era poner a la gente, no ante sí mismo, sino ante Cristo en toda Su absoluta grandeza.

ESCÁNDALO PARA LOS JUDÍOS
Y ESTUPIDEZ PARA LOS GRIEGOS

1 Corintios 1:18-25

> *Porque la historia de la Cruz les parece una estu-*
> *pidez a los que siguen el camino que lleva a la des-*
> *trucción, pero es el poder de Dios para los que estamos*
> *en el camino de la Salvación. Por algo dice la Escritura:*
> *«Borraré la sabiduría de los sabios, y anularé la listeza*
> *de los listos.» ¿Qué ha sido de los sabios? ¿Y qué de*
> *los expertos en la ley? ¿Adónde han ido a parar los que*
> *discutían acerca de la sabiduría de este mundo? ¿Es que*
> *no ha dejado Dios la sabiduría de este mundo como pura*
> *necedad? Porque cuando vio la sabiduría de Dios que*
> *el mundo, con toda su sabiduría, no llegaba a conocerle,*
> *Le plugo a Dios salvar a los que creen con lo que llama*
> *la gente la estupidez que proclama el mensaje cristiano.*
> *Y es que los judíos no quieren más que señales, y los*
> *griegos, sabiduría; pero nosotros proclamamos a un*
> *Cristo en una Cruz, blasfemia flagrante para los judíos*
> *e insultante estupidez para los griegos; pero para los*
> *llamados por Dios, tanto de los judíos como de los*
> *griegos, Cristo es el poder de Dios y la sabiduría de*
> *Dios; y es que cuando Dios actúa como necio demues-*
> *tra más sabiduría que toda la humanidad, y cuando Se*
> *presenta como impotente, es más fuerte que toda la*
> *humanidad.*

Tanto a los cultos griegos como a los piadosos judíos, lo
que contaban los cristianos les sonaba a pura necedad. Pablo
empieza haciendo un uso libre de dos citas de Isaías (29:14,
y 33:18) para demostrar que la mera sabiduría humana está
abocada al fracaso. Cita el hecho innegable de que, con toda
su sabiduría, el mundo no ha llegado a encontrar a Dios, y sigue
buscándole a tientas. Esa búsqueda le ha sido asignada por Dios

para que comprenda su propia incapacidad, y prepararle el camino para la aceptación del Que es el único Camino.

¿Cuál era, entonces, el Mensaje cristiano? Si estudiamos los cuatro grandes sermones del Libro de los Hechos (2:14-39; 3:12-26; 4:8-12, y 10:36-43) nos encontramos con que hay ciertos elementos constantes en la predicación cristiana. (i) Se anuncia que el gran momento prometido por Dios ha llegado. (ii) Se presenta un resumen de la vida, muerte y resurrección de Jesús. (iii) Se afirma que todo aquello ha sido el cumplimiento de la profecía. (iv) Se anuncia que Jesús volverá otra vez. (v) Se invita a los oyentes a que se arrepientan y reciban el don del Epíritu Santo que Dios había prometido.

(i) Para *los judíos*, eso era un escándalo por dos razones.

(*a*) Para ellos era inaceptable el que Uno que había acabado Su vida en una Cruz pidiera ser el Escogido de Dios. Señalaban a su ley, que declaraba de forma inconfundible: «¡Maldito por Dios es el colgado!» *(Deuteronomio 21:23).* Para los judíos, el hecho de la crucifixión descartaba definitivamente el que Jesús pudiera ser el Hijo de Dios. Puede parecernos extraordinario; pero, hasta con *Isaías 53* delante de los ojos, los judíos no habían soñado jamás con un Mesías doliente. La Cruz era y es para los judíos la barrera infranqueable para creer que Jesús es el Mesías prometido.

(*b*) Los judíos no querían más que señales. Cuando llegara la edad dorada de Dios, se esperaba que se produjeran hechos sorprendentes. Por el tiempo en que Pablo estaba escribiendo, hubo una cosecha abundante de falsos mesías, cada uno de los cuales sedujo al pueblo a que le aceptara prometiéndole alguna señal maravillosa. En el año 45 d.C. surgió un tal Teudas. Había convencido a miles de personas a que dejaran sus hogares y le siguieran al Jordán, prometiéndoles que las aguas se dividirían a su voz de mando y ellos pasarían en seco. En el año 54 d.C. llegó uno de Egipto a Jerusalén que pretendía ser el Profeta. Persuadió a treinta mil personas a que le siguieran al monte de los Olivos, prometiéndoles que a su palabra se derrumbarían los muros de Jerusalén. Esas eran las cosas que los judíos esperaban. En Jesús veían a Uno Que era manso y humilde, Que evitaba intencionadamente todo lo espectacular, Que servía a los necesitados, Que acabó en una Cruz... y Que no se parecía en nada a la imagen que se habían forjado del Escogido de Dios.

(ii) Para *los griegos*, ese Mensaje no tenía el menor sentido. Aquí también había dos razones.

(*a*) Para los griegos, la cualidad característica de Dios era la *apatheía*, que quería decir mucho más que su derivada española, *apatía*; quería decir *una incapacidad total para sentir*. Lo razonaban diciendo que, si Dios pudiera sentir alegría o tristeza, eso querría decir que algo Le podía afectar; y, por tanto, era mayor que Dios. Así que Dios tenía que ser incapaz de sentir nada, para que nada Le pueda afectar. Un Dios doliente era para los griegos una contradicción en términos.

Aún iban más lejos. Plutarco declaraba que era insultar a Dios el implicarle en los asuntos humanos. Por necesidad, Dios era inasequible. La mera idea de una *encarnación*, de que Dios Se hiciera hombre, era repulsiva para la mentalidad griega. Agustín, que era un gran pensador desde mucho antes de convertirse al Cristianismo, dijo que había encontrado paralelos a muchas de las enseñanzas cristianas; pero hubo algo, dijo, que nunca encontró: que «la Palabra Se hizo carne, y habitó entre nosotros.» Celso, que con tanto vigor atacó el Cristianismo a finales del siglo II d.C., escribía: «Dios es bueno y hermoso y feliz, y es por ello por lo que es más hermoso y bueno. Entonces, si «descendiera a los hombres,» eso supondría un cambio para Él, y un cambio de bueno a malo, de hermoso a feo y de feliz a desgraciado, de lo mejor a lo peor. ¿Quién escogería ese cambio? Porque a lo mortal le es natural cambiar y cambiarse; pero a lo inmortal, el permanecer inalterable eternamente. Dios no podría aceptar tal cambio.» Para un pensador griego la encarnación era absolutamente inconcebible. Para los que pensaban de esa forma era increíble el que Uno que había sufrido como Jesús pudiera ser el Hijo de Dios.

(*b*) Los griegos buscaban la sabiduría. La palabra *sofista* viene del griego, y quería decir en un principio *sabio* en el buen sentido de la palabra; pero llegó a significar una persona lista de mente y astuta de lengua, un acróbata intelectual, de retórica alucinante y persuasiva, que podía presentar el mal como un bien; llegó a querer decir el palabrero que se pasa la vida discutiendo pelillos sin importancia, sin ningún interés en encontrar soluciones, sino sólo en dedicarse a la prestidigitación intelectual. Dión Crisóstomo los describe de la siguiente manera: «Croan como las ranas en el pantano; son de lo más miserables porque, aunque ignorantes, se creen sabios; son como pavos reales, desplegando su reputación y el número de sus discípulos como hacen los pavos reales con la cola.»

Es imposible exagerar la influencia fantástica que ejercía en Grecia el retórico de pico de oro. Ya Plutarco decía: «Suavizan la voz con cadencias musicales y modulaciones de tono y resonancias de eco.» No pensaban en lo que estaban diciendo, sino en cómo decirlo para recibir aplausos. Sus ideas podían estar envenenadas, siempre que estuvieran envueltas en una expresión melíflua. Filostrato nos cuenta que el sofista Adriano tenía tanta fama en Roma que, cuando llegaba su pregonero con la noticia de que iba a dar una conferencia, se vaciaba el senado y hasta se perdía los juegos la gente para oírle.

Dión Crisóstomo traza una caricatura de esos llamados «sabios» y de sus competiciones en el mismo Corinto, en los juegos ístmicos: «Podrás oír a muchos de esos desgraciados sofistas chillándose e insultándose unos a otros, y a sus discípulos, como los llaman, disputando; y muchos autores de libros leyendo sus estúpidas producciones, y muchos poetastros cantando sus poemas, y muchos juglares exhibiendo sus gracias, y muchos adivinos interpretando señales, y miríadas de retóricos enrevesando pleitos, e innumerables comerciantes pregonando sus diversas mercancías.» Los griegos se drogaban con palabras altisonantes; el predicador cristiano con su Mensaje escueto les parecía una figura tosca, inculta y ridícula, que más provocaba la risa que la atención.

LA GLORIA DE LA VERGÜENZA

1 Corintios 1:26-31

> *Hermanos: No tenéis más que fijaros en quiénes sois los que Dios ha llamado. Está claro que no hay muchos entre vosotros de los que el mundo considera sabios, ni muchos poderosos, ni muchos aristócratas; sino que a los que Dios ha escogido ha sido a los que el mundo considera ignorantes, para vergüenza de los sabios; y a los que el mundo tiene por débiles, para vergüenza de los fuertes; y a los parias y a los marginados y a los que no cuentan para nada en el mundo, para anular a los que se creen algo, para que nadie se las pueda dar de nada delante de Dios.*
>
> *Es a Dios a Quien Le debemos el estar en Jesucristo, a Quien Dios ha hecho que sea para nosotros la única sabiduría, y justicia, y santidad, y libertad, para que se haga realidad en nosotros lo que dice la Escritura: «¡El que quiera estar orgulloso de algo, que lo esté del Señor!»*

Pablo se siente orgulloso del hecho de que la mayor parte de los miembros de la Iglesia fueran la gente más sencilla y humilde que se podía encontrar en el mundo. No debemos creer que la Iglesia Primitiva estaba formada exclusivamente por esclavos. En el Nuevo Testamento también se mencionan convertidos que procedían de los estratos más elevados de la sociedad. Entre ellos recordamos a Dionisio de Atenas *(Hechos 17:34)*, Sergio Paulo, procónsul de Creta *(Hechos 13:6-12)*; las señoras de la nobleza de Tesalónica y Berea *(Hechos 17:4,12)*, y Erasto, tesorero de la ciudad, posiblemente, de Corinto *(Romanos 16:23)*. En el tiempo de Nerón, Pomponia Grecina, la mujer de Plautio, el conquistador de Britania, fue ejecutada por ser cristiana. En el tiempo de Domiciano, la segunda mitad del siglo I, Flavio Clemente, que era primo del Emperador, también fue un mártir cristiano. A finales del siglo II, Plinio, el gobernador de Bitinia, le escribe al emperador Trajano que los cristianos procedían de todas las clases sociales. Pero sigue siendo verdad que la gran masa de cristianos eran gente normal y corriente.

Allá por el año 178 d.C., Celso escribió uno de los ataques más amargos que se hayan escrito jamás contra el Cristianismo. Era precisamente la atracción que ejercía el Cristianismo entre la gente sencilla lo que más ridiculizaba. Denunciaba que el punto de vista cristiano era: «¡Que no se acerque por aquí ninguna persona culta, ni inteligente, ni sensata, porque todo eso es del diablo! Pero si hay algún ignorante, sin sentido ni cultura, o algún idiota, ¡que venga sin miedo!» De los cristianos escribía: «Los vemos en sus casas: tejedores, zapateros y abatanadores; la gente más vulgar y analfabeta.» Decía que los cristianos eran «enjambre de mosquitos, u hormigas saliendo a rastras de su hormiguero, o ranas celebrando un simposio en un pantano, o gusanos en un conventículo de barro.»

Esa era precisamente la gloria del Cristianismo. Había sesenta millones de esclavos en el imperio romano. A los ojos de la ley, un esclavo no era más que «una herramienta viva,» es decir, no una persona sino una cosa. Un amo podía tirar un esclavo viejo como si fuera una azada o una hoz. Se podía divertir torturando a sus esclavos, o matándolos. Para ellos no existía la posibilidad del matrimonio; y, si tenían hijos porque al amo le convenía, eran propiedad del amo como los corderos del rebaño, que no pertenecían a las ovejas sino al pastor. El Cristianismo convirtió a gentes que eran cosas en hombres y mujeres de verdad; más aún: en hijos e hijas de Dios. Dio a los indignos una dignidad propia; a los que no tenían vida personal, la vida eterna. Les dijo a esas personas que, si no importaban para la sociedad, sí Le importaban inmensamente a Dios. Les dijo que, si no tenían ningún valor a los ojos del mundo, a Dios Le habían costado la sangre de Su Hijo y, por tanto, tenían un valor incalculable. El Cristianismo era, y aún es, lo que redime y eleva más a la persona en todo el universo.

La cita con la que Pablo termina esta párrafo procede de *Jeremías 9:23-24.* Como dijo Bultmann, el pecado fundamental es *la autoafirmación,* o *el deseo de ser reconocido.* La verdadera religión empieza solamente cuando nos damos cuenta de que no podemos hacer nada por nosotros mismos y que Dios es el Que puede hacer y lo hará todo. El hecho alucinante de la vida es que son las personas que se dan cuenta de su debilidad e ignorancia las que son fuertes y sabias a fin de cuentas. Es un hecho de la experiencia que el que se cree que puede arrostrar la vida por sí solo es el que suele sufrir naufragio.

Debemos fijarnos en las cuatro cosas en que insiste Pablo que Cristo es para nosotros.

(i) *Sabiduría.* Sólo siguiéndole a Él vamos por el buen camino, y sólo escuchándole a Él oímos la verdad. Jesús es el experto en la vida.

(ii) *Integridad.* En los escritos de Pablo, *integridad (R-V, justicia)* quiere decir *la debida relación con Dios.* Por nuestro propio esfuerzo nunca podremos alcanzarla; solamente es nuestra cuando nos damos cuenta por medio de Jesucristo de que no es por lo que nosotros podamos hacer por Dios, sino por lo que Él ha hecho por nosotros.

(iii) *Consagración.* Es solamente en la presencia de Cristo cuando la vida puede llegar a ser lo que debe ser. Epicuro solía decirles a sus discípulos: «Vivid como si Epicuro os estuviera viendo siempre.» No hay «como sí» en nuestra relación con Cristo. El cristiano camina con Él, y sólo en Su compañía puede mantener su conducta sin mancha de este mundo.

(iv) *Liberación.* Diógenes solía quejarse de que la gente siempre esté yendo al oculista y al dentista, pero nunca acude a la persona (quería decir el filósofo) que puede curarle el alma. Jesucristo es el único que puede librarnos del pecado pasado, de la impotencia presente y del miedo al futuro. Es el emancipador de la esclavitud del pecado y del yo.

LA PROCLAMACIÓN Y EL PODER

1 Corintios 2:1-5

> *Así que, hermanos, cuando fui a vosotros no llegué anunciándoos el Evangelio con una retórica o una sabiduría ostentosas; porque entre vosotros yo no pretendía saber de nada más que de Jesús, el Mesías crucificado. Por eso estuve con vosotros no dando muestras más que de debilidad, y de timidez, y de nerviosismo. Y la verdad indiscutible de mi lenguaje y de mi mensaje no dependieron de una terminología alucinante y erudita, sino del Espíritu y del poder; y eso, para que vuestra fe no estuviera basada en una sabiduría humana, sino en el poder de Dios.*

Pablo rememora su primera visita a Corinto.

(i) Llegó hablando con *sencillez*. Vale la pena advertir que Pablo llegó a Corinto desde Atenas, donde había intentado, por única vez en su vida, presentar el Evangelio de manera aceptable para la filosofía. Se había reunido con algunos filósofos en el Areópago, y había tratado de hablarles en su mismo lenguaje *(Hechos 17:22-31)*; y fue allí donde tuvo uno de sus pocos fracasos. Su sermón, en términos filosóficos, produjo muy pocos resultados *(Hechos 17:32-34)*. Es posible que se dijera a sí mismo: «¡No voy a repetir la experiencia! Desde ahora, contaré la historia de Jesús con la máxima sencillez. No volveré a intentar envolverla en categorías humanas. No pretenderé saber nada de nada más que de Jesucristo, y de Jesucristo crucificado.»

Es indudable que la sola historia de la vida y obra de Jesús sin más adornos tiene un poder inigualable para mover los corazones. El profesor de Edimburgo James Steward cita un ejemplo. Unos misioneros cristianos habían llegado a la corte de Clovis, el rey de los francos. Contaron la historia de la Cruz; y, mientras hablaban, el anciano rey echó mano a la empuñadura de su espada. «¡Si yo y mis francos hubiéramos estado allí —dijo—, habríamos barrido el Calvario y Le habríamos rescatado de Sus enemigos!» Cuando tratamos con gente normal y corriente, una descripción gráfica de los hechos tiene más poder que ningún argumento. El camino a lo más íntimo del ser no pasa por la cabeza, sino por el corazón.

(ii) Llegó hablando con *temor*. Aquí hemos de tener cuidado con cómo lo entendemos. No era miedo por su seguridad; y todavía menos porque estuviera avergonzado del Evangelio que predicaba. Era lo que se ha llamado «la trémula ansiedad de cumplir con un deber.» La misma frase que usa aquí de sí mismo la aplica Pablo a la manera en que deben servir y obedecer a sus amos los esclavos concienzudos *(Efesios 6:5)*. No suele ser el que se enfrenta con una gran tarea sin temblor el que la hace mejor. El actor realmente grande es el que está nervioso antes de la representación; el predicador realmente eficaz es aquel cuyo corazón se acelera cuando está disponiéndose a hablar. El que no se pone nervioso ni tenso en ninguna ocasión puede que represente bien su papel; pero es el que experimenta la trémula ansiedad el que suele producir un efecto que la técnica a secas no consigue.

(iii) Llegó con resultados, y no sólo con palabras. Dice que la verdad indiscutible de su predicación quedó demostrada de manera incontestable por el Espíritu y el poder. La palabra que usa es la que indica una prueba totalmente irrefutable a la que no se puede oponer ningún argumento. ¿Cuál era? Era la prueba de vidas cambiadas. Un poder re-creador había empezado a actuar en la sociedad corrompida de Corinto.

A John Hutton le encantaba contar cierta historia. Uno que había sido malvado y borracho fue capturado por Cristo. Sus viejos camaradas trataban de tomarle el pelo, y le decían: «¡No me digas que un tío sensato como tú puede creer en esos milagros de la Biblia como que Jesús convirtió el agua en vino!»

«Si convirtió el agua en vino o no —contestó él—, no lo sé; pero sí sé que en mi casa Le he visto convertir el vino en muebles y en comida sana y en ropa.»

No se puede discutir la prueba de una vida cambiada. En nuestra debilidad, hemos tratado a veces de convencer a la gente de la verdad del Cristianismo discutiendo, en vez de mostrándoles en nuestras propias vidas lo que Cristo ha hecho con nosotros. «Un santo, ha dicho alguien, es uno en el que Cristo vuelve a vivir otra vez.»

LA SABIDURÍA QUE VIENE DE DIOS

1 Corintios 2:6-9

> *Es verdad que hablamos sabiduría, pero es entre los que han llegado a la mayoría de edad; y una sabiduría que no es cosa de este mundo ni de los que ejercen su influencia en él, que ya están superados; sino que es la sabiduría de Dios, que sólo los iniciados en el Evangelio pueden entender; una sabiduría que, hasta ahora, se había mantenido secreta; una sabiduría que Dios predestinó antes del tiempo para nuestra gloria eterna; una sabiduría que no conocía ninguno de los príncipes de este mundo; porque, si la hubieran conocido, no habrían crucificado al Señor de la gloria. De ella dice la Escritura: «Cosas que no hay ojo que haya contemplado, ni oído que haya escuchado, ni imaginación humana que haya concebido, son las que Dios ha preparado para los que Le aman.»*

Este pasaje nos introduce en las diferentes clases de instrucción cristiana y en las diferentes etapas de la vida cristiana. En la Iglesia Primitiva había una marcada diferencia entre dos clases de instrucción. (i) Había lo que se llamaba el *kêrygma*, que quiere decir *el anuncio de un heraldo del rey*, y que era el anuncio de los hechos fundamentales del Evangelio; es decir, de la vida, muerte, resurrección y segunda venida de Jesús. (ii) Había lo que se llamaba la *didajê*, que quiere decir *enseñanza*,

y era la explicación de los hechos que ya se habían anunciado. Era la segunda etapa para los que habían recibido el
kêrygma.

A eso es a lo que se refiere Pablo aquí. Hasta ahora ha estado
hablando de Jesús como el Mesías crucificado: ese era el
anuncio fundamental del Cristianismo. De ahí pasa a decir que
no nos detenemos ahí. La instrucción cristiana no se limita a
enseñar los hechos, sino que pasa a explicar su significado.
Pablo dice que eso se hace entre los que son *téleioi.* La Reina-
Valera antigua decía: «Empero hablamos sabiduría entre perfectos.» Ese es, sin duda, uno de los sentidos de esta palabra,
pero no es apropiado aquí. *Téleios* tiene un sentido físico:
describe al animal o a la persona que ha llegado a su pleno
desarrollo físico; pero tiene también un sentido intelectual.
Pitágoras dividía a sus discípulos en «bebés» y *téleioi.* Es decir,
que describe a la persona que tiene madurez como estudiante,
y es el sentido que tiene aquí. Pablo dice: «En la calle, y para
todos los que acaban de llegar a la iglesia, hablamos de los
elementos básicos del Evangelio; pero, cuando las personas ya
van creciendo en la fe, les damos una enseñanza más profunda
acerca de lo que quieren decir esos hechos fundamentales.» No
es que Pablo sugiera una diferencia de clases entre los cristianos; se trata de las diferentes etapas en que se encuentran. Lo
trágico es que a menudo la gente se conforma con seguir en
una etapa elemental cuando deberían proseguir esforzadamente
a pensarse las cosas por sí mismos.

Pablo usa aquí una palabra que tiene un sentido técnico. La
Reina-Valera dice: «Mas hablamos sabiduría de Dios *en misterio*» —cursiva mía. La palabra griega *mystêrion* quiere decir
algo cuyo significado les está escondido a los que no han sido
iniciados, pero claro como el agua a los que sí. Se refiere a
una ceremonia que se llevaba a cabo en ciertas sociedades,
cuyo sentido estaba claro para los miembros, pero que era
ininteligible para los de fuera. Lo que Pablo quiere decir es que
«vamos a proceder a explicar cosas que sólo pueden entender
los que ya Le han entregado el corazón a Jesucristo.»

Insiste en que esta enseñanza más adelantada no es el producto de la actividad intelectual humana, sino que es don de Dios, y que nos ha venido con Jesucristo. Todos nuestros descubrimientos no son tanto lo que hemos descubierto con la mente como lo que Dios nos ha dicho. Esto de ninguna manera nos exime de la responsabilidad de esforzarnos. Sólo el estudiante que pone lo más posible de su parte puede llegar a estar capacitado para recibir las auténticas riquezas de la mente de un gran profesor. Eso es lo que nos sucede con Dios. Cuanto más nos esforzamos por comprender, tanto más nos comunica Dios; y ese proceso no tiene límite.

LO ESPIRITUAL, PARA LOS ESPIRITUALES

1 Corintios 2:10-16

Esas son las cosas que Dios ha revelado por medio de Su Espíritu; y es que el Espíritu explora todas las cosas, hasta las profundidades de Dios. Porque, ¿quién es el que conoce todo lo que hay en una persona sino el espíritu humano que la habita? Así tampoco hay nadie que conozca las cosas de Dios más que el Espíritu de Dios.

No es el espíritu del mundo el que hemos recibido, sino el Espíritu que viene de Dios para que podamos saber todo lo que nos ha dado la gracia de Dios. De estas cosas no hablamos con palabras que enseña la sabiduría humana, sino con las que enseña el Espíritu, interpretando lo espiritual para los espirituales. El que no tiene nada más que la vida física no puede entender las cosas del Espíritu de Dios. Para él no tienen ningún sentido, y no las puede entender porque se necesita el Espíritu para discernirlas. Pero el que es espiritual aplica su juicio al valor de todas las cosas, aunque él mismo no está sujeto al juicio de nadie. Porque, ¿quién ha llegado nunca a comprender la mente del Señor para ser capaz de instruirle? Pero nosotros tenemos la mente de Cristo.

Hay algunas ideas muy básicas en este pasaje.

(i) Pablo establece que la única Persona que nos puede decir algo acerca de Dios es el Espíritu de Dios. Usa una analogía humana. Hay sentimientos tan personales, cosas tan privadas, experiencias tan íntimas, que nadie las puede saber excepto el espíritu humano de cada uno. Pablo afirma que sucede lo mismo con Dios: hay cosas profundas e íntimas en Él que sólo sabe Su Espíritu; y Su Espíritu es la única Persona que nos puede guiar a un conocimiento realmente íntimo de Dios.

(ii) Además, no todas las personas pueden entender esas cosas. Pablo habla de interpretar cosas espirituales a personas espirituales. Distingue dos clases de personas. (*a*) Están los que son *pneumatikoí*. *Pneûma* es la palabra para *espíritu*, y el que es *pneumatikós* es sensible al Espíritu y es guiado por el Espíritu. (*b*) Está el que es *psyjikós*. *Psyjê* se suele traducir por *alma*, pero no es ese su verdadero sentido. Es el *principio de la vida física*. Todos los seres vivos tienen *psyjê*: un perro, un gato, cualquier animal tiene *psyjê*, pero no tiene *pneûma*. *Psyjê* es la vida física que los seres humanos compartimos con todos los demás seres vivos; pero *pneûma* es lo que hace que las personas seamos diferentes del resto de la creación, y semejantes a Dios.

Así que, en el versículo 14, Pablo habla del hombre *psyjikós*. Es el que vive como si no hubiera nada más allá de la vida física, ni otras necesidades que las puramente materiales. Una persona así no puede entender las cosas espirituales. El que no cree que haya nada más importante que la satisfacción del impulso sexual no puede entender el sentido de la castidad; el que considera que el almacenar cosas materiales es el fin supremo de su vida no puede entender la generosidad, y el que no piensa nada más que en las cosas de este mundo jamás podrá entender las cosas de Dios, y le resultarán sin sentido. Nadie tiene por qué ser así; pero si se ahoga lo que alguien llamaba «los anhelos eternos» que hay en el alma, se puede perder la sensibilidad espiritual de tal manera que el Espíritu de Dios hablará, pero no se Le oirá.

Es fácil llegar a estar tan involucrado en el mundo que no existe nada más allá de él. Debemos pedirle a Dios que nos dé la mente de Cristo; porque sólo cuando Él vive en nosotros estamos a salvo de la invasión absorbente de las exigencias de las cosas materiales.

IMPORTANCIA SUPREMA DE DIOS

1 Corintios 3:1-9

En cuanto a mí, hermanos, no pude hablaros como si fuerais espirituales, sino que tuve que hablaros como a los que no habían pasado todavía de la etapa meramente humana, como a niños en Cristo. Como si dijéramos, os di a beber leche, no comida sólida. Y aun ahora, todavía no podéis digerir la comida sólida, porque seguía estando controlados por las pasiones humanas. Si hay entre vosotros envidia y rivalidad, ¿no quiere eso decir que estáis dominados por las pasiones humanas y que vuestro comportamiento no pasa del nivel puramente humano? Eso de que uno diga: «¡Yo soy de Pablo!» o «¡Yo soy de Apolos!», ¿no quiere decir que estáis actuando como seres humanos a secas? Porque, ¿qué son Apolos o Pablo? No son más que siervos que han actuado de intermediarios para que llegarais a creer; y el éxito que tuvo cada uno se lo debió a Dios. Yo fui el que planté; luego vino Apolos a regar; ¡pero fue Dios el que hizo crecer la semilla! Así que, ni el que planta ni el que riega son nada; sino Dios, Que hace crecer la semilla, es el todo. El que planta y el que riega están a un mismo nivel; cada uno recibirá la recompensa conforme a su labor. Nosotros somos compañeros de trabajo al servicio de Dios; y vosotros sois la labranza o el edificio de Dios.

Pablo ha estado hablando de la diferencia que hay entre una persona espiritual *(pneumatikós)*, que es la que puede entender las cosas espirituales, y la que es *psyjikós*, cuyos intereses y objetivos no van más allá de las cosas materiales y que, por tanto, es incapaz de captar la verdad espiritual. Ahora pasa a acusar a los corintios de seguir en la etapa física, y usa dos palabras para describirlos.

En el versículo 1 los llama *sárkinoi*. Esta palabra se deriva de *sarx*, que quiere decir *carne* y que Pablo usa con frecuencia. Ahora bien: todos los adjetivos griegos que terminan en *-inos* quieren decir *hecho de aquello*. Así es que Pablo empieza por decir que los corintios están hechos de carne. Eso no es tan despectivo como la expresión española de «ser un cacho de carne con ojos;» quiere decir que es una persona de carne y hueso, *pero* que no debe conformarse con vivir a ese nivel. El problema era que los corintios eran, no sólo *sárkinoi,* sino también *sarkikoí*, que quiere decir *dominados por la carne.* Para Pablo *la carne* es mucho más que una sustancia física; es *la naturaleza humana separada de Dios*, esa parte de la persona, tanto mental como física, que le ofrece una cabeza de puente al pecado. Así es que el fallo que Pablo les encuentra a los corintios no es que están hechos de carne —eso tienen de común con todo el mundo—, sino que dejan que su naturaleza inferior domine todas sus actitudes y acciones.

¿Qué es lo que hay en su vida y conducta que hace que Pablo les dirija esta reprensión? Son sus partidismos, peleas y grupitos. Esto es sumamente significativo, porque quiere decir que *se puede saber cómo está la relación de una persona con Dios viendo su relación con sus semejantes*. Si nunca está de acuerdo con nadie, si siempre está peleándose y discutiendo con los demás y creando problemas, puede que asista regularmente a la iglesia y hasta que tenga algún cargo en ella, pero no es un hombre de Dios. Sin embargo, si uno se lleva bien con los demás y sus relaciones con ellos están inspiradas en el amor y la unidad y la concordia, entonces lleva camino de ser un hombre de Dios.

El que ama a Dios tiene que amar también a sus semejantes. Esta fue la verdad que Leigh Hunt tomó de un cuento oriental y plasmó en su famoso poema:

Abú Ben Ádjem —¡crezca para siempre su tribu!—
despertó cierta noche de un buen sueño de paz
y vio en la habitación que la luna alumbraba
convirtiéndola toda como en un lirio en flor
un ángel escribiendo en un libro de oro.
Larga vida de paz le había hecho atrevido,
y a la extraña figura Abú se dirigió:
—Di, ¿qué escribes?— El ángel volvió hacia él los ojos
y con una mirada que era toda dulzura
respondió: —Son los nombres de los que aman a Dios.
—¿Y está el mío entre ellos?— le preguntó Ben Ádhem.
—No está —respondió el ángel. Con menos osadía,
pero aún atrevido, Abú dijo: —A lo menos,
pon mi nombre como uno que ama a sus semejantes.
El ángel lo escribió, y desapareció.
A la noche siguiente, con deslumbrante luz,
volvió el ángel de nuevo, en su libro mostrando
los nombres de aquellos bendecidos por Dios,
porque Su amor estaba reflejado en sus vida.
¡Y he aquí que el de Ben Ádjem estaba a la cabeza!

Pablo prosigue mostrando la esencial insensatez de ese espíritu partidista. En un huerto, puede que un hombre plante la semilla, y sea otro el que la riegue; pero ninguno de los dos pretende haber sido el que la ha hecho crecer: eso es cosa de Dios. El que planta y el que riega están al mismo nivel; ninguno puede pretender prioridad sobre el otro; no son más que servidores que han sido compañeros de trabajo al servicio de un Señor: Dios. Dios usa instrumentos humanos para hacer llegar a las personas el Mensaje de Su amor y Su verdad; pero Él es el Único que despierta el corazón humano a una nueva vida. Como lo creó, lo puede re-crear.

EL CIMIENTO Y LOS CONSTRUCTORES

1 Corintios 3:10-15

> *De acuerdo con la gracia de Dios que se me otorgó a mí, yo eché los cimientos como experto maestro de obras; pero luego son otros los que siguen construyendo encima. Que cada cual se mire bien cómo construye hacia arriba; pero nadie puede echar otro cimiento diferente del que ya se ha echado, que es Jesucristo. Si uno construye sobre ese cimiento con oro, o plata, o piedras preciosas, o madera, o paja, o rastrojo, se verá bien claro el trabajo de cada cual: el Día lo descubrirá, porque se revelará mediante fuego, y el fuego mismo hará la prueba de la clase de trabajo que ha hecho cada uno. Si se mantiene la obra que erigió uno sobre el fundamento, recibirá su recompensa; pero si se quema, será trabajo perdido, aunque él mismo se salve como el que se libra de una quema.*

En este pasaje, Pablo está hablando por experiencia. Estaba destinado a ir echando los cimientos para luego pasar a otro sitio. Es verdad que se quedó dieciocho meses en Corinto *(Hechos 18:11)* y tres años en Éfeso *(Hechos 20:31)*; pero puede que en Tesalónica no estuviera ni un mes, y esto era lo más corriente. Había tanto terreno que planificar, tantas personas que ni siquiera habían oído el nombre de Jesucristo que, si se iba a empezar en serio la evangelización del mundo, Pablo no podía más que echar los cimientos y pasar a otro sitio. Sólo cuando le metían preso se veía obligado a permanecer en un sitio su inquieto espíritu.

Dondequiera que iba, echaba el mismo cimiento: los hechos referentes a Jesucristo y Su oferta de Salvación. Su tremenda labor consistía en presentar a Cristo a la gente, porque era en Él, y sólo en Él, donde se podían encontrar tres cosas:

(*a*) *El perdón de los pecados pasados*. Uno se encuentra en una nueva relación con Dios, y descubre de pronto que Dios es su amigo y no su enemigo; Que es como Jesús; donde antes creía ver odio, ahora ve amor, y el Que antes le parecía infinitamente remoto ahora ve como íntimamente tierno.

(*b*) *Fuerza para el presente*. En la presencia y ayuda de Jesús halla valor para arrostrar la vida, porque ha dejado de ser una unidad aislada peleando una batalla a solas con un universo adverso. Vive una vida en la que nada puede separarle del amor de Dios en Cristo Jesús su Señor. Transita los caminos de la vida y pelea sus batallas con Cristo.

(*c*) *Esperanza para el porvenir*. Ya no vive en un mundo en el que tiene miedo a mirar adelante, sino en uno en el que Dios está en control y haciendo que todo contribuya a su bien. Vive en un mundo en el que la muerte ya no es el fin, sino sólo el preludio de una gloria mayor. Sin el cimiento de Cristo no se puede tener ninguna de estas cosas.

Pero son otros los que tienen que construir sobre ese cimiento. Pablo no está hablando aquí de construir cosas malas, sino cosas inadecuadas. Uno puede presentar a sus semejantes una versión del Evangelio que es floja y aguada; algo unilateral, que hace mucho hincapié en ciertas cosas y demasiado poco en otras, sin el debido equilibrio; algo deformado, en lo que hasta las cosas más importantes aparecen alabeadas.

El Día al que se refiere Pablo es la Segunda Venida de Cristo. Entonces tendrá lugar la prueba definitiva. Lo erróneo e impropio se desvanecerá; pero, por la misericordia de Dios, hasta el constructor equivocado se salvará; porque, por lo menos, trató de hacer algo por Cristo. Todas nuestras versiones del Evangelio son inadecuadas, por decir lo menos; pero nos libraríamos de muchas cosas inadecuadas si las sometiéramos a prueba, no de nuestros prejuicios y presuposiciones, no de la aprobación de tal o cual teólogo, sino a la luz del Nuevo Testamento y, sobre todo, a la luz de la Cruz. Longino, el gran crítico literario griego, les ofrecía a sus estudiantes una prueba: «Cuando escribas algo —les decía—, pregúntate cómo lo habrían escrito Homero o Demóstenes; o, mejor todavía: imagínate cómo reaccionarían si tú se lo leyeras.» Pues nosotros, cuando hablamos de Cristo, debemos tener presente el hecho de que Cristo está escuchando. Tal convicción nos librará de muchos peligros y errores.

SABIDURÍA E INSENSATEZ

1 Corintios 3:16-22

> *¿Es que no sabéis que sois el Templo de Dios, y que el Espíritu de Dios ha hecho Su morada en vosotros? Dios destruirá al que destruya Su Templo; porque el Templo de Dios es una cosa santa, y eso es lo que sois vosotros.*
>
> *Que nadie es engañe. El que de vosotros se crea muy listo en las cosas del mundo, que empiece por darse cuenta de que no es más que un ignorante para llegar a ser sabio de veras. Porque la sabiduría de este mundo es necedad para Dios; por eso dice la Escritura: «Él pilla a los sabiondos en su propia astucia;» y otra vez: «El Señor sabe que el producto de sus mentes es inconsistente.»*
>
> *Así es que nadie presuma de nadie, porque todo es vuestro: Pablo, Apolos, Cefas, la vida, la muerte, el presente, el porvenir... ¡todo es vuestro! Pero vosotros sois de Cristo, y Cristo de Dios.*

Para Pablo, la Iglesia era el verdadero Templo de Dios, porque era la morada del Espíritu de Dios. Como dijo Orígenes tiempo después: «Somos tanto más el Templo de Dios cuanto nos preparamos para recibir al Espíritu Santo.» Pero los que introducen disensiones y divisiones en la comunión de la Iglesia destruyen el Templo de Dios en un doble sentido.

(*a*) Hacen imposible que el Espíritu pueda obrar. En cuanto se introduce la amargura en la Iglesia, el amor se ausenta. No se puede ni decir ni oír la verdad debidamente en esa atmósfera.

«Donde está el amor, allí está Dios;» pero donde hay odio y peleas, Dios está llamando a la puerta, pero no Le dejan entrar. El que destruye el amor fraternal, destruye la Iglesia; y, por tanto, el Templo de Dios.

(*b*) Dividen la Iglesia y la reducen a una serie de ruinas aisladas. Ningún edificio puede mantenerse en pie y firme si se le quitan secciones. La mayor debilidad de la Iglesia siguen siendo sus divisiones. Ellas también la destruyen.

Pablo pasa otra vez a poner el dedo en la raíz de la disensión y consiguiente destrucción de la Iglesia. Es el culto de la sabiduría intelectual y mundana. Muestra la condenación de esa sabiduría con dos pasajes del Antiguo Testamento: *Job 5:13,* y *Salmo 94:11.* Era por esa misma sabiduría mundana por lo que los corintios valoraban a los diversos maestros y líderes. Era ese orgullo de la mente humana el que los hacía apreciar o criticar su forma de dar el Mensaje, la corrección de su retórica, el peso de su oratoria, la sutileza de sus argumentos, más que el contenido del Mensaje en sí. El problema de ese orgullo intelectual es que produce dos cosas.

(*a*) *Discusiones.* No se puede estar callado y admirar lo bueno; tiene que hablar y criticar. No puede soportar que se le contradiga: tiene que demostrar que es el único que tiene razón. Nunca es lo bastante humilde para aprender; siempre tiene que ser él el que establezca la ley.

(*b*) El orgullo intelectual es esencialmente *exclusivista.* Tiende a mirar por encima del hombro a los demás en lugar de sentarse a su lado. Su actitud es que todos los que no están de acuerdo con él están equivocados. Hace mucho, Cromwell escribió a los escoceses: «Os ruego por las entrañas de Cristo que consideréis la posibilidad de estar equivocados.» Eso es precisamente lo que el orgullo intelectual no puede admitir. Tiende a separar a las personas más que a unirlas.

Pablo desafía a las personas a que sean lo suficientemente sabias como para darse cuenta de que son necias. Esta es una manera de decirles que sean lo suficientemente humildes como para aprender. No se puede enseñar nada a una persona que cree que ya lo sabe todo. Platón decía: «El más sabio es el que se da cuenta de que está insuficientemente equipado para el estudio de la sabiduría.» Y Quintiliano decía de ciertos estudiantes: «Habrían llegado a ser excelentes estudiantes si no hubieran estado convencidos de que eran muy sabios.» Un antiguo proverbio establecía: «El que no sabe, y no sabe que no sabe, es un necio; evítale. El que no sabe, y sabe que no sabe, es un sabio; enséñale.» La única manera de llegar a saber nada es reconocer que no se sabe; el único acceso al conocimiento es confesar la ignorancia.

En el v. 22, como pasa tantas veces en sus cartas, a la prosa de Pablo le salen alas de sentimiento y poesía. Los corintios están haciendo algo que a Pablo le parece incomprensible: están tratando de ponerse en manos de algún hombre. Pablo les dice que, de hecho, no son ellos los que le pertenecen a ningún hombre, sino él el que les pertenece a ellos. El identificarse con un partido es aceptar la esclavitud los que deberían ser reyes. El hecho es que son los dueños de todas las cosas, porque pertenecen a Cristo, y Cristo pertenece a Dios. La persona que consagra su fuerza y su corazón a cualquier lasquita de un partido ha rendido su todo a un reyezuelo cuando podía haber entrado en posesión de una compañía y de un amor tan amplio como el universo. Ha confinado en angostos límites una vida que estaba diseñada para esferas de amplitud ilimitada.

LOS TRES JUICIOS

1 Corintios 4:1-5

En consecuencia, lo que tenéis que pensar de nosotros es que somos servidores de Cristo y administradores de los secretos que Dios revela a Su propio pueblo. En la vida corriente de cada día, lo que se espera de los administradores es que sean de fiar. A mí me importa muy poco el que me juzguéis vosotros o cualquier tribunal humano. Ni siquiera yo me juzgo a mí mismo; porque, aunque la conciencia no me acusara de nada, no por eso estaría libre de error. El Señor es el Que me juzga. Así que, no os precipitéis a juzgar antes de tiempo, sino esperad a que vuelva el Señor, Que iluminará las cosas que están escondidas en lugares oscuros y sacará a luz las intenciones de los corazones humanos. Entonces será cuando cada cual recibirá de Dios su calificación.

Pablo exhorta a los corintios a que no piensen en Apolos, Cefas o él mismo como líderes de partidos, sino que los consideren simplemente servidores de Cristo. La palabra que usa para *servidor* es interesante: *hypêrétês* originalmente era el remero del banco inferior del trirreme; es decir, uno de los esclavos o cautivos que manejaban los grandes remos que impulsaban aquellas naves por el mar. Algunos comentaristas han hecho hincapié en este sentido de la palabra, y han sugerido que Cristo es el piloto que dirige el curso del navío, y Pablo no es más que uno de los remeros que acepta las órdenes del Piloto y sigue Su dirección.

Luego Pablo usa otra imagen: se ve a sí mismo y a sus compañeros en la predicación del Evangelio como *mayordomos* de los secretos que Dios quiere revelarle a Su pueblo. El mayordomo *(oikonómos)* era el *major domo,* y estaba a cargo de la administración de una casa o propiedad; controlaba al personal y distribuía los recursos; pero, aunque manejaba muchas cosas, no era más que un esclavo en relación con el dueño. Cualquiera que sea la posición de una persona en la Iglesia, y cualquiera que sea su autoridad y prestigio, no es más que un servidor de Cristo.

De ahí pasa Pablo a la idea del juicio. La cualidad imprescindible de un mayordomo es que sea digno de confianza. El hecho de disfrutar de tanta independencia y responsabilidad hace que sea necesario que su señor pueda depender absolutamente de él. Los corintios, con sus partidos y asignación de líderes de la Iglesia como sus señores, habían hecho juicio sobre esos líderes al preferir a uno por encima de los demás. Así es que Pablo habla de tres juicios a los que se debe someter cada persona.

(i) Debe arrostrar el juicio de *sus semejantes*. En su caso, Pablo dice que le importa un pimiento. Pero hay un sentido en el que uno no puede dejar de tener en cuenta el juicio de sus semejantes. Lo extraño es que, aunque a veces se cometen errores, el juicio de nuestros semejantes suele ser acertado. Eso se debe al hecho de que, en general, instintivamente, todo el mundo admira las cualidades básicas de honradez, fiabilidad, generosidad, espíritu de sacrificio y amor. El filósofo cínico Antístenes solía decir: «No hay más que dos personas que es posible que te digan la verdad acerca de ti mismo: un enemigo que ha perdido los estribos, o un amigo que te quiere entrañablemente.» Es absolutamente cierto que no debemos dejar que el juicio de los demás nos aparte de lo que creemos correcto; pero también es verdad que el juicio de los demás es a menudo más exacto de lo que nos gustaría creer, porque ellos también admiran las buenas cualidades.

(ii) Debe arrostrar su *propio* juicio. Una vez más, Pablo no le da ninguna importancia. Sabía muy bien que el juicio propio puede estar nublado por la autoestimación, el orgullo o la vanidad. Pero, en un sentido indudable, todos tenemos que arrostrar nuestro propio juicio. Una de las ideas éticas básicas de los griegos era: «¡Conócete a ti mismo!» Los cínicos insistían en que una de las primeras características de un hombre auténtico era «la habilidad de llevarse bien consigo mismo.» Uno no puede escapar de sí mismo; y, si se pierde el respeto, la vida se le hará insoportable.

(iii) Debe arrostrar el juicio de *Dios*. En último análisis, ese es el único que importa. Para Pablo, el juicio que esperaba no era el de cualquier día o tribunal, sino el del Día del Señor. El de Dios es el juicio final y definitivo por dos razones. (*a*) Sólo Dios conoce todas *las circunstancias*. Él sabe las luchas que una persona ha tenido que mantener, los secretos que no ha compartido con nadie, hasta dónde habría podido caer... o escalar. (*b*) Sólo Dios conoce todos los *motivos*. «El hombre ve la acción, pero Dios ve la intención.» Muchas acciones que parecen nobles puede que se hayan realizado por los motivos más egoístas e innobles; y muchas acciones que parecen rastreras se han llevado a cabo por los motivos más elevados. El Único que puede juzgar el corazón es el Que lo ha hecho y es el Único Que lo conoce.

Haríamos bien en recordar dos cosas: la primera es que, aunque escapemos de todos los otros juicios o cerremos los ojos para no tenerlos en cuenta, no podemos escapar al juicio de Dios; y segunda, el juicio es algo que Le corresponde hacer a Dios, así que no asumamos tan alta responsabilidad.

HUMILDAD APOSTÓLICA
Y ORGULLO HUMANO

1 Corintios 4:6-13

Hermanos: He aplicado estas cosas a manera de ejemplo a Apolos y a mí para que aprendáis de nosotros a observar el principio de no ir más allá de lo que está escrito, para que ninguno de vosotros hable jactanciosamente de un maestro y despectivamente del otro.

¿Quién es el que ve nada extraordinario en ti? ¿Qué es lo que tienes más de lo que se te ha dado? Y si la verdad es que se te ha dado inmerecidamente, ¿por qué presumes como si fuera algo que has conseguido por ti mismo? ¡No cabe duda que ya estáis más que satisfechos! ¡No cabe duda de que ya sois ricos! ¡No cabe duda de que ya habéis llegado al reino sin la ayuda de nadie! Yo estaría encantado de que así fuera, porque sería señal de que nosotros también podíamos ser reyes juntamente con vosotros. Porque me parece que Dios ha exhibido a los apóstoles colocándolos al final del desfile

triunfal, como condenados a muerte. ¡Creo que nos hemos convertido en un espectáculo de risa para el mundo, los ángeles y la humanidad! ¡Nosotros somos los que hemos hecho el tonto por causa de Cristo, y vosotros los listos en Cristo! ¡Nosotros somos los débiles, y vosotros los fuertes! ¡Vosotros los homenajeados, y nosotros los deshonrados! Hasta ahora no hacemos más que pasar hambre y sed, y frío y vergüenza; nos abofetean, somos vagabundos apátridas, nos desollamos las manos a trabajar. Cuando nos insultan, bendecimos; cuando nos persiguen, lo soportamos; cuando nos calumnian, nos defendemos respetuosamente. Nos tratan como escoria de la tierra, como desechos de todo... Y así sigue la cosa.

Todo lo que ha estado diciendo Pablo de sí mismo y de Apolos es verdad, no sólo para ellos, sino también para los corintios. No son sólo Apolos y él los que deben mantenerse humildes pensando que no es el juicio humano el que deben tener en cuenta, sino el de Dios. Los corintios deben también conducirse con humildad. Pablo hacía gala de una cortesía maravillosa al incluirse a sí mismo en sus advertencias y en sus recriminaciones. El predicador auténtico rara vez usa la palabra *vosotros*, y siempre *nosotros*; no les habla a los demás desde las alturas, sino como el que está al mismo nivel que los demás y que tiene sus mismas limitaciones. Si de veras queremos ayudar y salvar a los demás, nuestra actitud debe ser suplicante, no condenatoria; nuestro acento debe ser de compasión, no de crítica. No son sus palabras las que Pablo les dice a los corintios que no deben traspasar, sino la Palabra de Dios, que condena toda clase de orgullo.

Y entonces Pablo les hace la pregunta más pertinente y fundamental: «¿Tú, qué tienes que no hayas recibido?» En esta breve frase, Agustín veía toda la doctrina de la gracia. En un tiempo, él había pensado en términos de merecimientos humanos; pero llegó a decir: «Para resolver esta cuestión trabajamos arduamente en la causa de la libertad humana, pero la gracia de Dios obtuvo la victoria.» Nadie habría llegado a conocer a Dios si Él no Se hubiera revelado; nadie podría haber obtenido su propia salvación; nadie se salva a sí mismo: es salvado. Cuando pensamos en lo que hemos hecho nosotros y en lo que ha hecho Dios por nosotros, no hay lugar para el orgullo, sino sólo para la agradecida humildad. La falta de los corintios había sido olvidar que Le debían sus almas a Dios.

Y aquí llegamos a uno de esos arranques alados que nos sorprenden una y otra vez en las cartas de Pablo. Se vuelve hacia los corintios con una ironía sarcástica. Compara su orgullo, su autosatisfacción, su sentimiento de superioridad, con la vida que lleva un apóstol. Presenta una alegoría gráfica. Cuando un general romano ganaba un victoria señalada, se le concedía entrar y desfilar en triunfo por las calles de Roma con todos los trofeos que había ganado. Eso se llamaba un Triunfo. Al final del desfile iban los cautivos, a los que llevaban al circo, a morir luchando con fieras. Los corintios, con su orgullo descarado, eran el victorioso general con los trofeos de su hazaña; los apóstoles eran los cautivos condenados a muerte. Para los corintios, la vida cristiana consistía en desplegar sus privilegios y blasonar de logros personales; para Pablo, una vida de humilde servicio, siempre dispuesto a morir por Cristo.

En la lista de cosas que Pablo declara que los apóstoles sufren hay dos palabras interesantes. (i) Dice que *los abofetean (kolafízesthai)*. Esta palabra se usa para darle una paliza a un esclavo. Plutarco dice que un testigo evidenció que un esclavo pertenecía a un cierto amo porque había visto a este pegarle, y esta es la palabra que usa. Pablo estaba dispuesto, por causa de Cristo, a que le trataran como a un esclavo. (ii) Dice: «Cuando *nos insultan (loidoresthai)*, bendecimos.» No nos damos cuenta de lo sorprendente que esto le resultaría a un pagano. Aristóteles declara que la virtud suprema es la *megalopsyjía, grandeza de alma*, y define esta virtud como la cualidad que no soporta un insulto. Para los antiguos, la humildad cristiana era una virtud totalmente nueva. La clase de conducta que parecería estúpida, aunque esta estupidez era la sabiduría de Dios.

UN PADRE EN LA FE

1 Corintios 4:14-21

> No os escribo esto para sacaros los colores, sino para advertiros como a hijos muy queridos, porque eso es lo que sois para mí. Puede que tengáis diez mil tutores en Cristo; pero, lo que se dice padres, no podéis tener muchos, y fui yo el que os engendré como cristianos en el Evangelio. Por lo tanto, os exhorto a que sigáis mi ejemplo. Por eso es por lo que os mando a Timoteo, que es un querido y fiel hijo mío en el Señor, quien os traerá a la memoria mi manera de ser en Cristo; es decir, lo que enseño por todas partes y en todas las iglesias. Hay algunos que andan pavoneándose de su importancia, como si yo no hubiera de ir por ahí; pero iré pronto, si Dios quiere, y descubriré, no lo que dicen esos presumidos, sino lo que son capaces de hacer; porque el Reino de Dios no consiste en palabras, sino en acción poderosa.
>
> Entonces, ¿qué preferís? ¿que vaya con el palo, o con amor y en espíritu conciliador?

Con este pasaje Pablo termina la sección de la carta que trata directamente de las disensiones y divisiones de Corinto. Escribe como un padre. La misma palabra que usa en el versículo 14 para *advertir (nutheteîn)* es la que se usa corrientemente para expresar la amonestación y el consejo que da un padre a sus hijos *(Efesios 6:4)*. Puede que suene severo; pero no es la severidad que humilla a un esclavo indisciplinado, sino la que trata de encauzar a un hijo que se ha desviado.

Pablo era consciente de que se encontraba en una posición única en relación con la iglesia de Corinto. El tutor *(paidagôgós,* cp. *Gálatas 3:24)* no era el maestro, sino un esclavo anciano y de confianza que acompañaba todos los días al chico a la escuela, le enseñaba cuestiones morales, se cuidaba de su carácter y trataba de hacerle un hombre. Un niño podía tener muchos tutores; pero no tenía más que un padre. En días por venir, los corintios podrían tener muchos tutores, pero ninguno de ellos podría hacer lo que había hecho Pablo. Ninguno de ellos podría comunicarles la vida de Jesucristo.

A continuación, Pablo dice algo alucinante. Lo que les dice es en efecto: «Os exhorto, como hijos míos que sois, a que os parezcáis a mí, que soy vuestro padre.» Es raro que un padre pueda decir eso. Es más corriente que el padre espere y pida a Dios que su hijo llegue a ser todo lo que él no ha conseguido ser. Muchos de los que enseñamos a otros no podemos evitar el decirles, no «Haz lo que yo,» sino «Haz lo que te digo.» Pero Pablo, no por orgullo sino con absoluta sinceridad, anima a sus hijos en la fe a que le imiten.

Luego les dedica un delicado elogio. Dice que les manda a Timoteo para que les recuerde su manera de ser. En efecto, dice que todos los errores y procedimientos equivocados de ellos son debidos, no a una rebeldía deliberada, sino al hecho de que se han olvidado. Eso es muy cierto en la naturaleza humana. Con frecuencia no es porque nos rebelamos contra Cristo, sino sencillamente porque nos olvidamos de Él. Muchas veces no es porque Le volvemos deliberadamente la espalda, sino porque nos olvidamos de que Él está en la trama de todas las cosas. Muchos de nosotros necesitamos por encima de todo esforzarnos en vivir dándonos cuenta constantemente de la presencia de Jesucristo. No es sólo en los cultos, o al participar de Su mesa, sino todos los días cuando Jesús nos dice: «Acuérdate de Mí.»

Pablo se detiene para hacer un desafío. Que no se crean que el que les mande a Timoteo quiere decir que él, Pablo, ya no va a ir por allí. Irá cuando se le presente la oportunidad, y entonces les hará un examen. Esos corintios hablaban un montón; pero no eran sus palabras altisonantes las que contaban, sino sus acciones. Jesús no dijo nunca: «Por sus palabras los conoceréis,» sino «Por sus frutos los conoceréis.» El mundo está lleno de gente que habla del Cristianismo; pero una acción vale más que mil palabras.

Pablo acaba preguntándoles si va a tener que ir a imponerles una disciplina o a compartir con ellos en amor. El amor de Pablo a sus hijos en Cristo late en todas sus cartas; pero no era un amor ciego o sensiblero, sino un amor que sabía cuándo había que imponer disciplina, y que estaba dispuesto a ejercerla. Hay una clase de supuesto amor que puede causar la ruina de una persona a base de cerrar los ojos a sus faltas; y hay un amor que puede remediar el mal de una persona porque la mira con la claridad de los ojos de Cristo. «Quien bien te quiere, te hará llorar.» El amor de Pablo era de los que saben que a veces hay que hacer daño para remediar el mal.

Pablo ha tratado del problema de las rivalidades y divisiones que hay en la iglesia de Corinto, y ahora pasa a tratar de ciertas cuestiones muy prácticas y de ciertas situaciones muy graves que se ha enterado que se dan dentro de la iglesia. Esta sección incluye los capítulos 5 y 6. 5:1-8 trata de un caso de incesto. 5:9-13 exhorta a la disciplina en cuestiones sexuales. 6:1-8 se refiere a la tendencia de los corintios a acudir a pleitear. 6:9-20 hace hincapié en la pureza.

PECADO Y PERMISIVIDAD

1 Corintios 5:1-8

Se dice por aquí que hay promiscuidad sexual entre vosotros, y hasta un punto que no se da ni entre los paganos, llegando a darse el caso de que uno mantiene relaciones con la mujer de su padre. ¡Y no le dais ninguna importancia, y hasta presumís de tolerantes, en lugar de lamentarlo y tomar medidas, como es vuestro deber, para que no sea admitido entre vosotros el que ha cometido tales desmanes!

En cuanto a mí, ausente físicamente pero identificado con vosotros en espíritu, ya me he pronunciado como si estuviera presente: Por lo que se refiere al que ha

perpetrado tal acción, mi veredicto es que, reunidos en
el nombre del Señor y contando con mi presencia en
espíritu, respaldados por el poder del Señor Jesús, en-
treguéis al que así ha actuado a Satanás hasta que sea
eliminada de su cuerpo la concupiscencia, para que su
espíritu se salve el Día de nuestro Señor Jesús. Vuestra
presunción no tiene ninguna gracia. ¿Es que no sabéis
todavía que un poco de mala influencia puede corrom-
per a toda una sociedad? ¡Limpiaos de la vieja mala
influencia para que podáis empezar de nuevo con lim-
pieza como Dios os ha limpiado! Porque nuestro Cor-
dero pascual, Que es Cristo, ya ha sido sacrificado; así
que hagamos fiesta, no a la manera corrompida de antes
ni con la mala influencia de corrupción, sino con los
ázimos de sinceridad y de integridad.

Pablo está tratando de lo que era para él un problema frecuente. En cuestiones sexuales, los paganos no conocían el sentido de la castidad. Se refocilaban donde y cuando se les ofrecía la oportunidad. Le era muy difícil a la Iglesia Cristiana el escapar del contagio. Era como una islita rodeada por todas parte del mar del paganismo. Hacía muy poco que habían entrado en el Cristianismo. ¡Era tan difícil desaprender las prácticas ancestrales en las que habían participado! Y, sin embargo, si la Iglesia había de mantenerse pura, tenían que decir adiós definitivamente a las viejas cosas paganas. En la iglesia de Corinto se había producido un caso verdaderamente escandaloso: un hombre había establecido una relación ilícita con su madrastra, que era algo que habría asqueado hasta a los paganos, y que estaba prohibido explícitamente en la ley judía *(Levítico 18:8).* La forma como se presenta puede sugerir que la mujer ya estaba divorciada de su anterior marido. Sería probablemente pagana, porque Pablo no se refiere a ella; estaría fuera de la jurisdicción de la Iglesia.

Aunque estaba horrorizado con aquel pecado, Pablo aún lo estaba más con la actitud de la iglesia corintia: parece que

habían aceptado tolerantemente la situación, cuando debieran
haberse mostrado apesadumbrados y haber reaccionado debidamente. La palabra que usa Pablo para pesadumbre (*pentheîn*)
es la que se usa para el duelo que se hace por los difuntos
(N.B.E.: «poneros de luto»). Una actitud cachazuda en relación
con el pecado es siempre peligrosa. Se ha dicho que nuestra
única defensa frente al pecado está en la repulsa. Carlyle decía
que debemos ver siempre la belleza infinita de la santidad y
la repulsividad infinita del pecado. Cuando dejamos de tomar
en serio el pecado estamos en peligro. No es cosa de ser crítico
ni de condenarlo todo, sino de ser consciente de su peligro y
daño. Fue el pecado lo que crucificó a Jesucristo; fue para
libertarnos del pecado para lo que Él murió. Ningún cristiano
puede reaccionar simplemente con pachorra ante el pecado.

El veredicto de Pablo era que había que hacer algo con aquel
hombre. Con una frase gráfica dice que hay que entregárselo
a Satanás. Quiere decir que debe ser excomulgado. El mundo
se consideraba el dominio de Satanás *(Juan 12:31; 16:11;
Hechos 26:18; Colosenses 1:13)* como la Iglesia era el dominio
de Dios. Devolver a ese hombre al mundo de Satanás al que
pertenecía, era el veredicto de Pablo. Pero tenemos que darnos
cuenta de que, hasta un castigo tan serio, no era vindicativo,
sino encaminado a hacer que se humillara, que domara y erra-
dicara su concupiscencia para que, a fin de cuentas, su espíritu
se salvara. Era disciplina ejercida, no solamente para castigar,
sino principalmente para despertar; y era un veredicto que
había que cumplir, no con crueldad sádica y fría, sino con el
dolor que se siente cuando se pierde un ser querido. En la
Iglesia Primitiva, detrás del castigo y de la disciplina estaba
la convicción de que había que rehacer, no que deshacer al que
había pecado.

Pablo pasa a dar un consejo muy práctico. Los versículos
6-8 aparecen modernizados en la traducción. En el original
dice, como la Reina-Valera y muchas otras biblias «¿No sabéis
que un poco de levadura leuda toda la masa? Limpiaos, pues,
de la vieja levadura, para que seáis nueva masa, sin levadura

como sois; porque nuestro sacrificio pascual, que es Cristo, ya ha sido sacrificado; para que celebremos la fiesta, no con la vieja levadura, que es la de la iniquidad y el mal, sino con los ázimos de la sinceridad y de la verdad.» Aquí tenemos un cuadro pintado con colores veterotestamentarios. En la literatura judía, con muy pocas excepciones, la levadura representa una mala influencia. Era una pizca de la hornada anterior, que se había fermentado totalmente. Los judíos identificaban la fermentación con la corrupción.

Ahora bien: el pan de la pascua era sin leudar *(Éxodo 12:15ss; 13:7)*. Más que eso: el día antes de que empezara la fiesta de la pascua, la ley establecía que había que encender un candil y buscar la levadura ceremoniosamente por toda la casa, para que no quedara en ella ni una miguita de pan normal (Cp. la figura de la búsqueda de Dios en *Sofonías 1:12)*. (Debemos notar de pasada que la fecha de esta limpieza era el 14 de abril, ¡y que de ahí deriva la costumbre de la limpieza de primavera!). Pablo adopta esa ilustración. Dice que nuestro Cordero pascual ya ha sido sacrificado: Cristo, Cuyo sacrificio nos ha librado del pecado, como el del cordero pascual libró a los primogénitos de Israel de la muerte, y consiguientemente a todo Israel de la cautividad de Egipto. Por tanto, prosigue Pablo, hasta la última miga de maldad tiene que desaparecer de nuestras vidas. Si dejamos una mala influencia en la Iglesia, puede corromper toda la sociedad de la misma manera que la pizca de levadura deuda toda la masa.

Aquí tenemos otra vez una gran verdad práctica. A veces hay que imponer una disciplina para bien de la iglesia. El cerrar los ojos a las ofensas no es lo más amable que se puede hacer: puede ser perjudicial. Hay que eliminar el veneno antes que se extienda. Es fácil arrancar una mala hierba; pero, si se deja, se apoderará de todo el terreno. Aquí tenemos el gran principio de la disciplina: nunca se debe ejercer para satisfacción del que la impone, sino para bien de la persona que ha pecado y de la iglesia entera; no debe ser vengativa, sino curativa y profiláctica.

LA IGLESIA Y EL MUNDO

1 Corintios 5:9-13

> *Os decía en la otra carta que os escribí que no os asociarais con los que llevan una vida sexual inmoral. Está claro que no podéis evitar totalmente a los inmorales de este mundo, ni a los avaros y los codiciosos de bienes de este mundo, ni a los idólatras; porque para eso tendríais que apartaros totalmente del mundo. Lo que quería deciros en mi carta era que no os asociarais ni comierais con cualquiera que se llame cristiano, pero que sea inmoral, o avaro, o idólatra, o calumniador, o borracho, o ladrón. ¿Qué derecho tengo yo a juzgar a los que están fuera de la iglesia? ¿No es a los de dentro a los que tenéis que juzgar, y dejar que sea Dios el Que juzgue a los de fuera? Excluid al tal malvado de vuestra compañía.*

Parece que Pablo ya les había escrito una carta a los corintios exhortándolos a que evitaran la compañía de la mala gente. Él pretendía que aquello se aplicara solamente a miembros de la iglesia; había querido decir que los que tuvieran una mala conducta debían ser disciplinados siendo excluidos de la sociedad de la iglesia hasta que se enmendaran. Pero parece ser que algunos de los corintios habían tomado esa carta como una prohibición absoluta, cosa que no se podría entender como norma a menos que se retirara uno del mundo totalmente. En un lugar como Corinto sería imposible llevar una vida normal evitando totalmente el trato con los que vivían en desacuerdo con las enseñanzas y prácticas de la iglesia.

Pero no había sido eso lo que Pablo había querido decir. Él no habría recomendado nunca una clase de Cristianismo que se retirara de la vida cotidiana del mundo, lo que habría equivalido a salirse del mundo. Para él el Cristianismo tenía que vivirse en el mundo. «Dios —como le dijo cierto santo anciano

a John Wesley— no quiere saber nada de una religión so-
litaria.» Y Pablo habría estado totalmente de acuerdo con eso.
Es interesante ver los tres pecados que Pablo selecciona
como típicos del mundo, y las tres clases de personas que cita.

(i) Estaban *los que llevaban una vida sexual inmoral.* El
Cristianismo es lo único que puede garantizar la pureza. La raíz
de la inmoralidad sexual es una actitud falsa con las personas.
A fin de cuentas es verlas como bestias. Declara que las pasiones y los instintos que se dan en las bestias deben consen-
tirse sin la menor vergüenza, y a la otra persona hay que
considerarla simplemente como un objeto para experimentar
ese placer. Ahora bien: el Cristianismo ve en la persona humana un hijo o una hija de Dios; y, por tanto, como una criatura
que vive en el mundo pero cuya vida no se limita a él; es una
persona que no organiza su vida no teniendo en cuenta más que
las necesidades y los deseos materiales; que tiene un cuerpo
pero tiene también un espíritu. Si las personas se miraran unas
a otras como hijos e hijas de Dios, la promiscuidad sexual sería
automáticamente desterrada.

(ii) Estaban *los avaros y los codiciosos de bienes de este
mundo.* Aquí también, sólo el Cristianismo puede desterrar ese
espíritu. Si juzgamos las cosas conforme a la escala de valores
del mundo, no hay razón para que no dediquemos nuestra vida
a conseguir el mayor número posible de cosas materiales. Pero
el Cristianismo introduce un espíritu que mira hacia fuera y no
sólo hacia dentro. Hace del amor el valor supremo de la vida,
y del servicio el mayor honor. Cuando el amor de Dios está
en el corazón de una persona, esta descubre el gozo, no de
obtener, sino de compartir y de dar.

(iii) Estaban *los idólatras.* La idolatría antigua tiene un
paralelo en las supersticiones modernas. Nuestra época está por
lo menos tan interesada como la que más del pasado en en-
cantamientos, amuletos, horóscopos y cosas por el estilo. La
razón es que se tiene necesidad de adorar algo; y, si no se adora
al Dios verdadero, se adorarán los ídolos de la suerte. Siempre
que decrece la verdadera religión la superstición aumenta.

Tenemos que fijarnos en que estos tres pecados básicos son los representantes de las tres direcciones en las que se peca.

(*a*) La promiscuidad sexual es un pecado contra *la misma esencia de la persona*. La que cae en ella se ha reducido al nivel de un animal; ha pecado contra la luz que hay en la persona humana y lo más elevado que conoce. Ha dejado que su naturaleza inferior derrote a la superior, y ha abdicado de su humanidad.

(*b*) La codicia es un pecado contra *nuestros semejantes y prójimos*. Mira a los demás como gente que se puede explotar, y no como hermanos y hermanas a los que podemos ayudar. Olvida el hecho de que la única prueba de que amamos a Dios es que amamos a nuestros semejantes como nos amamos a nosotros mismos.

(*c*) La idolatría es un pecado contra *Dios*. Deja que las cosas Le usurpen Su lugar. Es el fracaso en dar a Dios el primer lugar en nuestra vida que sólo a Él corresponde.

Pablo expone el principio de que no tenemos que juzgar a los de fuera de la iglesia. «Los de fuera» era la expresión que usaban los judíos para referirse a los gentiles, a los que no formaban parte del Pueblo Escogido. Debemos dejar que Dios los juzgue, porque Él es el único Que conoce los corazones. Pero los que están en la iglesia tienen privilegios especiales y, por tanto, responsabilidades especiales. Son personas que se han comprometido con Cristo, y a las que se pueden pedir cuentas de cómo cumplen su compromiso.

Pablo llega al final de su razonamiento con un mandamiento claro. «Así quitarás al malo de en medio de ti» (*Deuteronomio 17:7, y 24:7*). Hay casos en los que hay que extirpar el cáncer; hay casos en los que hay que adoptar medidas drásticas para evitar una infección. No es el deseo de hacer daño o de dar señales de prepotencia lo que mueve a Pablo, sino el deseo de un pastor de proteger a su joven iglesia de la amenaza de una infección del mundo que siempre la acecha.

LA MANÍA DE LOS PLEITOS

1 Corintios 6:1-8

> *Cuando entre vosotros uno tiene algún desacuerdo con otro, ¿cómo se atreve a ir a juicio ante los incrédulos en lugar de presentarlo antes el pueblo consagrado a Dios? ¿Es que no os habéis enterado de que el pueblo consagrado a Dios será el que juzgue al mundo un día? Pues, si vais a juzgar al mundo, ¿os consideráis incapacitados para resolver las causas pequeñas? ¿Es que no os dais cuenta de que nosotros seremos los que juzguemos a los ángeles? ¡Pues mucho más las cosas corrientes! Así es que, si tenéis pleitos sobre cosas corrientes, encargad del asunto a los que no tienen gran importancia a ojos de la iglesia. Os lo digo para que os dé vergüenza. ¿Lo hacéis de esa manera porque no hay entre vosotros ninguno que sea lo suficientemente listo como para arbitrar entre dos hermanos? ¿Es que está bien que un hermano pleitee con otro, y encima, ante los que no son creyentes? El llegar a eso de pleitear entre vosotros es ya una grave falta. ¿Por qué no sufrís el agravio en vez? ¿Por qué no aceptáis el salir perdiendo? ¡Pues, no! Vosotros os injuriáis y os defraudáis... ¡y eso entre hermanos!*

Aquí trata Pablo de un problema que afectaba especialmente a los griegos. Los judíos no solían acudir a los tribunales públicos, sino resolvían sus diferencias ante los ancianos del pueblo o de la sinagoga; para ellos, los pleitos eran cosas que se habían de resolver con un espíritu de familia y no exclusivamente legal. De hecho, la ley judía hasta prohibía acudir a un tribunal que no fuera judío; el hacerlo se consideraba blasfemia contra la ley de Dios. Pero era todo lo contrario entre los griegos: les encantaban los litigios, y los juicios figuraban entre sus espectáculos predilectos.

Cuando estudiamos los detalles de las leyes de Atenas vemos lo importantes que eran los tribunales en la vida de cualquier ateniense; y la situación no era muy diferente en Corinto. Cuando había un desacuerdo en Atenas, lo primero que se intentaba era resolverlo mediante un árbitro privado. En tal caso, cada parte escogía su árbitro, y un tercero imparcial se escogía de común acuerdo. Si no se podía resolver la cuestión así, se acudía al tribunal llamado de los Cuarenta. Los Cuarenta presentaban el problema a un árbitro público, que era simplemente cualquier ateniense de sesenta años, que tenía que asumir esa responsabilidad le gustara o no bajo pena de pérdida de sus derechos civiles. Si ni aun así se cancelaba el caso, se pasaba a un jurado, que constaba de doscientos un ciudadanos en casos de menos de, digamos, 50,000 pesetas, y en cuatrocientos un ciudadanos cuando se tratara de más dinero. Había casos en los que el jurado estaba formado por cualquier número de ciudadanos entre mil y seis mil. Para formar parte del jurado bastaba ser ateniense y tener por lo menos treinta años de edad. Cada uno pagaba tres óbolos al día por ser miembro del jurado (El D.R.A.E. dice que el óbolo era el peso de la sexta parte de una dracma, equivalente a cerca de seis decigramos, y también que era una «moneda de plata de los antiguos griegos, que en Atenas era primitivamente de 72 centigramos»). Los ciudadanos capacitados para actuar como miembros de jurado se reunían por la mañana y se les asignaban por suerte los casos.

Está claro que, en cualquier ciudad griega, cualquier ciudadano era una especie de abogado, y pasaba una parte considerable de su tiempo decidiendo o presenciando juicios. Los griegos eran famosos, o célebres, por su amor a los tribunales. No es extraño que algunos trajeran sus tendencias a la iglesia; y Pablo estaba escandalizado. Su trasfondo judío le predisponía en contra de esas prácticas, y sus principios cristianos, aún más. «¿Cómo pueden los que conocen la justicia de Dios —preguntaba— vivir la paradoja de buscar justicia en los tribunales de los injustos?»

.

Lo que hacía la cosa todavía más alucinante para Pablo era que, en la imagen de la edad de oro por venir, el Mesías era el Que había de juzgar a las naciones, y los santos habían de formar el jurado. El *Libro de la Sabiduría* dice: «Juzgarán a las naciones, y tendrán autoridad sobre la gente» (*Sabiduría 3:8).* y el *Libro de Enoc* dice: «Traeré a todos los que han amado Mi nombre vestidos de luz resplandeciente, y pondré a cada uno de ellos en su trono honorable» *(108:12).*

Así es que Pablo pregunta: «Si, un día, vosotros vais a juzgar al mundo; si hasta los ángeles, que son los seres supremos de la creación, van a estar sujetos a vuestro juicio, ¿cómo, en nombre de todo lo lógico y razonable, podéis ir a someter vuestros problemas a personas que, encima, son paganas?» «Si tenéis que llegar a eso —les dice—, hacedlo en el interior de la iglesia, y encargad de juzgar esas cosas pequeñas a los que sean menos importantes; porque nadie que esté destinado a juzgar al mundo debe estar dispuesto a involucrarse en las cosas ordinarias y de cada día.»

Y entonces Pablo echa mano del gran principio esencial: El acudir a los tribunales, y más aún para litigar con un hermano, es caer muy por debajo del estándar cristiano de comportamiento. Hacía mucho que Platón había establecido que el que es bueno preferirá sufrir un agravio antes que cometerlo. Si un cristiano tiene, aunque sólo sea un poquito del amor de Cristo en su corazón, antes sufrirá insulto, o pérdida, o afrenta, que tratar de infligírselos a otro; y aún menos, por supuesto, si ese otro es un hermano. El tratar de vengarse es incompatible con el Evangelio. Un cristiano no organiza su trato con los demás por deseo de recompensa o de justicia a secas, sino que lo ordena por espíritu de amor. Y el espíritu de amor insistirá en vivir en paz con su hermano, y le prohibirá degradarse yendo a los tribunales.

ASÍ ERAIS VOSOTROS

1 Corintios 6:9-11

> *¿Es que no os dais cuenta de que los injustos no heredarán el Reino de Dios? No os engañéis, que ni los promiscuos, ni los idólatras, ni los adúlteros, ni los sensuales, ni los homosexuales, ni los ladrones, ni los avaros, ni los borrachos, ni los estafadores ni los rapaces van a heredar el Reino de Dios. Y eso es lo que erais algunos de vosotros; pero, en el nombre de nuestro Señor Jesucristo y por el Espíritu de nuestro Dios, ya estáis lavados, y consagrados, y en la debida relación con Dios.*

Pablo se arranca con un terrible catálogo de pecados, que son un cuadro tenebroso de la civilización corrompida en medio de la cual estaba creciendo la iglesia corintia. Hay algunas cosas de las que no le gusta hablar a nadie; pero tendremos que fijarnos un poco en este catálogo para entender el entorno de la iglesia cristiana primitiva, y ver que la naturaleza humana no ha cambiado tanto después de todo.

Estaban *los promiscuos* y *los adúlteros.* Ya hemos visto que el libertinaje sexual era parte del trasfondo de la vida pagana, y que la virtud de la castidad era casi desconocida. La palabra para *promiscuos* es especialmente desagradable: quiere decir *prostituto.* Tiene que haber sido difícil ser cristiano en el ambiente pestilente de Corinto.

También estaban *los idólatras.* El edificio más grandioso de Corinto era el templo de Afrodita, la diosa del amor, en el que florecían juntas la idolatría y la inmoralidad. La idolatría es un triste ejemplo de lo que sucede cuando tratamos de hacer más fácil la religión. Un ídolo no empezó siendo un dios, sino solamente un símbolo de un dios; su cometido era hacer más fácil el culto del dios proveyendo algún objeto en el que se localizaba o representaba la presencia del dios. Pero la gente empezó muy pronto a darle culto al ídolo mismo en vez de al dios que representaba. Es uno de los peligros crónicos de la vida este de dar culto al símbolo más bien que a la realidad que pueda haber detrás de él.

Estaban *los sensuales.* La palabra *(malakós)* designa a los que son amanerados y afeminados, que han perdido la virilidad y viven para los placeres rebuscados. Describe lo que podríamos llamar regodearse en el lujo en el que se ha perdido toda clase de resistencia al placer. Cuando Ulises y sus marineros llegaron a la isla de Circe se encontraron en una tierra en la que crecía la flor de loto, que hacía olvidarse de su patria y de su familia al que la comiera, y no desear otra cosa que el vivir toda la vida en aquella tierra «en la que siempre era la hora de la siesta.» Ya no sentían el ímpetu viril de «elevarse a la cresta de la ola turgente.» Esa era la clase de vida que apelaba a los sensuales.

Estaban *los ladrones* y *los bandidos.* Eran una maldición en el mundo antiguo. Era fácil minar las casas de entonces. Los rateros frecuentaban especialmente dos sitios: los gimnasios y los baños, donde robaban la ropa de los que se estaban bañando o ejercitando. Era corriente el raptar esclavos que tenían cualidades fuera de lo corriente. Las leyes dan señales de lo grave que era este problema. Había tres clases de robo que se castigaban con la pena de muerte: (i) El de una cantidad de dinero superior a las 50 dracmas; (ii) El de ropa que se sustrajera de los baños, gimnasios, puertos y playas que valiera más de 10 dracmas, y (iii) El robo con nocturnidad. Los cristianos vivían en medio de aquella población acostumbrada al robo y al fraude indiscriminado.

Estaban *los borrachos.* La palabra que se usa aquí viene de una, *methos,* que quiere decir beber sin control. Hasta los niños pequeños bebían vino; el desayuno se llamaba *akrátisma,* y consistía en pan mojado en vino. El uso generalizado del vino se debía en parte a la inadecuada provisión de agua. Por lo general los griegos eran sobrios, porque bebían una mezcla de tres partes de vino por dos de agua. Pero en el lujoso Corinto abundaba el exceso incontrolado en la bebida.

Estaban *los estafadores* y *los rapaces*. Las dos palabras son interesantes. La palabra para *estafadores* es *pleonéktês*. Describe lo que los griegos definían como «el espíritu que siempre se esfuerza por conseguir más y apoderarse de lo que no le corresponde por derecho.» Es un apoderarse agresivo. No es el espíritu del avaro, porque procura obtener para gastar, para vivir con más lujos y placeres; y no le importa de quién aprovecharse con tal de obtener. La palabra que traducimos por *rapaces* es *hárpax*. Viene de *codiciar*. Es interesante que se usa de cierta clase de lobos, y también de los arpeos que se usaban para abordar barcos en las batallas navales. Es el espíritu que ansía con ferocidad salvaje cosas a las que no tiene derecho.

Hemos dejado para el final el pecado contra naturaleza: *los homosexuales*. Esta condición se había extendido como un cáncer por toda Grecia, y había invadido Roma. Apenas nos podemos dar cuenta de hasta qué punto había plagado el mundo antiguo. Hasta una persona tan elevada como Sócrates lo practicaba; el diálogo *El banquete*, de Platón, que ha originado la expresión «amor platónico», se refiere a esta clase de «amor». Catorce de los quince primeros césares practicaban este vicio contra naturaleza. Por aquel tiempo, Nerón era el emperador, y se había apoderado de un chico llamado Esporo, al que había castrado, y luego se había casado con él en una ceremonia completa de boda y le había conducido en procesión a su palacio para tenerle como «esposa». Con una aberración increíble, el mismo Nerón se había casado también con un tal Pitágoras, al que tenía por su «marido». Cuando eliminaron a Nerón y Otón ocupó su puesto, una de las primeras cosas que hizo fue tomar posesión de Esporo. Mucho más tarde, el nombre de Adriano estuvo involucrado con el del joven bitinio Antonous, con el que vivió inseparablemente y, cuando murió, le deificó y llenó el imperio de estatuas suyas e inmortalizó su pecado dándole su nombre a una estrella. Por lo que se refiere a este vicio, en los tiempos de la Iglesia Primitiva el mundo había perdido la vergüenza, lo que fue una de las causas principales de la degeneración y colapso final de su civilización.

Después de este horrible catálogo de vicios, naturales y antinaturales, Pablo proclama el triunfo del Evangelio: «¡Y eso es lo que erais algunos de vosotros!» La demostración del Cristianismo está en su poder para tomar la escoria de la humanidad y convertirla en seres humanos regenerados, para tomar gente que había perdido totalmente la vergüenza y hacerlos hijos de Dios. Había en Corinto, y en todo el mundo, personas que eran pruebas del poder re-creador de Cristo.

El poder de Cristo sigue siendo el mismo. Una persona no puede cambiar; pero Cristo sí puede cambiarla. Hay un contraste alucinante entre las literaturas pagana y cristiana de aquel tiempo. Séneca, contemporáneo de Pablo, exclama que lo que la gente necesita «es que se les tienda una mano para sacarlos del cieno.» «Las personas —declaraba— son demoledoramente conscientes de su propia debilidad en las cosas necesarias.» «Los hombres aman sus vicios —decía con una especie de desesperación— y los odian al mismo tiempo.» Se llamaba a sí mismo *homo non tolerabilis*, alguien a quien no se podía aguantar. A este mundo, consciente de un diluvio de decadencia que no se podía parar, llegó el poder radiante del Evangelio, que era victoriosamente capaz de hacer todas las cosas nuevas.

COMPRADOS POR PRECIO

1 Corintios 6:12-20

Es verdad que todo me está permitido; pero no todo me conviene. Todo me está permitido, pero yo no me voy a dejar dominar por nada. La comida es para el estómago, y el estómago para la comida; pero Dios le ha establecido un límite a los dos. El cuerpo no se hizo para la promiscuidad, sino para el Señor, como el Señor es para el cuerpo. Dios resucitó al Señor, y nos resucitará a nosotros también por Su poder. ¿Es que no os dais cuenta de que vuestros cuerpos son miembros de Cristo?

*¿Voy a trasplantar un miembro de Cristo para incor-
porarlo a una prostituta? ¿No os dais cuenta de que el
que tiene comercio sexual con una prostituta forma un
cuerpo con ella? Porque los dos, dice la Escritura,
llegan a ser una sola carne. Pero el que se une con el
Señor es un solo espíritu con Él. Poned el máximo
empeño siempre en evitar la promiscuidad sexual. Los
otros pecados que se cometen son externos al cuerpo;
pero el que comete fornicación peca contra su propio
cuerpo. ¿O no os habéis enterado de que vuestro cuerpo
es el templo del Espíritu Santo que mora en vosotros,
Que habéis recibido de Dios? Así que no os pertenecéis
a vosotros mismos, porque habéis sido comprados mediante el pago de un precio; así que glorificad a Dios
con vuestro cuerpo.*

En este pasaje Pablo se enfrenta con toda una serie de
problemas. Termina con un llamamiento: «¡Glorificad a Dios
con vuestro cuerpo!» Este es aquí el grito de guerra de Pablo.

Los griegos despreciaban el cuerpo. Tenían un proverbio:
«El cuerpo es una tumba.» Epicteto decía: «Yo soy una pobre
alma aherrojada en un cuerpo.» Lo importante de la persona
era el alma, el espíritu; el cuerpo era algo sin importancia. Eso
producía dos actitudes: o se decantaba por un ascetismo de lo
más riguroso en el que todo se hacía para humillar y sojuzgar
los deseos e instintos del cuerpo; o, lo que era más corriente
en Corinto: puesto que el cuerpo no importaba, se podía hacer
lo que se quisiera con él; se le podían conceder todos sus
gustos. Lo que complicaba la cosa era la doctrina de la libertad
cristiana que Pablo predicaba. Si el cristiano es el más libre
de los humanos, ¿no es libre para hacer lo que le dé la gana,
especialmente con ese cuerpo que es la parte menos importante
de sí mismo?

Así es que los corintios defendían, de una manera que consideraban de lo más elevada, dejar que el cuerpo se saliera con
la suya. El estómago está hecho para la comida, y la comida

para el estómago; son tal para cual. Pues lo mismo pasa con los otros instintos: el cuerpo está hecho para el acto sexual, y el acto sexual para el cuerpo; por tanto, hay que satisfacer todos los deseos del cuerpo.

La respuesta de Pablo es clara. El estómago y la comida son cosas temporales, y llegará el día en que dejen de existir. Pero el cuerpo, que representa a la personalidad, el ser humano en su conjunto, no está hecho para desaparecer, sino para estar unido a Cristo en este mundo y, aún más íntimamente, en el por venir. ¿Qué sucede cuando se comete fornicación? Que se le da el cuerpo a una prostituta, porque la Escritura dice que en el acto sexual dos personas llegan a ser un solo cuerpo *(Génesis 2:24)*. Es decir: un cuerpo que Le pertenece a Cristo por derecho propio se ha prostituido con otra persona.

Recordemos que Pablo no está escribiendo un tratado sistemático, sino predicando, conversando con el corazón inflamado y la lengua dispuesta a usar cualquier razonamiento que le venga a mano. Dice que, de todos los pecados, la fornicación es el que afecta al cuerpo y lo prostituye. Eso no es estrictamente cierto, porque lo mismo se podría decir del abuso del alcohol y de otras drogas. Pero Pablo no está escribiendo para obtener el aprobado en lógica, sino para salvar a los corintios en cuerpo y alma; por eso insiste en que otros pecados son externos a la persona, mientras que en el sexo indebido se peca contra el propio cuerpo, que está diseñado y destinado para la comunión con Cristo.

Y entonces hace una última llamada. Precisamente porque el Espíritu de Dios habita en nosotros, somos templo de Dios, y nuestros cuerpos son sagrados. Y más: Cristo murió para salvar, no sólo una parte de la persona, sino toda la persona humana, alma y cuerpo. Cristo dio Su vida para darnos un alma redimida y un cuerpo puro. Por esa razón, un cristiano no tiene un cuerpo para hacer con él lo que quiera, sino que ese cuerpo pertenece a Cristo; así que cada cual debe usarlo, no para satisfacer su concupiscencia, sino para la gloria de Cristo.

Aquí hay dos grandes pensamientos.

(i) Pablo insiste en que, aunque un cristiano es libre para actuar con independencia, no debe dejarse dominar por nada. El gran hecho de la fe cristiana es que nos hace libres, no para pecar, sino para *no* pecar. ¡Es tan fácil dejar que los hábitos nos esclavicen...! Pero la fuerza cristiana nos permite dominarlos. Cuando uno experimenta de veras el poder de Cristo llega a ser, no esclavo, sino dueño de su cuerpo. A menudo se dice: «Haré lo que me dé la gana,» cuando uno se refiere a un hábito o una pasión que le tiene esclavizado; es sólo cuando una persona tiene la fuerza de Cristo cuando puede decir de veras: «Haré lo que quiera,» y no: «Daré gusto a las cosas que me tienen en su poder.»

(ii) Pablo insiste en que no nos pertenecemos a nosotros mismos. No hay tal cosa en el mundo como una persona que se haya hecho a sí misma. El cristiano es uno que considera, no sus derechos, sino sus deberes. No puede hacer lo que quiera, sencillamente porque no se pertenece a sí mismo; sino que ha de hacer lo que Cristo quiera, porque para eso le compró al precio de Su sangre.

CAPÍTULO 7

En la sección que va desde el principio del capítulo 7 hasta el final del 15, Pablo se propone tratar de una serie de problemas que le ha consultado la iglesia corintia. Empieza esta sección diciendo: «En relación con lo que me escribisteis acerca de...» En lenguaje moderno diríamos: «Contestando a vuestra carta...». El capítulo 7 trata de una serie de problemas en relación con el *matrimonio*. Aquí tenemos el índice de las áreas en las que la iglesia corintia pidió y obtuvo consejo de Pablo.

Versículos 1 y 2: Consejo a los que pensaban que los cristianos no se deben casar.

Versículos 3-7: Consejo a los que insisten en que los casados también se deben abstener de relaciones sexuales dentro del matrimonio.

Versículos 8 y 9: Consejo a los solteros y a las viudas.

Versículos 10 y 11: Consejo a los que piensan que los casados se deben separar.

Versículos 12-17: Consejo a los que creen que, en el caso de un matrimonio en el que uno de los cónyuges es cristiano y el otro no, debe disolverse.

Versículos 18 y 24: Directrices para vivir la vida cristiana en cualquier estado en que la persona se encuentre.

Versículos 25 y 36-38: Consejo en relación con las vírgenes.

Versículos 26-35: Exhortación a no dejar que nada interfiera en la concentración del servicio de Cristo porque el tiempo es corto y Él volverá muy pronto.

Versículos 38-40: Consejo a los que desean casarse otra vez.

Debemostener siempre presentes dos hechos al estudiar este capítulo.

(i) Pablo estaba escribiendo a Corinto, que era la ciudad más inmoral del mundo. Viviendo en un lugar así, era mucho mejor pasarse de estricto que de tolerante.

(ii) Lo que domina en todas las respuestas que da Pablo es la convicción de que la Segunda Venida de Cristo estaba para suceder casi inmediatamente. Esta expectación no se cumplió; pero Pablo estaba convencido de que estaba dando consejos para un tiempo limitado. Podemos estar seguros de que en muchos casos su consejo habría sido diferente si hubiera pensado en una situación permanente en vez de temporal.

Ahora vamos a estudiar el capítulo en detalle.

ASCETISMO A ULTRANZA

1 Corintios 7:1-2

> *En relación con vuestra carta, y la sugerencia de que sería lo mejor para un hombre no tener relación con una mujer: Para no caer en la fornicación, que cada cual tenga su esposa, y cada mujer su marido.*

Ya hemos visto que el pensamiento griego tenía una clara tendencia a despreciar el cuerpo y las cosas del cuerpo; y que esa tendencia podía desembocar en una posición en la que se dijera: «El cuerpo no tiene la menor importancia; por tanto podemos hacer con él lo que nos dé la gana, porque es indiferente el que dejemos que sus apetitos tengan plena satisfacción.» Pero esa misma tendencia podía desembocar en el punto de vista opuesto. Podía decirse: «El cuerpo es malo; por tanto, debemos tenerlo bien sujeto; debemos anularlo lo más posible, negándole todos los instintos y deseos que le son naturales.» Aquí Pablo está refiriéndose a esta segunda actitud. Los cristianos de Corinto, o por lo menos algunos de ellos, habían sugerido que, si se iba a ser cristiano en el sentido más pleno de la palabra, había que renunciar a todas las cosas físicas, entre ellas el matrimonio.

La respuesta de Pablo es absolutamente práctica. Dice en efecto: «Acordaos de dónde estáis viviendo. Daos cuenta de que vivís en Corinto, donde no se puede ni recorrer una calle sin que os asalte la tentación. Tened presente vuestra misma constitución física y los sanos instintos que os ha dado la naturaleza. Estaréis mejor casados que expuestos a caer en pecado.»

Esto suena a un concepto bastante bajo del matrimonio. Parece como si Pablo aconsejara casarse para evitar males mayores. De hecho, está enfrentándose honradamente con los hechos de la vida y estableciendo una regla que es universalmente válida. Nadie debiera embarcarse en una forma de vida para la que no está equipado por naturaleza; nadie debería emprender un camino en el que se viera expuesto a toda clase de tentaciones. Pablo sabía muy bien que no estamos hechos todos lo mismo. «Examínate a ti mismo —nos dice—, y escoge la clase de vida en la que puedes vivir mejor la vida cristiana, y no intentes adoptar un estándar que no te resulte natural, porque te resultaría imposible y funesto siendo tú como eres en la realidad.»

SOCIOS EN EL MATRIMONIO

1 Corintios 7:3-7

> *Que el marido le dé a la mujer todo lo que le es debido, y viceversa. La mujer no puede disponer de su cuerpo a su capricho, porque se debe al marido; e igualmente el marido se debe a la mujer. No os neguéis mutuamente vuestros legítimos derechos, a menos que sea de común acuerdo y por un tiempo limitado. Eso lo podéis hacer para tener tiempo para la oración, y después volver a la relación normal; debéis mantener la relación normal para no dar a Satanás oportunidad de tentaros porque os resulte imposible controlaros. Pero os doy este consejo más como concesión que como norma. Quisiera que todos fuerais como yo; pero cada uno tiene un don específico de Dios, unos uno y otros otro.*

Este pasaje surge de la sugerencia de los cristianos corintios de que los esposos cristianos, a fuer de cristianos, tienen que abstenerse de la relación matrimonial en absoluto. Esta es otra manifestación de la línea de pensamiento que considera el cuerpo y sus instintos como esencialmente malos. Pablo expone un principio supremamente grande. El matrimonio es una asociación. El marido no puede actuar con total independencia de la mujer, ni la mujer del marido. Deben actuar siempre de acuerdo. Ninguno debe considerar al otro simplemente como un instrumento para su propia gratificación. La relación matrimonial en su totalidad, tanto en lo físico como en lo espiritual, es algo en lo que ambos deben encontrar su gratificación y plena satisfacción de todos sus deseos. Por un tiempo especial de disciplina, para dedicarse más consagradamente a la oración, puede que sea conveniente apartarse de todo lo corporal; pero debe ser de común acuerdo y sólo durante cierto tiempo, porque si no genera situaciones en las que se da ocasión a la tentación.

De nuevo parece que Pablo minimiza el matrimonio. Su consejo, dice, no propone la situación ideal, sino hace una concesión a la debilidad humana. Preferiría que todos hicieran lo que él. ¿Qué hacía él? Lo podemos deducir.

Podemos estar bastante seguros de que Pablo, en un tiempo, estuvo casado.

(i) Por razones generales. Era rabino, y aseguraba no haber fallado en el cumplimiento de ninguno de los deberes que imponía la ley judía tradicional, uno de los cuales era el matrimonio. El que no se casara y tuviera hijos se decía que «había matado su posteridad» y «reducido la imagen de Dios en el mundo.» Siete se decía que estaban excomulgados del Cielo, y el primero de la lista era «Un judío que no tenga mujer; o que, aunque la tenga, no tenga hijos.» Dios había dicho: «Llevad fruto y multiplicaos;» y, por tanto, no estar casado ni tener hijos era ser culpable de haber faltado a un mandamiento positivo de Dios. La edad normal de casarse era los dieciocho años, por todo lo cual es sumamente improbable el que un judío tan devoto y ortodoxo como era Saulo no estuviera casado.

(ii) Más particularmente hay evidencia de que estaba casado. Debe de haber sido miembro del sanedrín, porque dice haber dado su voto contra los cristianos *(Hechos 26:10)*; y no podría haberlo sido sin estar casado, porque se suponía que los casados eran más piadosos.

Puede que la mujer de Pablo hubiera muerto; pero es más probable que le abandonara y se deshiciera su hogar cuando se hizo cristiano. De todas maneras renunció a ese derecho entre tantos otros y no se casó otra vez. No habría podido llevar aquella clase de vida viajera y arriesgada si hubiera estado casado. Su deseo de que otros fueran como él surgía exclusivamente del hecho de que él esperaba la Segunda Venida en seguida; había tan poco tiempo que no se debía dejar interferir a los lazos terrenales y las cuestiones físicas. No es que Pablo menospreciara el matrimonio, sino que insistía en que había que estar dispuesto para la venida de Cristo.

EL VÍNCULO QUE NO SE DEBE ROMPER

1 Corintios 7:8-16

> *A los solteros y a las viudas les digo que estaría bien si se pudieran quedar como yo; pero si les resulta imposible la continencia, que se casen, porque es mejor casarse que estarse consumiendo de pasión. A los casados les transmito esta orden, que no es mía sino del Señor: Que la mujer no se separe de su marido; y, si se separa, que se quede sin casar o se reconcilie con su marido; y que el marido no se divorcie de su mujer. A los otros les digo, pero no como un mandamiento del Señor sino como cosa mía: Si la esposa de un hermano no es creyente, pero está conforme con vivir con él, que no se divorcie; y si el marido de una hermana no es creyente, pero está de acuerdo en vivir con ella, que no se divorcie; porque el marido incrédulo queda incluido en el círculo de la fe por medio de su mujer, y la mujer incrédula mediante su marido creyente. De no ser así, vuestros hijos no estarían en el pueblo de Dios; y de esta manera, están apartados para Dios. Si el cónyuge que no es creyente se quiere separar, que se separe; porque en tal caso el hermano o la hermana no están servilmente obligados. Es al ambiente de la paz al que Dios nos ha llamado. Esposa: ¿Tú qué sabes si conseguirás que tu marido sea salvo? O marido: ¿Tú qué sabes si conseguirás que se salve tu mujer?*

Este pasaje trata de tres clases diferentes de personas.

(i) Los que no están casados o han enviudado. En las condiciones de una edad que Pablo creía que se estaba aproximando a su fin, estarían mejor si se quedaran como estaban. Pero, de nuevo, les advierte que no jueguen con la tentación ni se pongan en situación de peligro. Si tienen una naturaleza normalmente apasionada, que se casen. Pablo siempre estaba seguro de que ningún cristiano debe imponerle a otro ningún determinado curso de acción. Todo depende en cada caso de la persona en cuestión.

(ii) Los que están casados. Pablo prohíbe el divorcio sobre la base de la prohibición de Jesús *(Marcos 10:9; Lucas 16:18)*. Si ya ha tenido lugar la separación, prohíbe que se casen otra vez. Esto puede parecer muy duro; pero en Corinto, con su laxitud característica, era mejor no bajar el listón para que no entrara en la iglesia.

(iii) Creyentes casados con no creyentes. Aquí Pablo tiene que dar su parecer, pues no hay ningún mandamiento específico del Señor al respecto. El trasfondo parece ser que había algunos en Corinto que declaraban que un creyente no debe vivir con un incrédulo; y que, en el caso de que uno de los cónyuges se haga cristiano y el otro no, deben separarse lo más pronto posible.

De hecho, una de las quejas principales que tenían los paganos contra los cristianos era precisamente que el cristianismo dividía las familias y era un agente de desintegración en la sociedad. «Se inmiscuyen en cuestiones domésticas» era una de las primeras acusaciones que se presentaron contra los cristianos *(1 Pedro 4:15)*. A veces los cristianos asumían una postura bien elevada. «¿Quiénes fueron tus padres?» —le preguntaron los jueces a Luciano de Antioquía. «Soy cristiano —contestó él—, y los únicos parientes de un cristiano son los santos.»

No cabe duda que los matrimonios mixtos producirían problemas. Tertuliano escribió un libro acerca del tema en el que describe al marido pagano que está furioso con su mujer cristiana porque, «con el achaque de visitar a los hermanos va de calle en calle a las cabañas de otros hombres, especialmente pobres... Y él no le quiere permitir que pase fuera de casa toda la noche porque se celebra una vigilia o la Semana Santa... O dejarla que se introduzca en las cárceles para besar las cadenas de los mártires, o hasta cambiar un beso con cualquiera de los hermanos.» (En la Iglesia Primitiva se saludaban con el ósculo santo o beso de la paz). Es verdad que a uno le cuesta no estar un poco de acuerdo con el marido pagano.

Pablo trata de este problema con una suprema sabiduría práctica. Se daba cuenta de la dificultad y procuraba no exacerbarla. Decía que si los dos no se pueden poner de acuerdo en vivir juntos, que no se les obligue a mantener «lo que es más espantoso todavía: —la soledad de dos en compañía.» Si querían separarse porque la convivencia les resultaba insoportable, había que dejarlos. Ningún cristiano ha sido llamado a llevar una vida de esclavitud.

Pablo tiene dos grandes cosas que decir que tienen un valor permanente.

(i) Tiene la preciosa idea de que el cónyuge que no es creyente es consagrado por medio del que sí es creyente. Los dos han llegado a ser una sola carne o persona; y lo maravilloso del caso es que no es el paganismo lo que se contagia, sino la gracia del Evangelio lo que se comparte y obtiene la victoria. Hay algo en el Cristianismo que se transmite a todos los que entran en contacto con él, por cualquier medio que sea. El niño que nace en un hogar cristiano, y aun en uno en el que sólo uno de los esposos es cristiano, nace en la familia de Cristo. En la compañía de un creyente con uno que no lo es, lo que más debemos tener en cuenta no es que el cristiano entra en contacto con el mundo del pecado, sino que el no creyente llega a estar en contacto con el reino de la gracia de alguna manera.

(ii) Y Pablo tiene también la idea igualmente encantadora de que la asociación del matrimonio puede ser el medio para que el cónyuge no creyente reciba la salvación. Para Pablo, la evangelización empezaba en casa. Había que mirar al cónyuge no creyente, no como un foco de infección que había que evitar con repulsión, sino como otro hijo u otra hija que había que ganar para Dios. Pablo sabía que es maravillosamente cierto que muchas veces se llega al amor de Dios por el camino del amor humano.

SIRVIENDO A DIOS
DONDE ÉL NOS HA COLOCADO

1 Corintios 7:17-24

> *Lo único que hace falta es que cada uno se comporte como Dios le ha asignado en aquello a lo que le ha llamado. Así es como yo ordeno las cosas en todas las iglesias. ¿Fue llamado alguno que ya estaba circuncidado? Pues que no se descircuncide. ¿Fue llamado alguno que no estaba circuncidado? Pues que no se circuncide. Lo que importa no es el estar circuncidado, ni tampoco el no estarlo, sino el vivir como Dios manda siempre y en todo. Que cada uno se quede en la condición en que se encontraba cuando Dios le llamó. ¿Dios te llamó cuando eras esclavo? No te angusties por ello —aunque, por supuesto: si se te presenta la oportunidad de quedar libre, no la desperdicies. Porque el que fue llamado en el Señor cuando era esclavo, es un liberto del Señor; y lo mismo el que fue llamado siendo libre, es un esclavo de Cristo. Habéis sido comprados por un precio: ¡No os hagáis esclavos de nadie! Hermanos: Que cada cual siga siendo para Dios lo que era cuando fue llamado.*

Pablo establece una de las primeras reglas del Cristianismo: «Sé un cristiano dondequiera que estés.» Debe de haber sucedido ya entonces que, cuando una persona se hacía cristiana, le habría gustado romper con su trabajo y con el círculo en el que se movía, y empezar una nueva vida. Pero Pablo insistía en que la función del Cristianismo no era darle a una persona una vida nueva, sino en hacer nueva su vieja vida. Que el judío siguiera siendo judío, y el gentil gentil; la raza y sus marcas no imponían diferencias esenciales. Lo realmente diferente era la clase de vida que vivía. Los filósofos cínicos habían insistido en que un hombre verdad no puede ser esclavo por naturaleza, aunque lo sea por condición social.

Un hombre falso no puede ser libre, sino que es siempre un esclavo. Pablo les recuerda que, esclavo o libre, un cristiano es esclavo de Cristo, Que le ha comprado al precio de Su sangre.

Aquí hay todo un cuadro en la mente de Pablo. En el mundo antiguo le era posible a veces a *un esclavo comprar su libertad* con gran esfuerzo. En el poco tiempo libre de que disponía, se encargaba de otras tareas y ganaba unas pocas monedas. Su amo tenía derecho hasta a reclamar una comisión de esas pobres ganancias; pero el esclavo iba depositando cada monedita que ganara en el templo de algún dios. Cuando, al cabo de los años, había reunido el precio total de su liberación en el templo, llevaba allí a su amo, el sacerdote le entregaba el dinero y entonces, simbólicamente, el esclavo pasaba a ser propiedad de aquel dios y, por tanto, libre de servir a ningún hombre. Eso era lo que Pablo tenía aquí en mente: El cristiano ha sido comprado por Cristo; y, por tanto, cualquiera que fuere su condición social, es libre de todos los hombres porque es propiedad de Cristo.

Pablo insiste en que el Evangelio no hace que uno se salte todas las barreras y se ponga en contra de todo lo habido y por haber; sino le hace, dondequiera que esté, conducirse como esclavo de Cristo. Hasta el trabajo más humilde que se hace, ya no para los hombres, sino para Cristo, se convierte en algo noble y digno. Decía George Herbert:

> *Todo en Ti ya tiene parte;*
> *nada es ya tan mezquino*
> *que al hacerlo por Tu causa*
> *no sea brillante y limpio.*
> *Lo que se hace en Tu nombre,*
> *hasta el más pobre servicio*
> *que con amor se Te ofrece,*
> *es más que humano, divino.*
> *Lo que Dios toma por Suyo*
> *no es menos de lo que he dicho.*

SABIO CONSEJO
SOBRE UN PROBLEMA DIFÍCIL

1 Corintios 7:25, 36-38

> *No os puedo transmitir ningún mandamiento del*
> *Señor en relación con las vírgenes; así es que me limito*
> *a daros mi opinión, como de uno que ha sido objeto de*
> *la misericordia del Señor y que es de fiar... Si alguien*
> *considera que su conducta con su virgen no es como es*
> *debido, si descubre que sus pasiones son demasiado*
> *fuertes y si cree que deberían casarse, que cumpla su*
> *deseo. No hace nada malo; que se casen. Pero si uno está*
> *seguro y firme en su idea, y si no hay nada que le obligue*
> *sino que está en perfecto control para seguir adelante*
> *con su intención, y si ha hecho la decisión de mantener*
> *virgen a la suya, hace bien. Resumiendo: el que casa a*
> *su virgen actúa rectamente, y el que no la casa, mejor.*

Los versículos 25 al 38, aunque forman un párrafo, realmente tratan de dos cosas, y será más sencillo estudiarlos separadamente. Los versículos 25 y 36 al 38 se refieren al problema de las vírgenes; mientras que los versículos de entre medias dan la razón para aceptar el consejo que se extiende por todo el capítulo. La sección *En relación con las vírgenes* siempre ha supuesto un problema. Se han propuesto tres explicaciones.

(i) Se la ha considerado sencillamente como un consejo dirigido a los padres en relación con el matrimonio de sus hijas solteras, pero no parece tratarse de eso; y es difícil comprender por qué usa Pablo la palabra *virgen* si quería decir sencillamente *hija*; y el que un padre hablara de *su virgen* cuando se refería a *su hija* es sumamente extraño.

(ii) Se ha sugerido que se trataba de un problema que llegó a ser agudo en tiempo posterior y del que se trató en más de un concilio eclesiástico, llegándose a una prohibición. Se sabe que posteriormente existía la costumbre de que un hombre y una mujer vivieran juntos, compartiendo la misma casa y hasta la misma cama. La idea era que, si podían mantener la disciplina de compartir la vida espiritual con intimidad, pero sin dejar que el cuerpo interviniera en su relación, era algo especialmente meritorio. Podemos entender la idea que subyacía en ello: el intento de limpiar la relación humana de toda pasión sexual; pero está claro que resultaría una práctica bien difícil y que, en ocasiones, debe de haber conducido a situaciones insostenibles. En esas relaciones se llamaba a la mujer *la virgen del hombre*. Puede que hubiera surgido esa costumbre en la iglesia de Corinto. En tal caso, y creemos que de eso se trataba, Pablo está diciendo: «Si puedes mantener esa situación, eso sería lo mejor; pero si lo has intentado y encuentras demasiada tensión para tu naturaleza humana, interrúmpelo y cásate, sin considerarlo un fracaso espiritual.»

(iii) Aunque creemos que esta es la interpretación correcta de este pasaje, hay otra variante que merece atención. Se ha sugerido que había hombres y mujeres en Corinto que habían celebrado la ceremonia nupcial, pero que habían decidido no consumar el matrimonio y vivir en absoluta continencia para dedicarse por entero a la vida espiritual. Habiendo hecho eso, podría ser que descubrieran que lo que habían programado los sometía a un estrés excesivo. En tal caso, Pablo les diría: «Si podéis mantener vuestro voto, no cabe duda que haréis bien; pero si no podéis, admitidlo con franqueza y entrad en la relación matrimonial normal sin remordimientos.»

Esa relación nos parece anormal y peligrosa, y de hecho lo era, y a su debido tiempo la Iglesia la desautorizó. Pero, dada la situación, el consejo de Pablo es indudablemente un consejo sabio. Realmente dice tres cosas:

(i) La autodisciplina es una cosa excelente. Cualquier manera de domar la naturaleza hasta tener las pasiones en perfecto control es positivamente buena; pero no está incluido entre los deberes cristianos el eliminar los instintos humanos naturales. Lo cristiano es usarlos para la gloria de Dios.

(ii) Lo que Pablo dice realmente es: «No hagas de tu religión algo antinatural.» Eso, en el último análisis, es lo que hacen los frailes y las monjas y los ermitaños. Consideran necesario el eliminar los sentimientos humanos naturales para ser verdaderamente religiosos; consideran necesario el separarse de la vida natural de hombres y mujeres a fin de servir a Dios. Pero el Cristianismo no estuvo nunca diseñado para abolir la vida normal, sino para glorificarla.

(iii) Por último, Pablo dice: «No hagas una agonía de tu religión.» Collie Knox cuenta que, cuando era joven, tendía a encontrar la religión tensa y estresante; y dice que un muy querido capellán fue a él un día, le puso la mano en el hombro y le dijo: «Joven Knox, no hagas una agonía de tu religión.» Nadie debe estar avergonzado del cuerpo que Dios le ha dado, del corazón que Dios le ha puesto en el cuerpo o de los instintos que, por creación de Dios, residen en él. El Cristianismo le enseñará, no a eliminarlos, sino a usarlos de tal manera que la pasión sea limpia, y el amor humano la cosa más ennoblecedora de todo el mundo de Dios.

QUEDA POCO TIEMPO

1 Corintios 7:26-35

Creo que esto es lo más recomendable en vista de la crisis presente; es decir, que cada cual se quede como está. ¿Estás vinculado a una mujer? No trates de desatar el vínculo. ¿Estás libre de ligaduras matrimoniales? Pues no busques esposa. Pero, si te casas, no creas que has cometido un pecado. Los que se casen tendrán problemas con las cosas corporales, y yo querría evitároslos. Esto sí os digo, hermanos: Ya queda poco tiempo; tan poco que, en lo porvenir, los que tengan mujer deberán vivir como si no; los que se lo pasan bien, como si no; los que compran, como si no tuvieran seguridad

*de nada; los que usan el mundo, como si no tuvieran
ninguna relación con él; porque las apariencias de este
mundo se están desvaneciendo. Quiero que estéis sin
ansiedad. El que se queda sin casar, que se preocupe de
las cosas del Señor; que lo único que le preocupe sea
cómo agradar a Dios. El que se case, tendrá que preocuparse de las cosas de este mundo, y de cómo darle gusto
a su mujer. También hay una diferencia notoria entre la
mujer casada y la soltera. La soltera, que se preocupe
de las cosas del Señor; sea su finalidad el dedicarse al
Señor tanto con su cuerpo como con su espíritu. La que
está casada debe preocuparse de las cosas de este
mundo, de cómo agradar a su marido. Es para ayudaros
para lo que digo todo esto. No os quiero echar la soga
al cuello. Lo único que pretendo es que viváis una vida
como es debido, y que sirváis al Señor sin distracciones.*

En varios sentidos, es una lástima que Pablo no empezara
el capítulo con esta sección, porque tiene el corazón de toda
su posición en todo ello. A lo largo de todo el capítulo debemos
de haber sentido que estaba minimizando el matrimonio. Parecía una y otra vez como si estuviera dejando el matrimonio
como una especie de concesión para evitar la fornicación;
como si no fuera más que un mal menor.

Ya hemos visto que los judíos glorificaban el matrimonio,
y lo consideraban un deber sagrado. Había solamente una razón
válida, según la tradición judía, para no casarse, y era para
dedicarse al estudio de la Ley. Rabí Ben Azzai se preguntaba:
«¿Por qué debo casarme? Estoy enamorado de la Ley. Que sean
otros los que se encarguen de la supervivencia de la raza
humana.» En el mundo griego, el filósofo estoico Epicteto no
se casó nunca. Decía que estaba haciendo mucho más por el
mundo como maestro, que si hubiera traído al mundo dos o
tres mocosos. «¿Cómo se puede esperar de uno cuya misión
es enseñar a la humanidad que viva corriendo siempre para
encontrar algo con que calentar agua para el baño del bebé?»

Pero ese no era el punto de vista judío, ni es el cristiano. Ni tampoco fue el punto de vista final del apóstol Pablo. Años más tarde, cuando escribió la *Carta a los Efesios*, había cambiado; porque allí usa la relación matrimonial de un hombre y una mujer como un símbolo de la que hay entre Cristo y la Iglesia *(Efesios 5:22-26)*. Cuando escribía a los Corintios, su perspectiva estaba dominada por el hecho de que esperaba la Segunda Venida de Cristo inminentemente. Lo que enseña son disposiciones para un tiempo de crisis. «¡Queda poco tiempo!» Cristo iba a volver tan pronto, creía Pablo, que había que dejarlo todo de lado en un esfuerzo tremendo para concentrarse en la preparación de tal acontecimiento. Había que abandonar las actividades humanas más importantes y las relaciones humanas más queridas si amenazaban con interrumpir o relajar esa concentración. Nadie debe tener lazos que le retengan cuando Cristo le llame a levantarse e ir. Se debe pensar sólo en agradarle sólo a Cristo. Si Pablo hubiera pensado que él y sus convertidos estaban viviendo en una situación que no iba a ser terminal, no habría escrito lo que escribió. Para cuando escribió *Efesios* ya se había dado cuenta de la permanencia de la situación humana, y consideraba el matrimonio la relación más preciosa, la única que era vagamente comparable con la relación entre Cristo y Su Iglesia.

Para nosotros debe ser siempre verdad que el hogar es el lugar que nos ofrece dos cosas. Es el lugar donde encontramos la oportunidad más noble para vivir la vida cristiana; y la lástima es que es muchas veces el lugar en el que reclamamos el derecho a ser tan chinches y críticos y fastidiosos como podemos, y a tratar a los que nos aman como no nos atreveríamos a tratar a ningún extraño. Y también es el lugar de cuyo reposo y dulzura sacamos la fuerza para vivir más y más como debemos vivir en el mundo.

Pablo en este capítulo no veía el matrimonio como el estado más perfecto, porque creía que la vida tal como la conocemos duraría sólo unos días; pero más adelante lo vio como la relación más maravillosa que puede haber en la Tierra.

CASARSE OTRA VEZ

1 Corintios 7:39-40

> *Una casada está vinculada a su marido mientras este viva; pero, después de muerto, ella se puede casar con quien quiera, siempre que sea cristianamente. A mí me parece que sería más feliz si se quedara viuda —y creo que yo también tengo el Espíritu de Dios.*

De nuevo Pablo mantiene su punto de vista consecuente: el matrimonio es una relación que sólo la muerte puede interrumpir. Un segundo matrimonio es perfectamente permisible para las viudas; pero Pablo aconsejaría más bien en contra. Ya sabemos que estaba hablando desde una situación de crisis en la que creía que se encontraban. En muchos sentidos, un segundo matrimonio es el mejor cumplido que se le puede dedicar al cónyuge difunto; eso decía don Cipriano Tornos: Que honraba a su primera mujer dando testimonio de que le había ido tan bien con ella que no podía por menos de desear seguir compartiendo la vida con una compañera. Casarse después de haber perdido el primer cónyuge es reconocer que la vida ha quedado sumida en una soledad insoportable. Lejos de ser una falta de respeto, debe considerarse un honor para con el/la cónyuge que se ha perdido.

Pablo establece una condición: «Con tal que sea en el Señor.» Es decir: debe ser un matrimonio entre cristianos. En caso contrario, es raro que un segundo matrimonio valga la pena. Hacía mucho que Plutarco había establecido que «un matrimonio no puede ser feliz a menos que marido y mujer tengan la misma religión.» El amor más elevado se produce cuando los dos se aman y su amor está santificado por su común amor a Cristo; porque entonces, no sólo viven juntos, sino oran juntos; y la vida y el amor se combinan en un acto continuo de culto a Dios.

CAPÍTULOS 8 – 10

Los capítulos 8, 9 y 10 tratan de un problema que nos puede parecer extraordinariamente remoto, pero que era intensamente real para los cristianos corintios y demandaba una solución. Era el problema de si se podía o no comer carne que se hubiera sacrificado a los ídolos. Antes de empezar a estudiar estos capítulos en detalle será conveniente que expongamos el problema en su conjunto, y las líneas generales de las diferentes soluciones que ofrece Pablo en las diversas circunstancias en las que incidía en la vida de los cristianos.

Los sacrificios a los dioses eran parte integrante de la vida del mundo antiguo. Podían hacerse de dos maneras: privados y públicos. En ninguno de los dos casos se consumía el animal totalmente en el altar, sino una muestra meramente simbólica, a veces tan insignificante como algunos de los pelos que se cortaban de la frente de la víctima.

En un sacrificio *privado*, el animal, por así decirlo, se dividía en tres partes: la primera era una muestra que se quemaba en el altar; la segunda pertenecía por derecho propio a los sacerdotes, y solían consistir en las costillas, la pierna y el lado izquierdo de la cara, y la tercera, el resto del animal, se lo quedaba el que ofrecía el sacrificio, con lo que hacía un banquete. Esta era la costumbre cuando se celebraba algo como unas bodas. A veces la fiesta se hacía en la casa del anfitrión; pero otras veces era en el templo del dios al que se había ofrecido el sacrificio.

Tenemos un ejemplo en un papiro antiguo que contiene una invitación a una comida que dice algo así como: «Antonio, hijo de Tolomeo, te invita a comer con él a la mesa de nuestro Señor Serapis.» Serapis era el dios al que se había ofrecido el sacrificio.

El problema que se les planteaba a los cristianos era: «¿Podían participar en una fiesta semejante? ¿Podían meterse en la boca carne que había sido ofrecida a un ídolo?» En caso negativo, tenían que excluirse de casi todas las ocasiones sociales.

En el caso de los sacrificios *públicos*, era el estado el que los ofrecía y eran una cosa muy corriente. Después de quemar en el altar una parte simbólica y de que los sacerdotes se quedaran con su parte, el resto de la carne correspondía a los magistrados y otros. Lo que les sobraba se vendía en las tiendas y en los mercados; y, por tanto, hasta la carne que se compraba podría ser que se hubiera sacrificado a un ídolo. Así que no se podía saber nunca a ciencia cierta si la carne que se comía había sido ofrecida a un ídolo.

Lo que complicaba la cosa todavía más era que entonces se creía firmemente en los espíritus y en los demonios. El aire estaba lleno de ellos, y siempre estaban acechando para meterse dentro de las personas, que en tal caso quedarían aquejadas de enfermedades físicas o mentales. Una de las maneras en que esos demonios se introducían en el cuerpo era con la comida; se escondían en los bocados, y entraban con ellos por la boca. Una de las maneras de evitarlo era dedicarle la carne a algún buen dios, cuya presencia mantendría a raya a otros posibles invasores. Por esta razón, casi todos los animales se dedicaban a algún dios antes de sacrificarse; y, si no se había hecho así, se bendecía la carne en nombre de algún dios antes de comerla.

De lo dicho se deduce que casi no se podía comer carne con absoluta seguridad de que no estaba relacionada de una u otra manera con algún dios pagano. Entonces, ¿podía un cristiano comerla? Ese era el problema; y está claro que, aunque para nosotros no sea más que una cuestión de interés anticuario, para un cristiano de Corinto o de cualquier otra ciudad griega era algo de vital importancia que había que dilucidar de alguna manera con carácter urgente.

El consejo de Pablo aparece en tres secciones diferentes.

(i) En el capítulo 8 establece el principio de que, por muy seguro que se sienta el cristiano fuerte e iluminado ante el peligro de infección de los ídolos paganos, y aunque crea que un ídolo no es la representación de nada que exista de ninguna manera, no se debe hacer nada que pueda dañar o desazonar la conciencia de otro que no sea tan fuerte como él.

(ii) Pablo trata en el capítulo 9 de los que invocan el principio de la libertad cristiana. Indica que hay muchas cosas que él es libre para hacer, de las que se abstiene por causa de la iglesia. Es plenamente consciente de la libertad cristiana, pero no menos de la responsabilidad cristiana.

(iii) En el capítulo 10:1-13, trata de los que proclaman que su conocimiento cristiano y su posición privilegiada los mantiene totalmente a salvo de cualquier infección. Cita el ejemplo de los israelitas, que tenían todos los privilegios del pueblo escogido de Dios y sin embargo cayeron en pecado.

(iv) En el capítulo 10:14-22, hace uso del razonamiento de que, el que se ha sentado a la Mesa del Señor, no se puede sentar a la de un dios pagano, aunque ese dios no exista. Hay algo que es esencialmente inadmisible en el tomar carne que se ha ofrecido a un dios pagano en los labios que han tomado el cuerpo y la sangre de Cristo.

(v) En el capítulo 10:23-26, aconseja en contra de caer en una escrupulosidad excesiva. Se puede comprar lo que se vende en las carnicerías sin preguntar más de la cuenta.

(vi) En el capítulo 10:27-28, trata del problema de lo que se ha de hacer en una casa particular. Allí, un cristiano puede comer lo que se le ofrezca sin hacer preguntas; *pero*, si se le informa expresamente de que la carne que se está sirviendo fue parte de un sacrificio pagano, eso es un desafío que se le hace a su posición cristiana, y debe rehusar comerlo.

Por último, en el capítulo 10:29 – 11:1, Pablo establece el principio de que la conducta cristiana debe estar tan por encima de todo reproche que no debe dar ocasión a que se escandalicen ni los judíos ni los no judíos. Es mejor renunciar a los derechos que permitir que se conviertan en un motivo de escándalo.

Ahora podemos empezar a tratar estos temas en detalle estudiando cada pasaje por separado.

CONSEJO PARA LOS SENSATOS

1 Corintios 8

En relación con el tema de lo que se ha sacrificado
a los ídolos, ya sabemos que todos tenemos conocimiento; pero el conocimiento envanece, mientras que lo
que edifica es el amor. El que crea que ha alcanzado
un cierto nivel de conocimiento, sepa que no es esa la
clase de conocimiento que debería tener; es cuando uno
ama a Dios cuando está en relación vital con Él.

En cuanto a la comida de alimentos que consisten en
cosas que se han ofrecido a los ídolos, sabemos muy
bien que los ídolos no representan nada que haya en el
universo, y que no hay más que un Dios; y, aunque
existieran los que llaman dioses, como se habla de muchos dioses y de muchos señores, por lo que a nosotros
respecta no hay más que un solo Dios, el Padre, de
Quien proceden todas las cosas y al Que nosotros nos
dirigimos, y un solo Señor, Jesucristo, por medio de
Quien fueron creadas todas las cosas, y nosotros hemos
sido creados de nuevo. Pero no todo el mundo tiene
conocimiento; porque hay algunos que, aun hasta ahora, han estado acostumbrados a ver los ídolos como algo
real, y que todavía no pueden evitar seguir pensando
igual; y en consecuencia, cuando comen carne que se
ha ofrecido a los ídolos, consideran que están participando de un verdadero sacrificio; y, como tienen una
conciencia débil, se sienten contaminados.

La comida no es lo que nos hace aceptables a Dios.
Si no comemos, no somos peores, y si comemos no somos mejores en nada. Tenéis que tener cuidado de que
vuestra misma libertad no cause escándalo a los que son
más débiles. Porque, si alguien te ve a ti, que tienes
conocimiento, sentado a la mesa en el templo de un
ídolo, ¿no se animará a comer de lo sacrificado a los

ídolos, aunque sigue convencido de que tanto el ídolo como el sacrificio son cosas reales? De esa manera, tu conocimiento destruiría al que es débil, que es un hermano por quien Cristo murió. Si pecas de esa manera contra tu hermano, pegándole una paliza a su conciencia en su debilidad, en realidad estás pecando contra Cristo.

Por tanto, si una cosa como la comida va a hacerle tropezar a mi hermano, yo no dudaría lo más mínimo en abstenerme de comer carne siempre para no ser el causante de que mi hermano tropezara.

Ya hemos visto que era prácticamente imposible vivir en cualquier ciudad griega sin enfrentarse todos los días con el problema de qué hacer con alimentos que habían sido ofrecidos a los ídolos. Para algunos de los cristianos corintios la cosa no tenía ningún problema. Sostenían que su conocimiento superior les había enseñado que los dioses paganos sencillamente es que no existían, y que por tanto un cristiano podía comer carne que se hubiera sacrificado a un ídolo sin el menor remordimiento de conciencia.

En realidad, Pablo tiene dos respuestas a eso. Una no sale hasta el capítulo 10:20. En ese pasaje Pablo deja bien claro que, aunque él está totalmente de acuerdo en que los dioses paganos no existen, está seguro de que los espíritus y los demonios sí existen, y están detrás de los ídolos, usándolos para apartar a la gente de dar culto al Dios verdadero.

En el presente pasaje hace uso de un razonamiento mucho más sencillo. Dice que había cristianos en Corinto que toda su vida hasta ese momento habían creído en los dioses paganos; y esas personas, almas cándidas, no se podían desembarazar del todo de una fe latente en que un ídolo era realmente *algo*, aunque fuera un algo falso. Siempre que participaban de una comida ofrecida a los ídolos, tenían remordimientos de conciencia. No lo podían evitar; admitían instintivamente que eso estaba mal. Así que Pablo razonaba que, si se dice que no hay absolutamente ningún peligro en comer de lo que se le ha ofrecido a un ídolo, es posible que se esté dañando y ofendiendo la conciencia de esas almas sencillas. Su argumento concluyente es que, si hay algo que es totalmente inocente para ti pero que daña a otra persona, hay que renunciar a ello, porque un cristiano no debe hacer nunca nada que haga tropezar a un hermano.

En este pasaje que trata de un asunto que nos resulta tan peregrino hay tres grandes principios que tienen un valor eterno.

(i) Lo que es inocuo para una persona puede que no lo sea para otra. Se ha dicho, y es una bendita verdad, que Dios tiene su propia escalera de acceso a cada corazón; pero es igualmente cierto que el diablo también la tiene. Puede que uno se considere suficientemente fuerte para resistir alguna tentación, pero puede que otro no lo sea. Algo puede que no sea ni tentación para nosotros, pero puede serlo de las más violentas para otra persona. Por tanto, al considerar si podemos hacer algo o no, debemos considerar no sólo cómo nos afectaría a nosotros, sino también a otros.

(ii) No se debe juzgar nada sólo desde el punto de vista del conocimiento, sino también desde el del amor. El razonamiento de los cristianos corintios más avanzados era que ellos ya sabían bastante como para considerar que un ídolo fuera nada; sus conocimientos alcanzaban a más de eso. Hay siempre un cierto peligro en el conocimiento. Tiende a hacer a las personas arrogantes, y que se sientan superiores y miren por encima del hombro a los que no son tan avanzados. El conocimiento que produce esos resultados no es el verdadero. El creerse superiores intelectualmente es peligroso. Nuestra actitud debería estar gobernada, no por la idea de nuestra superioridad en materia de conocimientos, sino por nuestra simpatía y amorosa consideración para con los demás. Puede que por amor de ellos debamos abstenernos de hacer o decir ciertas cosas que serían legítimas en otro caso.

(iii) Esto nos conduce a la mayor verdad de todas. Nadie tiene derecho a permitirse un placer o a reclamar una libertad que pueda traerle perjuicios a otra persona. Puede que uno tenga la capacidad para mantener ese placer dentro de sus límites; que esa actuación no le suponga ningún peligro; pero no debe pensar sólo en sí mismo, sino también en el hermano que es más débil. Una indulgencia que pueda traerle la ruina a otra persona no es un placer, sino un pecado.

SIN ABUSAR DE LOS PRIVILEGIOS

1 Corintios 9:1-14

¿Es que yo no soy libre? ¿Ni un apóstol? ¿No he visto yo a nuestro Señor Jesús? ¿No sois vosotros el resultado de mi labor en el Señor? Aunque no fuera un apóstol para los demás, para vosotros está claro que lo soy, porque vosotros sois el sello de mi apostolado en el Señor. (Esta sería mi defensa contestando a los que están intentando traerme a juicio). ¿Es que queréis decir que no tengo derecho a comer ni a beber a costa de la Iglesia? ¿Queréis decir que yo no tengo derecho a llevar conmigo a una hermana como mujer, como hacen los demás apóstoles y los hermanos del Señor y Cefas? ¿Vais a mantener que Bernabé y yo somos los únicos que no tenemos derecho a estar exentos del trabajo manual? ¿Qué soldado que va a una campaña ha tenido nunca que buscarse el rancho por su cuenta? ¿Quién planta una viña y luego no tiene derecho a comer uvas? ¿Quién apacienta un rebaño pero no se le permite beber leche?

No creáis que esta es una manera materialista de plantearlo. ¿Es que la misma Ley no lo estipula? Porque escrito está en la Ley de Moisés: «No le pongas el bozal al buen cuando está trillando.» ¿No estaba pensando el Señor nada más que en los bueyes, o lo dijo también en relación con nosotros? ¡Fue refiriéndose a nosotros como se escribió! Porque el arador tiene que arar, y el

*trillador que trillar, con la esperanza de participar de
la cosecha. Si hemos sembrado para vosotros cosas que
alimentan el espíritu, ¿somos unos aprovechados si se-
gamos de vosotros las cosas que alimentan el cuerpo?
Si otros participan de los privilegios que proveéis, ¿no
tenemos nosotros más derecho que ellos?*

*A pesar de todo, no hemos hecho uso de los privile-
gios que nos correspondían; al contrario: hemos sopor-
tado de todo para no ponerle un obstáculo en el camino
al Evangelio de Cristo. ¿Es que no os dais cuenta de que
los que están a cargo de los ritos del templo tienen
derecho a mantenerse de las ofrendas del templo, y que
los que ministran en el altar participan de los sacrificios
que se hacen? Pues precisamente de la misma manera
ha establecido el Señor que los que proclaman el Evangelio reciban del Evangelio lo suficiente para vivir.*

A primera vista parece que este capítulo no tiene nada que
ver con lo que precede, pero no es así. La cosa es que los
corintios, que se consideraban cristianos maduros, pretendían
encontrarse en una situación privilegiada que les otorgaba la
libertad para comer carne que se hubiera sacrificado a los
ídolos si querían. Su libertad cristiana, pensaban, los colocaba
en una posición en la que podían hacer cosas que no se les
permitirían a los que no habían alcanzado ese nivel. La manera
de contestar de Pablo a esos razonamientos es presentar los
muchos privilegios que él tenía perfecto derecho a reclamar,
pero de los que no hizo uso para no ser un tropiezo para otros
o un obstáculo para la eficacia del Evangelio.

(i) *Él ha visto al Señor.* El Libro de los Hechos especifica
repetidas veces que la cualificación suprema de un apóstol es
el ser testigo de la Resurrección *(Hechos 1:22; 2:32; 3:15;
4:33).* Esto tiene una importancia capital. En el Nuevo Testamento, la fe no es nunca la aceptación de un credo, sino la
confianza en una Persona. Pablo no dice: «Yo sé *lo que* he
creído.» Dice: «Yo sé *en Quién* he creído» *(2 Timoteo 1:12).*

Cuando Jesús llamó a Sus discípulos, no les dijo: «Tengo una filosofía que quiero que examinéis,» o «Tengo un sistema de ética que me gustaría que considerarais,» u «Os ofrezco una confesión de fe que querría que discutierais.» Les dijo simplemente: «Seguidme.» Todo el Cristianismo empieza por una relación personal con Jesucristo. Ser cristiano es conocerle personalmente. Como dijo Carlyle una vez cuando iban a elegir a un pastor: «Lo que necesita esta iglesia es a alguien que conozca a Cristo más que de segunda mano.»

(ii) La segunda credencial de Pablo era que *su ministerio había sido eficaz.* Los mismos corintios eran una prueba de ello. Él los llama *su sello.* En la antigüedad los sellos eran sumamente importantes. Cuando se mandaba un cargamento de grano o de dátiles o de algo por el estilo, lo último que se hacía con los envoltorios era marcarlos con el sello como prueba de que el contenido era auténticamente lo que pretendía ser. Cuando se hacía testamento, se sellaba con siete sellos; y no era legalmente válido a menos que los tuviera intactos. El sello era la garantía de la autenticidad. El mero hecho de la existencia de la iglesia corintia era la garantía del apostolado de Pablo. La prueba definitiva de que una persona conoce a Cristo es que Le puede traer a otros. Se cuenta que un soldado que había sido herido y se encontraba en la cama de un hospital le dijo a la enfermera Florence Nightingale, que se inclinaba para atenderle: «Tú eres Cristo para mí.» La autenticidad del cristianismo de una persona presenta su mejor prueba cuando ayuda a otros a ser cristianos.

El privilegio que Pablo habría podido esperar de la iglesia era su sostenimiento. No sólo para sí mismo, sino también para su esposa. De hecho, los demás apóstoles recibían ese apoyo. Los griegos despreciaban el trabajo manual; ningún griego libre estaría dispuesto a trabajar con sus manos. Aristóteles había enseñado que hay dos clases de personas: las cultas, y los madereros y aguadores que existen exclusivamente para llevar a cabo esos trabajos serviles para los otros, y a los que sería no solamente un error sino hasta un mal el tratar de elevarlos o educarlos. Los enemigos de Sócrates y de Platón les tomaban el pelo porque no aceptaban ningún dinero por enseñar, y hasta insinuaban que no cobraban porque su enseñanza no valía nada. Es verdad que también se esperaba de los rabinos judíos que enseñaran sin cobrar nada, y que tuvieran un oficio que les permitiera ganarse la vida sin depender de nadie; pero esos mismos rabinos se tomaban mucho interés en inculcarles a sus estudiantes que no había obra más meritoria que el sostener a su rabino. Si alguien quería tener un buen lugar en el Cielo, la mejor manera de asegurárselo era subviniendo a todas las necesidades de un rabino. De cualquier manera que se mirara, Pablo podía haber reclamado el privilegio de ser sostenido por la iglesia.

Usa analogías humanas corrientes. Ningún soldado tiene que buscarse la comida por su cuenta. ¿Por qué había de hacerlo un soldado de Cristo? El que planta una viña tiene derecho a una parte de su producto. ¿Por qué tiene que ser diferente el que planta iglesias? El pastor se mantiene de lo que da el rebaño que atiende. ¿Por qué no puede hacer lo mismo el que pastorea una iglesia? Hasta la Escritura dice que no hay que ponerle el bozal al buey que está trillando para dejarle que coma de lo que trabaja *(Deuteronomio 25:4)*. Como harían los rabinos, Pablo aplica esa enseñanza alegóricamente al maestro cristiano.

El sacerdote que oficia en el templo recibe su parte de las ofrendas. En los sacrificios de los templos griegos, como ya hemos visto, recibía las costillas, el jamón y el lado izquierdo de la cara del animal. Pero vale la pena recordar las obvenciones de los sacerdotes que oficiaban en el templo de Jerusalén.

Había cinco ofrendas principales. (i) *El holocausto.* Era el único sacrificio que se quemaba completo en el altar, excepto el estómago, las entrañas y el nervio del muslo (cp. *Génesis 32:32)*. Pero hasta en este caso los sacerdotes se quedaban con las pieles, con las que hacían buen negocio. (ii) *La ofrenda por el pecado.* En este caso sólo se quemaba en el altar el sebo del animal, y los sacerdotes se quedaban con toda la carne.

(iii) *La ofrenda por una transgresión.* Aquí tampoco se quemaba más que la grasa del animal, y los sacerdotes recibían toda la carne. (iv) *La ofrenda de comida.* Esta consistía en harina, vino y aceite. Sólo una parte simbólica se ofrecía en el altar; con mucho la mayor parte era el gaje de los sacerdotes. (v) *La ofrenda de la paz.* La grosura y las entrañas era lo que se quemaba en el altar; los sacerdotes recibían el pecho y el hombro derecho, y el resto se le devolvía al que lo ofrendaba.

Los sacerdotes tenían todavía otros gajes. (i) Recibían *las primicias de siete clases*: trigo, cebada, uvas, higos, granadas, aceitunas y miel. (ii) *La terumá.* Esta era la ofrenda de los frutos más selectos de cada cultivo. Los sacerdotes tenían derecho a un promedio de la quinta parte de las cosechas. (iii) *Los diezmos.* Había que darlos de «todo lo que se puede usar para comida y se cultiva o crece en la tierra.» Ese diezmo pertenecía a los levitas; pero los sacerdotes recibían el diezmo de ese diezmo. (iv) *La jallá.* Esta era la ofrenda del amasado. Si la masa se hacía de trigo, cebada, escanda, avena o centeno, cada persona particular tenía que darles a los sacerdotes una vigésima cuarta parte, y un panadero un cuadragésimo octavo.

Todo esto está detrás de la negativa de Pablo a aceptar de la iglesia ni tan siquiera la provisión más básica para su manutención. Lo rehusaba por dos razones. (i) Los sacerdotes eran un refrán. Mientras que una familia judía normal no comía carne más que una vez por semana si acaso, los sacerdotes padecían de una enfermedad ocupacional por comer demasiada. El lujo en que vivían, su rapacidad y sus privilegios eran notorios, y Pablo lo sabía muy bien. Sabía que usaban de la religión para ponerse gordos, así es que estaba dispuesto a irse al otro extremo y no aceptar absolutamente nada. (ii) La segunda razón era su total independencia. Puede ser que la llevara demasiado lejos, porque parece que los corintios se daban por ofendidos de que no les aceptara ninguna ayuda. Pero Pablo era una de esas almas independientes que prefieren morirse de hambre antes que depender de nadie.

En último análisis había una cosa que dominaba su conducta: no estaba dispuesto a hacer nada que desacreditara o dificultara al Evangelio. La gente juzga un mensaje por la vida y el carácter del que lo transmite, y Pablo estaba decidido a mantener las manos limpias. No permitía que nada de su vida contradijera el mensaje que proclamaba. Alguien le dijo una vez a un predicador: «No puedo oír lo que dices porque estoy escuchando cómo eres.» Eso no se le podía decir a Pablo.

EL PRIVILEGIO Y LA RESPONSABILIDAD

1 Corintios 9:15-23

Sin embargo yo no he reclamado ninguno de estos derechos; ni tampoco estoy escribiendo esto ahora para se me reconozcan en el porvenir. Preferiría morirme antes que se me anulara mi orgullo de no haber recibido nada por mi trabajo. Si predico el Evangelio, no puedo presumir de nada por ello, porque lo hago porque estoy obligado. ¡Pobre de mí si no predicara el Evangelio! Si lo hiciera por propia elección, merecería una recompensa; pero si lo tengo que hacer, quiera que no, es porque se me ha encargado esta tarea. ¿Cuál es mi recompensa entonces? Únicamente presentar el Evangelio gratis mediante la predicación, para no hacer uso de los privilegios que me corresponderían como predicador. Y es que, aunque estoy libre de todo el mundo, me hago esclavo de todo el mundo para ganar a los más posibles. Con los judíos me hago judío para ganar a los judíos; con los que están bajo una ley me hago uno que está bajo ley, aunque yo no estoy bajo ley, para ganar a los que están bajo una ley; a los sin ley, como si yo fuera un sin ley, no estando yo sin ley de Dios, sino en la ley de Cristo, para ganar a los que no tienen ley. A los débiles me hago débil para ganar a los débiles; me hago de todo a todo el mundo para salvarlos como sea. Y esto lo hago por causa del Evangelio, para compartirlo con todo el mundo.

En este pasaje encontramos una especie de bosquejo de toda la concepción que tiene Pablo de su ministerio.

(i) Lo consideraba *un gran privilegio.* Lo único que no haría jamás sería aceptar dinero por trabajar para Cristo. Cuando cierto famoso profesor americano se jubiló, dio una conferencia en la que daba las gracias a la universidad por pagarle un sueldo todos esos años por hacer un trabajo que él habría pagado para que le dejaran hacer. Esto no quiere decir que haya que trabajar siempre sin cobrar; hay ciertas obligaciones que uno tiene que cumplir, y no podría si no se le pagara; pero sí quiere decir que nadie debería trabajar exclusivamente por dinero. Todos deberíamos considerar nuestro trabajo, no como una forma de acumular riqueza, sino como una manera de prestar un servicio. El trabajador debe verse como una persona cuyo fin principal no es sacar provecho para sí, sino cuyo privilegio es servir a otros cumpliendo la voluntad de Dios.

(ii) Lo consideraba *un deber.* El punto de vista de Pablo era que, si él hubiera escogido ser predicador del Evangelio, podría haber exigido legítimamente un sueldo por su trabajo; pero él no había escogido ese trabajo: el trabajo le había escogido a él. No podía dejar de hacerlo, como no podría dejar de respirar; y, por tanto, no se podía hablar de salario.

Ramón Llull, el gran santo y místico español, nos cuenta cómo llegó a ser misionero de Cristo. Había llevado una vida de bienestar y placer; pero cierto día, cuando se encontraba solo, llegó Cristo cargando Su Cruz y le dijo: «Llévala por Mí.» Él se negó. Otra vez, cuando estaba en el silencio de una gran catedral, vino Cristo y le pidió que llevara Su Cruz; y se negó otra vez. En un momento solitario, Cristo vino la tercera vez; y esta, dijo Ramón Llull: «Tomó Su Cruz y, con una mirada, me la dejó en las manos. ¿Qué podía yo hacer sino tomarla y llevarla?» Pablo habría dicho: «¿Qué puedo hacer yo más que darle a la gente la Buena Noticia de Cristo?»

(iii) A pesar del hecho de no querer que se le pagara, Pablo sabía que recibía diariamente *una gran recompensa.* Tenía la satisfacción de llevarles el Evangelio gratuitamente a todos los que quisieran recibirlo. Siempre es verdad que la verdadera recompensa de cualquier trabajo no es el dinero que reporta, sino la satisfacción de una tarea bien hecha. Por eso es por lo que la cosa más grande de la vida no es escoger el trabajo mejor pagado, sino el que produce la mayor satisfacción.

Albert Schweitzer describe la clase de momento que le producía la mayor felicidad. Le trajeron al hospital a uno que estaba sufriendo terriblemente; y él le calmó diciéndole que le haría quedarse dormido y le operaría y luego estaría bien del todo. Después de la operación se sentó al lado de la cama del paciente esperando que volviera en sí. Este abrió los ojos despacito y luego susurró maravillado: «Ya no me duele.» Esa era la cosa. No había recompensa material, sino una satisfacción tan profunda como las profundidades del mismo corazón.

El haber remediado una vida desquiciada, el haber traído a uno que estaba perdido al verdadero camino, el haber sanado un corazón quebrantado, el haberle traído un alma a Cristo, son cosas que no se pueden medir en términos económicos, porque su gozo sobrepasa toda medida.

(iv) Por último, Pablo habla del *método de su ministerio*, que era hacerse todo a todos. Esto no es ser hipócritamente una cosa con una persona y otra con otra; sino que es cuestión de, como se suele decir, ponerse en el lugar de cualquier persona. El que no pueda ver nada nada más que desde su propio punto de vista, y que nunca haga el menor esfuerzo por entender la mente o el corazón de los demás, nunca hará un buen pastor, o evangelista, o ni siquiera amigo.

Boswell habla en alguna parte del «arte de acomodarse a los demás.» Ese era un arte que el doctor Johnson poseía en grado superlativo; porque no sólo era un excelente expositor, sino también un gran escuchador, con una gran habilidad para ponerse en la situación de quienquiera que fuera su interlocutor. Un amigo dijo de él que tenía el arte de «dejar que cada uno hablara de su tema favorito y del que más sabía.» Una vez, un clérigo rural se quejaba a la madre de la señora Thrale de lo ignorante y pesada que era la gente. «No hablan más que de xatos» —*terneros*, decía con amargura—. «Padre —le contestó la anciana—, el doctor Johnson habría aprendido a hablar de xatos.» Con el campesino se habría hecho un campesino. Robert Lynd indica cómo habría discutido el doctor Johnson el aparato digestivo de un perro con un cazador, o hablado de danza con un profesor de ballet, o de la organización de una granja, o de disponer un tejado, o de la destilación del whisky, o de la fabricación de la pólvora, o de la industria del tinte. Habla de «la disposición de Johnson a meterse de cabeza en lo que les interesaba a los demás.» Sin duda hemos conocido en nuestro entorno a personas que tenían esta preciosa cualidad.

No podemos llegar a ninguna clase de evangelismo, o de amistad, sin hablar el mismo lenguaje y pensar las mismas ideas de otros. Alguien describió una vez la enseñanza, la medicina y el pastorado como «las tres profesiones paternalistas.» Mientras no hagamos más que patrocinar a la gente, sin hacer el menor esfuerzo por comprenderla, no podemos llegar a ninguna parte con ella. Pablo, el modelo de misioneros, que ganó a más personas para Cristo que ningún otro, se dio cuenta de lo esencial que es hacerse todo a todos. Una de las mayores necesidades que se nos presentan es la de aprender el arte de entendernos con la gente; y el problema más grave es que, la mayor parte de las veces, ni lo intentamos.

UNA VERDADERA CONTIENDA

1 Corintios 9:24-27

> *¿No os habéis fijado en que los que corren en el estadio, todos corren, pero no recibe el premio más que uno? ¡Pues vosotros, corred de tal manera que lo obtengáis!*
> *Ahora bien: todos los atletas olímpicos practican la autodisciplina; y lo hacen para obtener una corona que se deshace rápidamente, mientras que nosotros tratamos de obtener una corona que es para siempre.*

Yo corro como el que sabe cuál es su meta; peleo, no dando golpes de ciego, sino disciplinando mi cuerpo hasta tenerlo totalmente bajo mi dominio; no sea que, después de predicar a otros, yo no supere la prueba.

Pablo sigue ahora otra analogía. Les insiste a los cristianos corintios que querían tomárselo con calma en que nadie llega nunca a nada sin una seria autodisciplina. A Pablo le fascinaba siempre la figura de los atletas. Un atleta tiene que entrenarse intensamente si quiere ganar una competición; y los corintios sabían de esas cosas, porque los famosos juegos ístmicos que sólo eran menos importantes que los olímpicos se celebraban en Corinto. Además, el atleta se somete a la autodisciplina y al entrenamiento para ganar una corona de laurel que quedara reducida a polvo en breve tiempo; ¡cuánto más debería disciplinarse un cristiano para ganar la corona de la vida eterna!

En este pasaje, Pablo expone brevemente una especie de filosofía de la vida.

(i) La vida es una contienda. Como decía William James: «Si esta vida no fuera una auténtica pelea en la que se gana algo eterno para el universo cuando se tiene éxito, no es más importante que un simulacro del que uno se puede retirar cuando quiera. Pero *parece* una pelea —como si hubiera algo realmente salvaje en el universo que nosotros, con todos nuestros idealismos y lealtades, pudiéramos contribuir a remediar.» O como decía Coleridge: «Lejos de ser el mundo una diosa en enaguas, más parece un diablo con coraza.» Un soldado de pega no gana batallas; un entrenador tolerante no gana campeonatos. Tenemos que vernos como guerreros siempre en campaña, como atletas que se lanzan hacia la meta.

(ii) Ganar una batalla o salir vencedor en una competición requieren disciplina. Tenemos que someter a disciplina nuestros cuerpos para tenerlos en forma; esta es una de las áreas más abandonadas en la vida espiritual, de la que muchas veces surgen las depresiones. Si hemos de hacer algo lo mejor posible tendremos que dedicarle un cuerpo tan capaz como pueda llegar a ser. Hemos de someter a disciplina nuestras mentes; una de las tragedias de la vida es que la gente se niega a pensar hasta llegar a una condición en que ya le resulta imposible. No podemos resolver los problemas escondiéndonos o huyendo de ellos. Tenemos que someter a disciplina nuestra alma; podemos hacerlo enfrentándonos con los dolores de la vida con serena entereza; con sus tentaciones, con la fuerza que Dios da; con sus desilusiones, con valor.

(iii) Tenemos que conocer nuestra meta. Es descorazonador ver el obvio despiste de las vidas de tantas personas; van a la deriva en vez de dirigirse a algún sitio. Maarten Maartens tiene una parábola: «Había una vez un hombre, un satírico. En el curso natural de las cosas sus amigos le asesinaron, y murió. Y la gente vino, y se colocó alrededor de su cuerpo. «Trataba a todo el redondo mundo como si fuera un balón de fútbol — decían indignados—, y le pegaba patadas.» El muerto abrió un ojo, y dijo: «¡Sí, *pero siempre a gol!*» Alguien pintó una vez un chiste de dos marcianos que estaban mirando a la gente de la Tierra, siempre corriendo de acá para allá; y uno le dijo al otro: «¿Qué están haciendo?» El otro contestó: «Van.» «¿Adónde?» «¡Ah!, no van a ninguna parte; simplemente van.» Esa es la manera de no llegar a nada.

Tenemos que saber lo que vale nuestra meta. El gran atractivo de Jesús es que se basaba raras veces en castigos y en consecuencias terribles. Se basaba en la declaración: «Considera lo que te pierdes si no sigues Mi camino.» La meta es *la vida,* y no cabe duda de que vale la pena alcanzarla.

(v) No podemos salvar a otros si no somos los dueños de nosotros mismos. Decía Freud: «El psicoanálisis se aprende en primer lugar en uno mismo, mediante el estudio de la propia personalidad.» Los griegos enseñaban que la primera regla de la vida es: «¡Conócete a ti mismo!» Está claro que no podemos hacer nada por otros hasta que nos hemos hecho con nosotros mismos; no podemos enseñar lo que no sabemos; no podemos llevar a otros a Cristo hasta haberle encontrado nosotros.

EL PELIGRO DEL EXCESO DE CONFIANZA

1 Corintios 10:1-13

Hermanos: No quiero que os olvidéis de que todos nuestros padres en la fe estuvieron bajo la nube, y todos pasaron por en medio del mar, y todos fueron bautizados en relación con Moisés en la nube y en el mar, y todos comieron la misma comida que el Espíritu de Dios les daba, y todos bebieron la misma bebida que les llegaba por la acción del Espíritu; porque bebían de la Roca que los acompañaba por obra del Espíritu, la cual Roca era Cristo. Con todo eso, Dios no estaba contento con la mayoría de ellos; así que se quedaron muertos tendidos en el desierto.

Estas cosas sucedieron para que tomemos ejemplo, para que no seamos personas que anhelan el mal y las cosas prohibidas como hicieron ellos. Ni tampoco debéis ser idólatras como algunos de ellos, como está escrito: «Se sentaron a comer y a beber, y se levantaron a pasárselo bien.» Ni tampoco practiquéis la llamada libertad sexual, como hicieron algunos de ellos, lo que trajo como consecuencia el que murieran veintitrés mil en el mismo día. Ni tentemos la paciencia del Señor más allá de todo límite, como hicieron algunos, y consiguientemente fueron destruidos por las serpientes. Ni tampoco os quejéis, como hicieron otros, y los destruyó el destructor.

Todo eso les sucedió como señal de lo que puede suceder. Fueron castigados para advertirnos a los que nos encontramos al final de los tiempos. Así que, el que se crea muy seguro, que tenga cuidado de no caer. No habéis tenido que pasar ninguna prueba fuera de lo ordinario. Podéis confiar en Dios, Que no dejará que seáis tentados más allá de lo que podáis soportar, sino que enviará juntamente con la prueba la posibilidad de salir de ella, para que la podáis resistir.

En este capítulo, Pablo sigue tratando de la cuestión de la carne que se había ofrecido a los ídolos. Como trasfondo de este pasaje está el exceso de confianza de algunos cristianos corintios, cuyo punto de vista era: «Ya nos hemos bautizado y, por tanto, estamos unidos con Cristo; hemos participado de la Comunión, que es el cuerpo y la sangre de Cristo; estamos en Él y Él en nosotros; por tanto, estamos a salvo: podemos comer carne ofrecida a los ídolos sin que nos haga ningún daño.» Pablo advierte del peligro del exceso de confianza.

Cuando Oliver Cromwell estaba planificando la educación de su hijo Richard, dijo: «Me gustaría que aprendiera algo de Historia.» Y es a la Historia a la que Pablo apela para mostrar lo que le puede suceder a los que han sido bendecidos con los mayores privilegios. Vuelve a los días en que los israelitas peregrinaban por el desierto; entonces les sucedieron las cosas más maravillosas. Tenían la nube que les mostraba el camino y los protegía de los peligros *(Éxodo 13:21; 14:19)*. Fueron conducidos por en medio del Mar Rojo *(Éxodo 14:19-31)*. Ambas experiencias les habían dado una unión perfecta con Moisés, el más grande conductor de pueblos y legislador, hasta que se llegó a decir que fueron bautizados para estar unidos con él como los cristianos somos bautizados para estar unidos con Cristo. Habían comido el maná en el desierto *(Éxodo 16:11-15)*. En el versículo 5, Pablo habla de cuando bebieron de la Roca que los seguía. Esto está tomado, no del Antiguo Testamento, sino de la tradición rabínica. *Números 20:1-11* nos cuenta que Dios le permitió a Moisés sacar agua de una roca para que bebiera el pueblo sediento; la tradición rabínica sostenía que esa roca había seguido al pueblo desde entonces para darles agua. Esa leyenda la conocían todos los judíos.

Todos estos privilegios tuvieron los israelitas, pero a pesar de todo fallaron trágicamente. Cuando no tuvieron valor para lanzarse a conquistar la Tierra de Promisión, y todos los exploradores menos Josué y Caleb presentaron un informe pesimista, el juicio de Dios dictaminó que toda aquella generación muriera en el desierto *(Números 14:30-32)*. Cuando Moisés estaba recibiendo la Ley en el Monte Sinaí, el pueblo convenció a Aarón para que hiciera un becerro de oro para adorarlo *(Éxodo 32:6)*. Fueron culpables de prácticas sexuales ilegales hasta en el desierto, con los madianitas y los moabitas, en consecuencia de lo cual murieron a millares en el juicio de Dios *(Números 25:1-9)*. (Hay que notar, de pasada, que *Números 25:1-9* dice que murieron veinticuatro mil; Pablo dice que veintitrés mil. Está claro que Pablo estaba citando de memoria. Rara vez citaba la Escritura *verbatim*. Nadie lo hacía entonces. No había tal cosa como concordancias para encontrar los pasajes fácilmente; la Escritura no eran libros, que no se habían inventado todavía, sino rollos difíciles de manejar). Los atacaron las serpientes venenosas cuando murmuraron por el camino *(Números 21: 4-6)*. Cuando Coré, Datán y Abiram lideraron una revuelta descontenta, cayó el juicio sobre ellos y murieron muchos *(Números 16)*.

La historia de Israel muestra bien a las claras que los que disfrutaron de los mayores privilegios de Dios no estaban ni mucho menos a salvo de la tentación; un privilegio especial, recuerda Pablo, no es ninguna garantía de seguridad.

Debemos fijarnos en las tentaciones y en los fallos que Pablo menciona entre muchos.

(i) Está la tentación de la idolatría. Ahora no adoramos ídolos tan a las claras; pero, si el dios de una persona es aquello a lo que dedica todo su tiempo, pensamiento y energía, sigue habiendo muchos que adoran la obra de sus manos más que al Dios verdadero.

(ii) Está la tentación de la libertad sexual. Mientras el hombre es hombre, y la mujer mujer, los asaltan tentaciones de su naturaleza inferior. Sólo un apasionado amor a la pureza puede salvar de la impureza.

(iii) Existe la tentación de tentar a Dios. Consciente o inconscientemente muchos regatean con la misericordia de Dios. En el fondo de la mente está esta idea: «No me pasará nada; Dios me perdonará.» A riesgo propio olvidamos que hay una santidad de Dios lo mismo que un amor de Dios.

(iv) Está la tentación de la murmuración. Hay muchos que miran la vida con un gesto de disgusto y no de complacencia. Así que Pablo insiste en la necesidad de la vigilancia. «Que el que se crea seguro no se pegue el batacazo.» Una y otra vez ha habido fortalezas que se han conquistado cuando sus defensores estaban confiados. En *Apocalipsis 3:3,* el Señor Resucitado advierte a la iglesia de Sardis que esté alerta. La acrópolis de Sardis estaba construida sobre una cresta rocosa que se consideraba inexpugnable. Cuando Ciro estaba sitiando la ciudad, ofreció una recompensa especial al que descubriera la manera de atacarla. Cierto soldado cuyo nombre se recuerda, Hyereades, estaba observando un día y vio que se le caía el casco a un soldado de la guarnición sardita, y que bajaba a recogerlo entre las fortificaciones. Se fijó bien por dónde bajaba y subía. Aquella noche guió a una compañía por aquel sendero entre los riscos y, cuando llegaron a la ciudad, se la encontraron totalmente desguarnecida; así es que entraron y capturaron la ciudadela, que se consideraba tan a salvo que no necesitaba guarnición. La vida es un negocio arriesgado, y debemos estar siempre prevenidos.

Pablo concluye esta sección diciendo tres cosas sobre la tentación.

(i) Está completamente seguro de que la tentación vendrá. Es parte de la vida. Pero la palabra griega que traducimos por *tentación* quiere decir más bien *una prueba.* Es algo diseñado, no para hacernos caer, sino para que lo superemos y salgamos de ello más fuertes que entramos.

(ii) Cualquier tentación que nos pueda sobrevenir no será nada nuevo. Otros la habrán resistido y habrán salido vencedores. Un amigo nos contaba que iba una vez llevando a Lightfoot, el famoso obispo de Durham, en un coche de caballos por una carretera muy estrecha de Noruega. Tanto se estrechaba que no había más que centímetros entre las ruedas y los riscos a un lado y el precipicio al otro. Le sugirió a Lightfoot que sería más seguro bajarse y seguir a pie. Lightfoot consideró la situación, y dijo: «Otros coches tienen que haber pasado por aquí; así es que, ¡adelante!» En una antología griega hay un epigrama que da el epitafio de un náufrago, supuestamente de sus propios labios: «¡Un náufrago de estas costas os ordena haceros a la vela!» Su lancha se perdería; pero muchas más habrán mareado la tormenta. Cuando estamos pasando un mal trance, pensemos que otros lo han pasado antes que nosotros y, por la gracia de Dios, lo han resistido y conquistado.

(iii) Con la tentación siempre hay una salida. La palabra es gráfica: *ékbasis.* Quiere decir *la salida de un desfiladero, un puerto de montaña.* Sugiere la idea de un ejército aparentemente rodeado, que de pronto descubre una salida. Nadie tiene por qué sucumbir a la tentación; porque, juntamente con ella, está la salida, que no es la rendición ni la retirada sino una forma de conquistar con el poder y la gracia de Dios.

LA OBLIGACIÓN SACRAMENTAL

1 Corintios 10:14-22

> *Así que, amados míos, evitad todo lo que tenga que ver con los ídolos. Os hablo como a personas sensatas; analizad bien lo que os digo. Esta bendita copa por la que damos gracias a Dios, ¿no es el compartir de veras la sangre de Cristo? Y el pan que partimos, ¿no es participar de veras del cuerpo de Cristo? Así como el pan que compartimos es uno, así nosotros, aunque somos muchas personas, somos un solo cuerpo tan realmente como participamos de un solo pan. Fijaos en la nación de Israel como raza: los que comen de los sacrificios, ¿no se hacen partícipes espiritualmente del altar?*
>
> *Entonces, ¿qué estoy diciendo? ¿Estoy implicando que una cosa que se haya ofrecido a los ídolos es de hecho un verdadero sacrificio? ¿Estoy diciendo que un ídolo es algo? No es eso lo que digo; sino que lo que*

sacrifican los paganos, se lo sacrifican a los demonios
y no a Dios; y yo no quiero que tengáis nada que ver con
los demonios. No podéis beber la copa del Señor y la de
los demonios. ¿O es que vamos a hacer que el Señor se
sienta celoso? ¡No os consideraréis más fuertes que Él!

Detrás de este pasaje hay tres ideas; dos de ellas son características del tiempo en que vivió Pablo; la tercera es válida para todos los tiempos.

(i) Como ya hemos visto, cuando se hacía un sacrificio se le devolvía al que lo ofrecía una parte de la carne para que hiciera una fiesta. En tal fiesta se creía que el dios estaba presente. Más aún: se solía creer que, después de sacrificarle el animal, el dios mismo tomaba posesión de la carne y, en el banquete, entraba en los cuerpos y los espíritus de los que la comían. Exactamente como se formaría un vínculo inquebrantable entre dos personas que comieran cada una el pan y la sal de la otra, así en una comida sacrificial se formaba una comunión íntima entre el dios y el adorador. La persona que sacrificaba era partícipe del altar en un sentido muy real: creía que entraba en una comunión íntima con el dios.

(ii) Entonces todo el mundo creía en los demonios. Los demonios podían ser buenos y malos; pero lo más corriente era que fueran malos. Eran espíritus intermediarios entre los dioses y las personas. Para los griegos, como para muchos pueblos primitivos hoy en día, cada manantial, seto, montaña, árbol, corriente, estanque, roca o lugar tenía su demonio. «Había dioses en todas las fuentes y en todas las cimas; dioses que respiraban en las brisas y centelleaban en los relámpagos; dioses en los rayos solares y en las estrellas; dioses que se desperezaban en los terremotos y en las tormentas.» Todo el mundo estaba abarrotado de demonios. Los judíos los llamaban *shedîm*. Eran espíritus malos que acechaban en las casas vacías, que merodeaban «por las migajas del suelo, el aceite de los candiles, el agua que se bebía, en las enfermedades que atacaban, en el aire, en las habitaciones, día y noche.»

Pablo creía en esos demonios; los llamaba «principados y potestades.» Su punto de vista era que un ídolo no era nada ni representaba nada; pero todo el negocio del culto a los ídolos era obra de los demonios; por ese medio apartaban a la gente de Dios. Cuando adoraban a los ídolos creían que estaban adorando a dioses; de hecho, estaban siendo engañados por los malignos demonios. El culto de los ídolos ponía a la gente en contacto, no con Dios, sino con los demonios, y todo lo que tuviera nada que ver con aquellos tenía el tufo infeccioso de estos. La carne ofrecida a los ídolos no tenía ningún misterio, pero el hecho era que había sido utilizada por los demonios y estaba por tanto contaminada.

(iii) De este antiguo conjunto de creencias se deriva un principio permanente: Una persona que se ha sentado a la mesa de Jesucristo no puede ir a sentarse a la mesa que es un instrumento de los demonios. Si alguien ha participado del cuerpo y de la sangre de Cristo hay cosas de las que no debe participar.

Una de las grandes estatuas de Cristo es la de Thorvaldsen; después de tallarla, le ofrecieron un contrato para tallar una estatua de Venus para el Louvre. Su respuesta fue: «La mano que ha tallado la forma de Cristo no puede luego tallar la forma de una diosa pagana.»

Cuando el príncipe Charlie iba huyendo de la muerte, ocho hombres de Glenmoriston le ofrecieron refugio. Estaban fuera de la ley y eran todos criminales; se le había puesto precio a la cabeza de Charlie, 30,000 libras esterlinas de entonces; aquellos hombres no tenían ni un chelín entre todos, pero le escondieron varias semanas, y le mantuvieron a salvo, y ninguno de ellos le traicionó. Fueron pasando los años, y la rebelión no llegó a ser más que una vieja y triste historia. Uno de aquellos ocho que se llamaba Hugh Chisholm consiguió llegar a Edimburgo. La gente estaba interesada en lo que contaba del príncipe, y hablaba con él. Era pobre, y a veces le ofrecían dinero; pero Hugh Chisholm siempre daba la mano izquierda: decía que, cuando se marchó el príncipe Charlie, les había dado la mano a los ocho, y él había jurado que no le daría nunca a nadie la mano que le había dado a su príncipe.

Era verdad en Corinto, y es verdad ahora y dondequiera, que la persona que ha tocado las cosas santas de Cristo no puede manchárselas después con cosas mezquinas e indignas.

LOS LÍMITES DE LA LIBERTAD CRISTIANA

1 Corintios 10:23 – 11:1

Todo me está permitido, pero no todo me hace bien; todo vale, pero no todo edifica. Que no piense nadie sólo en lo que le conviene a él personalmente, sino también en lo que les hace bien a los demás.

Comed de todo lo que se vende en el mercado sin hacer preguntas rebuscadas por causa de la conciencia; porque «del Señor es la Tierra y todo lo que contiene.» Si algún pagano os invita a comer y tenéis voluntad de ir, comed de todo lo que os sirva sin hacer preguntas por causa de la conciencia. Ahora bien, si alguien os dice: «Esta carne procede de un sacrificio,» no la comáis, por causa del que os lo dijo y por causa de la conciencia. No me refiero a vuestra conciencia, sino a la del otro.

Pero, ¿por qué mi libertad ha de estar sujeta al juicio de la conciencia de otra persona? Si yo participo de algo después de darle gracias a Dios, ¿cómo se me puede criticar injustamente por comer algo por lo que he dado gracias?

La cosa es que, ya sea comer, beber, o hacer cualquier otra cosa, ha de hacerse para la gloria de Dios. Vivid de tal manera que no hagáis tropezar ni a judíos ni a griegos ni a miembros de la iglesia; como yo trato en todo de merecer la aprobación de todas las personas, porque no estoy en este trabajo para obtener ganancia material, sino para traer bendición a muchos y que se salven.

Así que, dad señales de seguir mi ejemplo, como yo sigo el de Cristo.

Pablo concluye esta larga discusión del tema de la carne ofrecida a los ídolos con unos cuantos buenos consejos.

(i) Su consejo es que el cristiano puede comprar de todo lo que se venda en las tiendas. Es verdad que la carne podría haber sido parte de un sacrificio, o haberse matado en el nombre de algún dios; pero también uno se podría pasar de escrupuloso y crear problemas donde no los había. Después de todo, en último análisis, todo pertenece a Dios.

(ii) Si el cristiano aceptaba la invitación de un pagano, que comiera lo que le sirvieran sin hacer preguntas. Pero, si se le informaba expresamente que la carne procedía de un sacrificio, que no la comiera. Se supone que el que se lo diera sería uno de esos hermanos que no habían podido librar su conciencia del sentimiento de que comer esa carne era malo. Antes que preocuparle, mejor abstenerse.

(iii) Así es que, de una cuestión trasnochada surge una gran verdad. Muchas cosas que uno puede hacer sin el menor riesgo por lo que a él respecta, no debe hacerlas si van a causar escándalo a otro. La libertad cristiana es lo más real del mundo; pero debe usarse para ayudar, no para ofender a los demás. Tenemos obligaciones para con nosotros mismos; pero las más sagradas son las que afectan a los demás.

Debemos darnos cuenta de los límites de esas obligaciones.

(i) Pablo insistía en que el cristiano corintio debía ser un buen ejemplo para *los judíos*. Aun para sus enemigos, una persona tiene que ser ejemplo de lo que está bien.

(ii) El cristiano corintio tenía una obligación con *los griegos*; es decir, tenía que darles buen ejemplo a los que eran totalmente indiferentes al Evangelio. Es un hecho que muchos son ganados de esta manera. Había un pastor que llegaba hasta donde fuera para ayudar a alguien, aunque no tuviera nada que ver con su iglesia. Uno de ellos empezó a venir a la iglesia, y al cabo del tiempo pidió que le hicieran anciano para poder pasar el resto de su vida dando muestras de lo agradecido que estaba por lo que Cristo había hecho por medio de su siervo para prestarle ayuda.

(iii) El cristiano corintio tenía una obligación con *los otros miembros de la iglesia.* Todos seguimos el ejemplo de los demás. Tal vez no nos demos cuenta; pero es probable que un hermano más nuevo o más débil se esté fijando en nosotros, y estamos obligados a ser el ejemplo que fortalezca al débil y confirme al vacilante y libre de caer al tentado.

Podemos hacerlo todo para la gloria de Dios si cumplimos la obligación que tenemos con nuestros semejantes. Y sólo lo haremos teniendo presente que la libertad cristiana no se nos ha dado exclusivamente para que la disfrutemos, sino también para que ayudemos a otros.

CAPÍTULOS 11 – 14

Los capítulos 11 al 14 son muy interesantes, porque en ellos vemos a la joven iglesia debatiéndose con el problema de ofrecerle a Dios el culto que Le es debido. Nos hará más fácil esta sección el empezar por trazar las partes que la componen.

(i) 11:2 – 11:16 trata de si las mujeres deben ir al culto con la cabeza cubierta o no.

(ii) 11:17 – 11:23 trata de los problemas que habían surgido en relación con el *Agápê* o fiesta del amor fraternal, la comida congregacional que se celebraba todas las semanas.

(iii) 11:24 – 11:34 trata de la correcta celebración de la Santa Cena o Comunión.

(iv) 12 expone la manera de conjuntar armoniosamente los diferentes dones. Aquí vemos a la Iglesia como el Cuerpo de Cristo, y cada creyente como un miembro del mismo.

(v) 13 es el gran himno del amor que nos muestra el camino más excelente.

(vi) 14:1 – 14:23 trata del hablar en lenguas.

(vii) insiste en la necesidad de que haya orden en el culto público, y trata de someter a la necesaria disciplina el entusiasmo desbordado de una joven iglesia.

(viii) 14:24 – 14:36 discute el lugar de las mujeres en el culto público de la iglesia de Corinto.

IMPORTANCIA DEL PUDOR

1 Corintios 11:2-16

   Hacéis bien en acordaros de mí para todo y en seguir las tradiciones que os transmití. Pero quiero que sepáis que Cristo está a la cabeza de todo varón, y que el varón está a la cabeza de la mujer, y que Dios está a la cabeza de Cristo. Todo varón que ora o predica con la cabeza cubierta, *deshonra su cabeza; y toda mujer que ora o predica con la cabeza* descubierta, *deshonra su cabeza, porque se encuentra en el mismo caso que si se hubiera rapado. Porque, si una mujer no se cubre la cabeza, para eso que se corte el pelo. Si es impropio el que una mujer lleve el pelo corto o vaya rapada, que se cubra la cabeza. El varón no debe cubrirse la cabeza porque es la imagen y la gloria de Dios; pero la mujer es la gloria del varón; porque el varón no surgió de la mujer, sino la mujer del varón; porque el varón no fue creado para la mujer, sino la mujer para el varón. Por esto es por lo que la mujer debe conservar en la cabeza la señal de que está bajo la autoridad de otro, por causa de los ángeles. Pero también es verdad que, en relación con el Señor, la mujer no es nada sin el varón, ni el varón sin la mujer; porque, como la mujer procedió del varón, el varón también nace de la mujer, y todas las cosas proceden de Dios. Aplicad vuestro juicio en esta cuestión: ¿Está bien el que una mujer ore a Dios descubierta? ¿Es que la misma naturaleza de las cosas no nos enseña que es deshonroso para el hombre el llevar el pelo largo? Pero, para una mujer, el tener el pelo largo es su gloria, porque se le ha dado el pelo como cobertura.*

   Pero, de cualquier modo, si alguien quiere discutir por discutir, baste decir que no tenemos esa costumbre, ni tampoco las iglesias de Dios.

Este es uno de los pasajes que tienen una significación puramente temporal y local; parece a primera vista como si no tuvieran más que un interés de anticuario, porque tratan de situaciones que hace mucho que han dejado de ser relevantes para nosotros; y sin embargo, tales pasajes tienen muchísimo interés, porque arrojan un haz de luz sobre las cuestiones domésticas y los problemas de la Iglesia Primitiva; y para el que tenga ojos para ver, tienen gran importancia porque Pablo los resuelve de acuerdo con principios que son eternos.

El problema era si una mujer sin velo tenía derecho a participar en un culto. La respuesta de Pablo era tajantemente que el velo es siempre una señal de sumisión que llevaba el inferior en presencia del superior; ahora bien: la mujer es inferior al varón en el sentido de que este es el cabeza de familia; por tanto está mal el que un varón aparezca en el culto público velado, e igualmente mal el que aparezca una mujer destocada. Es más que improbable que en el siglo XX estemos dispuestos a aceptar este punto de vista de la inferioridad y subordinación de las mujeres; pero debemos leer este capítulo, no a la luz de nuestro siglo, sino del siglo I, y al leerlo debemos tener presentes tres cosas.

(i) Debemos tener presente el lugar del velo en Oriente. Hasta el día de hoy la mayor parte de las mujeres, sobre todo en los países musulmanes, usan el *yashmak*, largo velo que no deja descubiertos más que los ojos y la frente y que llega casi hasta los pies. En los tiempos de Pablo, el velo oriental «velaba» todavía más: pasaba por encima de la cabeza sin más abertura que la mínima para los ojos, y llegaba literalmente hasta los pies. Una mujer respetable no habría pensado jamás aparecer en público sin él. T. W. Davies escribe en el *Hastings' Dictionary of the Bible:* «Ninguna mujer respetable de una ciudad o aldea oriental sale sin él; y si lo hace, se arriesga a que la juzguen mal. Hasta los misioneros ingleses y americanos en Egipto le dijeron al presente autor que sus propias mujeres e hijas lo usaban cuando salían.»

El velo indicaba dos cosas. (*a*) Era señal de inferioridad.

(*b*) Pero también era una gran protección. El versículo 10 es muy difícil de traducir. Hemos puesto: «Por esto es por lo que la mujer debe conservar en la cabeza la señal de que está bajo la autoridad de otro.» Pero en griego dice literalmente que una mujer debe conservar «su autoridad sobre su cabeza.» William Ramsay lo explica de la siguiente manera: «En los países de Oriente, el velo es el poder y el honor y la dignidad de la mujer. Con el velo en la cabeza puede ir a cualquier parte con seguridad y respeto profundo. No se la ve; es una señal de terriblemente malos modales el quedarse mirando a una mujer velada en la calle. Va sola. El resto de la gente a su alrededor es como si no existieran para ella, y ella para ellos. Es suprema en la multitud... Pero sin el velo, la mujer es una cosa de nada que cualquiera puede insultar... La autoridad y la dignidad de una mujer se desvanecen juntamente con el velo cubrelotodo que descarta.»

En el Este, pues, el velo tiene una importancia suprema. No solamente indica el estado inferior de la mujer, sino que es la inviolable protección de su pudor y castidad.

(ii) Debemos tener presente la condición de la mujer a los ojos de los judíos. Para la ley judía, la mujer es notablemente inferior al hombre. Había sido formada de una costilla de Adán (*Génesis 2:22s*), y había sido creada para ser la ayuda idónea del varón (*Génesis 2:18*). Había un ejemplo de exégesis rabínica fantástica que decía: «Dios no formó a la mujer de la cabeza del varón para que no fuera soberbia; ni del ojo, para que no fuera lujuriosa; ni del oído, para que no fuera curiosa; ni de la boca, para que no fuera charlatana; ni del corazón, para que no fuera celosa; ni de la mano, para que no fuera codiciosa; ni del pie, para que no fuera zascandil; sino de una costilla, para que siempre vaya tapadita; por tanto, el pudor debe ser su cualidad superlativa.»

Es una lamentable verdad que, para la ley judía, la mujer era una cosa, y formaba parte de la propiedad de su marido sobre la que él tenía todos los derechos. Era verdad que en la sinagoga, por ejemplo, las mujeres no tomaban parte en el culto y estaban segregadas completamente de los varones en una galería cerrada o en alguna otra parte del edificio. En la ley y en las costumbres judías era inconcebible el que las mujeres pretendieran ningún tipo de igualdad con los varones.

En el versículo 10 encontramos la curiosa frase de que las mujeres deben llevar velo «por causa de los ángeles.» No es seguro lo que quiere decir; pero probablemente se retrotrae a la peregrina vieja historia de *Génesis 6:1s*, que nos cuenta que los ángeles quedaron prendados de los encantos de las mujeres mortales y cayeron en pecado; puede que sea que una mujer destocada es una tentación hasta para los ángeles, porque una vieja tradición rabínica decía que había sido la belleza del pelo largo de las mujeres lo que había tentado a los ángeles.

(iii) Siempre hay que tener presente que esta situación se produjo en *Corinto*, que era probablemente la ciudad más licenciosa del mundo antiguo. El punto de vista de Pablo era que en tal situación era mejor pasarse de precavido y de estricto antes que de nada que pudiera dar ocasión a los paganos de criticar a los cristianos de ser demasiado permisivos, o de poner tentación a los mismos cristianos.

Sería erróneo dar a este pasaje una aplicación universal. Era intensamente relevante en la situación de la iglesia de Corinto, pero no tiene nada que ver con la cuestión de si las mujeres tienen la obligación de llevar la cabeza cubierta cuando van al culto aquí y ahora. Sin embargo, es precisamente por su colorido local por lo que contiene tres grandes verdades permanentes.

(i) Siempre es mejor pecar de estricto que de laxista. Es mejor renunciar a los derechos que pueden convertirse en piedras de tropiezo para algunos que reclamarlos. Ahora está de moda ir contra los convencionalismos; pero hay que pensárselo dos veces antes de desafiar o escandalizar a los demás. Es verdad que no debemos ser esclavos de los convencionalismos; pero debemos recordar que por algo se habrán impuesto.

(ii) Después de subrayar la subordinación de las mujeres, Pablo pasa a hacer aún mayor hincapié en la solidaridad esencial de hombre y mujer. Ninguna de las dos partes puede vivir sin la otra. Si ha de haber subordinación, es con el fin de que el compañerismo sea más fructífero y amable para ambos.

(iii) Pablo termina el pasaje con una reprensión a los que discuten por discutir. Cualesquiera que sean las diferencias de opinión que puedan surgir, no hay lugar en la iglesia para la persona contenciosa. Hay momentos en los que se deben mantener los principios; pero no debe haberlos para las peleas, aunque sean sólo de palabras. Siempre tiene que ser posible no estar de acuerdo y seguir el paz.

UNA CELEBRACIÓN IMPROPIA

1 Corintios 11:17-22

En lo que no puedo deciros que hacéis bien es en lo que os advierto a continuación. Porque, cuando os reunís, os hacéis más mal que bien.

En primer lugar, me he enterado de que cuando os reunís en asamblea hacéis grupos exclusivos; y hasta cierto punto lo creo. Es normal que haya diferencias entre vosotros, para que quede claro cuáles son auténticos y de valor a toda prueba.

Pero de la manera que os reunís en un mismo lugar, lo que tomáis no es la Cena del Señor; *porque cuando estáis comiendo juntos, cada uno se da prisa a comerse lo suyo primero; y el resultado es que unos tienen hambre y otros han bebido hasta emborracharse.*

¿Es que no podéis comer y beber en vuestras propias casas? ¿No le tenéis ningún respeto a la asamblea de Dios? ¿Es que queréis avergonzar a los que son pobres? ¿Qué queréis que os diga? No os voy a felicitar por esto; seguro que no.

El mundo antiguo era mucho más social que el nuestro en muchos sentidos. Era costumbre habitual el reunirse grupos de personas para celebrar comidas. Había, en particular, una cierta clase de fiesta que se llamaba *éranos* en la que cada participante aportaba una parte de la comida y luego todo era para todos. La Iglesia Primitiva adoptó esa costumbre, y llamaba a sus fiestas *Agápê* o Fiesta del Amor. Todos los miembros de la iglesia venían, aportando cada uno lo que podía, y todos participaban de la comida congregacional. Era una costumbre encantadora que es una pena que se haya perdido en muchas iglesias. Era una manera de producir y alimentar el sentimiento de la comunión cristiana.

Pero en la iglesia de Corinto la Fiesta del Amor fraternal se había degenerado lamentablemente. Había en ella ricos y pobres; unos que podían llevar mucho, y esclavos que no podrían contribuir con casi nada. De hecho, para muchos de aquellos esclavos sería en la Fiesta del Amor donde tomaran la única comida decente de toda la semana. Pero en la iglesia corintia se había perdido el arte de compartir. Los ricos no repartían lo suyo, sino se lo comían en sus grupos exclusivos, dándose prisa no fuera que tuvieran que compartirlo con otros, mientras que los pobres no comían casi nada. El resultado era que la comida en la que las diferencias sociales tenían que haberse borrado todavía las marcaba más. Pablo lo expone y desaprueba sin reservas.

(i) Puede ser que los diferentes grupos representaran las diversas opiniones. Un gran investigador ha dicho: «Tener celo sin llegar a ser un fanático es una señal de la verdadera devoción.» Cuando no pensamos lo mismo que otro, si seguimos en contacto puede que con el tiempo lleguemos a comprenderle y a simpatizar con él; pero, si nos cerramos y negamos a hablar las cosas con él, sin dejar cada uno nuestro grupito, no hay esperanza de que lleguemos a entendernos.

(ii) La Iglesia Primitiva era el único lugar del mundo antiguo en el que se suprimían las barreras. El mundo estaba rígidamente dividido: libres y esclavos, griegos y bárbaros, judíos y gentiles, romanos y salvajes, cultos e ignorantes. La Iglesia era el único lugar en el que todos podían estar juntos y en comunión. Un gran historiador de la Iglesia escribió sobre aquellas primeras congregaciones: «En sus reducidos límites habían resuelto casi de pasada los problemas sociales que agobiaban a Roma y que siguen agobiando a Europa y al mundo. Habían elevado a la mujer a su debido nivel, restaurado la dignidad del trabajo, abolido la mendicidad y suprimido el estigma de la esclavitud. El secreto de la revolución era que el egoísmo de raza y clase se había olvidado a la Mesa del Señor, y se había encontrado una nueva base para la sociedad en el amor de la imagen visible de Dios en todas las personas por las que Cristo había muerto.»

Una iglesia en la que sigan existiendo las distinciones sociales y de clase no es una verdadera iglesia cristiana. La iglesia auténtica es un cuerpo de hombres y mujeres unidos entre sí porque cada uno de ellos está unido a Cristo. Hasta la palabra para describir el sacramento es sugestiva: la llamamos *La Santa Cena.* Pero *cena* es confusa en cierto sentido. Para muchos no representa la comida principal del día; pero en griego se la llamaba *deîpnon.* Los griegos no tomaban para desayunar nada más que un poco de pan mojado en vino; la comida del mediodía se tomaba en cualquier sitio, hasta en la calle o en alguna plaza; pero el *deîpnon* era la comida principal del día, cuando los comensales se sentaba a la mesa sin prisa y no sólo saciaban su hambre, sino estaban juntos conversando o lo que fuera. La misma palabra indica que la comida congregacional debería ser una comida en la que las distintas personas disfrutaran sin prisa de la mutua compañía.

(iii) Una iglesia no es como es debido cuando se ha olvidado el arte de compartir. Cuando cada uno quiere guardarse sus cosas para sí y para su círculo íntimo, no ha empezado siquiera a ser cristiano. El cristiano verdadero no puede soportar tener demasiado cuando otros no tienen lo suficiente; su mayor placer no está en reservarse celosamente sus privilegios, sino en ompartirlos.

LA SANTA CENA

1 Corintios 11:23-34

>*Porque yo he recibido del Señor lo que ya os he transmitido: Que el Señor Jesús, la noche que fue traicionado, tomó pan y, después de dar gracias a Dios, lo partió y dijo: «Esto es mi Cuerpo para vosotros; haced esto para tenerme presente.» De la misma forma, después de la comida, tomó la copa y dijo: «Esta copa es el Nuevo Pacto que ha costado Mi sangre. Haced esto para tenerme presente cada vez que la bebáis.»*

>*Porque todas las veces que comáis este pan y bebáis esta copa, proclamáis la muerte del Señor hasta que venga. Por tanto, quienquiera que tome este pan y beba esta copa del Señor sin estar en condiciones es culpable de pecado contra el cuerpo y la sangre del Señor.*

>*Por eso, que cada uno se examine a sí mismo antes de tomar este pan y beber esta copa; porque el que come y bebe como algunos de vosotros, no come y bebe más que su propia sentencia, porque no se da cuenta de lo que quiere decir el Cuerpo. Por esto es por lo que muchos de vosotros estáis enfermos y débiles, y algunos han muerto. Porque, si de veras fuéramos conscientes de cómo somos, no estaríamos sujetos a juicio; pero en este mismo juicio del Señor somos disciplinados para no ser definitivamente condenados con el mundo.*

>*Así que, hermanos, cuando os reunís, esperaros unos a otros. El que tenga hambre, que coma en casa; para que no os reunáis en tales condiciones que os pongáis en peligro de que se os someta a juicio.*

>*En cuanto a los otros asuntos, ya los pondré en orden cuando vaya por allí.*

No hay ningún otro pasaje en todo el Nuevo Testamento que tenga tanto interés como este. Entre otras cosas, es la base para el acto de culto más sagrado de la Iglesia Cristiana, la Santa Cena; y también, como esta carta es anterior a los primeros evangelios, este es de hecho el primer reportaje que tenemos, no sólo de la institución de la Santa Cena, sino de ninguna palabra del Señor Jesús.

La Santa Cena no querrá decir nunca lo mismo para dos personas diferentes; pero no tenemos que entenderla totalmente para recibir bendición. Como ha dicho alguien, «no tenemos que entender la composición química del pan para digerirlo y asimilarlo y alimentarnos de él.» Pero, a pesar de eso, haremos bien en intentar entender por lo menos algo de lo que quería decir Jesús cuando habló así del pan y del vino.

«Esto es Mi cuerpo» —dijo del pan. Un hecho muy sencillo nos impide tomar estas palabras literalmente. Cuando Jesús estaba hablando, estaba todavía en Su cuerpo humano; y nada estaba más claro que el que Su cuerpo y el pan eran dos cosas bien diferentes y aparte. Pero tampoco dijo simplemente: «Esto representa Mi cuerpo.» En un sentido, eso es cierto: el pan que troceamos en el sacramento representa el cuerpo de Cristo; pero hace más que representar. Para la persona que lo toma en su mano y se lo lleva a la boca con fe y amor, es un medio no sólo de recuerdo sino de contacto vital con Jesucristo. Para uno que no fuera creyente no sería nada más que pan; para el que ama a Cristo es una manera de entrar en comunión con Él.

«Esta copa —dijo Jesús, según las traducciones corrientes— es el Nuevo Pacto en Mi sangre.» Lo hemos traducido un poco diferente: «Esta copa es el Nuevo Pacto que ha costado Mi sangre.» La preposición griega *en* suele querer decir *en* en español; pero también quiere decir frecuentemente *al precio de*, *por*, refiriéndose a lo que se paga por algo, sobre todo cuando se usa para traducir la preposición hebrea *b^e*. Ahora bien: un pacto es una relación en la que entran dos personas. Había un Antiguo Pacto entre Dios y el pueblo de Israel que estaba basado en la Ley. En él Dios había elegido y se había acercado al pueblo de Israel, llegando a ser de una manera especial su Dios; pero había una condición: si esa relación había de durar, tenían que cumplir la Ley (cp. *Éxodo 24:1-8)*. Con Jesús se ofrece a la humanidad una nueva relación que depende, no de la ley, sino del amor; no de la fidelidad con que el hombre cumpla la ley —porque no puede—, sino de la buena voluntad gratuita y generosa de Dios que nos la ofrece.

Bajo el Antiguo Pacto uno no podía hacer más que temer a Dios, porque estaba siempre en deuda con Él ya que no podía nunca cumplir perfectamente la ley; bajo el Nuevo Pacto uno acude a Dios como un hijo a su padre. Mírese como se mire, *Le costó la vida a Jesús hacer posible esta nueva relación con Dios.* «La sangre es la vida,» decía la ley *(Deuteronomio 12:23)*; costó la vida de Jesús, Su sangre, como diría un judío. Así que el vino rojo de la Comunión representa la sangre vital de Cristo, sin la cual el Nuevo Pacto, la nueva relación con Dios, no habría sido posible.

Este pasaje continúa hablando de comer y beber el pan y el vino indignamente; y esa indignidad consiste en «no discernir el Cuerpo del Señor.» Esta frase puede querer decir una de dos cosas; y cada una de ellas es tan importante que es muy probable que estén implicadas las dos.

(i) Puede que quiera decir que la persona que come y bebe indignamente no se da cuenta de lo que quieren decir esos símbolos sagrados. Puede que quiera decir que come y bebe irreverentemente y sin sentir el amor que estos signos representan, o la obligación que adquiere.

(ii) Puede que también quiera decir esto: la frase el *Cuerpo de Cristo* indica una y otra vez a la Iglesia, como veremos en el capítulo 12. Pablo acaba de reprender a los que, con sus partidismos y diferencias de clases dividen la Iglesia; así es que esto puede querer decir que el que come y bebe indignamente es el que no se ha dado cuenta de que toda la Iglesia es el Cuerpo de Cristo, y no está en armonía con su hermano. Toda persona en cuyo corazón hay odio, amargura, desprecio contra otro, al acercarse a la Mesa del Señor come y bebe indignamente. Así que comer y beber indignamente es no tener el sentimiento de la grandeza de lo que se está haciendo, y hacerlo cuando no se está en armonía con el hermano por quien Cristo murió.

Pablo pasa a decir que las desgracias que han sobrevenido a la iglesia de Corinto puede que sean debidas al hecho de que se acercan a la Mesa del Señor cuando hay divisiones entre ellos; pero esas desgracias no son para destruirlos, sino para disciplinarlos y hacerlos volver al camino de Dios.

Debemos tener clara una cosa. La frase que prohíbe el que una persona coma y beba indignamente no excluye al que es pecador y lo sabe. Un antiguo pastor de las Highlands de Escocia, viendo que una anciana dudaba ante la copa de la comunión, se la acercó diciendo: «¡Tómala, mujer! ¡Es para los pecadores! ¡Es para ti!» Si la Mesa del Señor fuera sólo para los perfectos, ninguno podríamos acercarnos. El acceso no está nunca cerrado para el pecador arrepentido. Para el que ama a Dios y a sus semejantes, el camino está siempre abierto; y sus pecados, aunque sean como la grana, como la nieve serán emblanquecidos.

LA CONFESIÓN DEL ESPÍRITU

1 Corintios 12:1-3

> *Hermanos: no quiero que estéis en la ignorancia sobre las manifestaciones del Espíritu. Ya sabéis que, cuando erais paganos, ibais a la deriva a los ídolos mudos, siguiendo impulsos caprichosos. Por tanto, quiero que os deis cuenta de que nadie que hable movido por el Espíritu de Dios puede decir: «¡Maldito sea Jesús!»; ni tampoco puede nadie decir «¡Jesús es el Señor!» a menos que le mueva el Espíritu Santo.*

En la iglesia de Corinto sucedían las cosas más sorprendentes por la acción del Espíritu Santo; pero en un tiempo y un lugar en los que proliferaban el éxtasis y el entusiasmo podían darse casos de emocionalismo histérico y de engaños psicológicos al mismo tiempo que manifestaciones reales, y por eso en este y en los dos capítulos siguientes Pablo trata de las manifestaciones auténticas del Espíritu.

Este pasaje es muy interesante porque nos reproduce lo que eran los dos gritos de guerra.

(i) Está la frase *Maldito sea Jesús*. Esta terrible frase podría surgir de cuatro formas.

(*a*) Podría ser que la usaran los judíos. Las oraciones de la sinagoga incluían regularmente maldiciones de los apóstatas; y es posible que el nombre de Jesús estuviera incluido entre los tales. Además, como Pablo sabía muy bien *(Gálatas 3:13)*, la ley judía establecía: «Maldito todo el que es colgado en un madero.» Y Jesús había sido crucificado. No sería tan raro oír a los judíos pronunciar sus maldiciones contra Ese hereje y criminal Que adoraban los cristianos.

(*b*) No es nada sorprendente que los judíos hicieran que los prosélitos que se sintieran atraídos al Evangelio pronunciaran esas maldiciones para no ser excomulgados del culto judío. Cuando Pablo le hace mención de sus actividades como perseguidor de los cristianos al rey Agripa, le dice: «Fui de sinagoga en sinagoga castigándolos a ver si los obligaba a maldecir el nombre de Jesús» *(Hechos 26:11, nuestra traducción)*. Debe de haber sido muchas veces la condición para seguir en comunión con la sinagoga el pronunciar una de esas maldiciones contra el nombre de Jesucristo.

(*c*) Cualquiera que fuera la situación cuando Pablo estaba escribiendo esto, no cabe duda de que algo después, en los días de la persecución, se daba a los cristianos la posibilidad de evitar la muerte maldiciendo a Cristo. En el tiempo de Trajano, la prueba que imponía Plinio, el gobernador de Bitinia, a los sospechosos de ser cristianos era que maldijeran a Cristo. Cuando Policarpo, el anciano obispo de Esmirna, fue arrestado, lo que le exigía el procónsul Statius Quadratus era: «Di:

«¡Mueran los ateos!» ¡Jura por la divinidad del César, y maldice a Cristo!» Y Policarpo le contestó: «Ochenta y seis años he servido a Cristo, y Él nunca me ha hecho ningún mal. ¿Cómo voy a blasfemar a mi Rey Que me salvó?» No cabe duda de que hubo un tiempo cuando los cristianos tenían que escoger entre maldecir a Cristo o morir de cualquiera de aquellas horribles maneras. «Los ateos» eran los cristianos para los paganos, porque no creían en sus dioses.

(*d*) Existía la posibilidad de que, aun en la iglesia, alguien en un extraño trance gritara: «¡Maldito sea Jesús!» Si aquello era una manifestación de un espíritu, es seguro que no lo sería del Espíritu Santo. También el anciano Juan tenía que advertir posteriormente de la necesidad de probar los espíritus. Aquí Pablo establece con toda claridad que nadie puede hablar mal de Jesús y atribuírselo a la influencia del Espíritu Santo.

(*e*) Frente al grito anterior estaba el auténtico testimonio cristiano: «¡Jesús es el Señor!» En tanto en cuanto la Iglesia Primitiva llegó a tener un credo, estaba contenido en esta breve frase (cp. *Filipenses 2:11*, y *Romanos 10:9*). La palabra para *Señor* era *Kyrios*, que era una palabra extraordinaria. Era el título oficial del emperador romano. La exigencia de los perseguidores era: «¡Di «César es el Señor! *(Kyrios)*» Era la palabra que traducía el tetragrámaton hebreo en la traducción griega del Antiguo Testamento. Si uno podía decir: «Jesús es el Señor», quería decir que Le daba a Jesús la suprema lealtad de su vida y la suprema adoración de su corazón.

Hay que fijarse en que Pablo creía que una persona podía decir «Jesús es el Señor» solamente cuando el Espíritu Santo le capacitaba. El señorío de Jesús no era tanto algo que una persona descubría por sí misma, como algo que Dios, en Su gracia, le había revelado.

DIVERSOS DONES DE DIOS

1 Corintios 12:4-11

> *Hay diferencias entre las distintas clases de dones especiales, pero no hay más que un Espíritu. Hay diferencias entre las distintas clases de servicio, pero no hay más que un Señor. Y hay diferencias entre las distintas clases de obras, pero no hay más que un Dios, Que las produce en cada persona. A cada persona se le concede una manifestación del Espíritu que le es propia, aunque todas dirigidas siempre a un fin benéfico. A una persona en particular se le otorga por medio del Espíritu la palabra de sabiduría; a otra, la palabra de conocimiento por medio del mismo Espíritu; todavía a otra, la fe, por el mismo Espíritu; a otra, los dones especiales de sanidades por medio del mismo Espíritu; a otra, la habilidad de realizar obras maravillosas de poder; a otra, profecía; a otra, la habilidad de distinguir entre diferentes clases de espíritus; a otra, distintas clases de lenguas; a otra, el poder para interpretar las lenguas. Uno solo y siempre el mismo es el Espíritu que produce todos esos efectos, repartiéndolos individualmente a cada persona, como al Espíritu Le parece.*

Lo que Pablo se propone en esta sección es hacer hincapié en la unidad esencial de la Iglesia. La Iglesia es el Cuerpo de Cristo; y la característica de un cuerpo sano es que cada uno de sus miembros o sistemas realiza su propia función para bien del conjunto; pero unidad no quiere decir uniformidad; y, por tanto, dentro de la Iglesia hay diversos dones y funciones diferentes, que son, colectiva e individualmente, dones del mismo Espíritu diseñados, no para la gloria del miembro individual, sino para el bien de todo el Cuerpo.

Pablo empieza por decir que todos los dones especiales *(jarísmata)* proceden de Dios, y está convencido de que, por tanto, deben usarse en el servicio de Dios. El fallo de la iglesia, por lo menos en los tiempos modernos, es que ha interpretado la idea de los dones especiales con excesiva estrechez. Demasiado a menudo ha actuado sobre la supuesta base de que los dones especiales que puede usar consisten en cosas como hablar, orar, enseñar, escribir —es decir, más o menos dones intelectuales. Estaría bien que la iglesia se diera cuenta de que los dones de la persona que puede hacer cosas con las manos son tan dones de Dios como los otros. El albañil, el carpintero, el electricista, el pintor, el mecánico, el fontanero, todos tienen dones especiales que proceden de Dios y pueden usarse para Dios.

Es sumamente interesante examinar la lista de dones especiales que da Pablo, porque por ella podemos aprender mucho del carácter y obra de la Iglesia Primitiva.

Empieza con dos cosas que suenan muy parecidas: *la palabra de sabiduría* y *la palabra de conocimiento*. La palabra griega que traducimos por *sabiduría* es *sofía*. Clemente de Alejandría la define como «el conocimiento de cosas humanas y divinas y de sus causas.» Aristóteles la describía como «proponerse los mejores fines usando los mejores medios.» Esta es la clase superior de sabiduría; procede, no tanto de los pensamientos, como de la comunión con Dios. Es la sabiduría que conoce y reconoce a Dios. *Conocimiento* —la palabra griega es *gnôsis*— es una cosa mucho más práctica. Es el saber qué hacer en una situación determinada. Es la aplicación práctica de la *sofía* a la vida y las cuestiones humanas. Las dos cosas son necesarias —*la sabiduría* que conoce las cosas profundas de Dios mediante la comunión con Él, y el *conocimiento* que puede poner esa sabiduría en práctica en la vida cotidiana de la iglesia y del mundo.

Lo siguiente en la lista es *la fe*. Pablo quiere decir más de lo que normalmente entendemos por fe. Esta clase de fe se ha definido como *la fe potente*, y como *el poder que hace realidad lo espiritual*. Es la fe que de veras produce resultados; la que, según la frase que mejor la define, puede de veras mover montañas. No es sencillamente la convicción intelectual de que una cosa es verdad, sino el creer apasionadamente en algo que le hace a una persona invertir en ello todo lo que tiene y es. Es la fe que le acera la voluntad y le infunde valor a una persona para la acción, la que hace realidad la visión.

A continuación Pablo habla de *los dones especiales de sanidades.* La Iglesia Primitiva vivía en un mundo en el que los milagros de sanidades eran corrientes. Cuando un judío se ponía enfermo, era más probable que fuera al rabino que al médico; y lo más probable era que se pusiera bueno. Esculapio era el dios de la sanidad en la mitología griega. A sus templos iba la gente corrientemente a pasar una noche allí para curarse, y a menudo se curaban. Frecuentemente se encuentran en las ruinas de aquellos templos inscripciones conmemorativas de sanidades y exvotos. (La definición de esta última palabra que da el D.R.A.E. es: «Don u ofrenda, como muletas, mortajas, figuras de cera, cabellos, tablillas, cuadros, etc., que los fieles dedican a Dios, a la Virgen o a los santos en señal y recuerdo de un beneficio recibido. Cuélganse en los muros o en la techumbre de los templos. También se dio este nombre a parecidas ofrendas que los gentiles hacían a sus dioses»). Se supone que no se molestarían ni gastarían dinero en hacer un exvoto por nada. En el templo de Epidaurus hay una inscripción que dice que un cierto Alketas, «aunque ciego, tuvo una visión en sueños. Le pareció que el dios se dirigía a él y le abría los ojos con sus dedos, y lo primero que vio fueron los árboles que había en el templo. Al amanecer se fue curado.» En el templo de Roma hay una inscripción que dice: «A Velerius Aper, un soldado ciego, el dios le dio un oráculo para que viniera, tomara la sangre de un gallo blanco mezclada con miel y se la pusiera en los ojos como colirio durante tres días, y recibió la vista y vino a darle las gracias al dios públicamente.» Era un tiempo de milagros de curación.

No hay la más ligera duda de que los dones de sanidad existieron en la Iglesia Primitiva; Pablo no los habría citado si no hubieran sido reales. En la carta de Santiago (5:14) se da la instrucción de que, si una persona está enferma, debe dirigirse a los ancianos de la iglesia para que la unjan con aceite. Es un hecho histórico indudable que, hasta el siglo IX, el sacramento de la unción era para impartir sanidad; a partir de entonces pasó a ser la *extremaunción,* para preparar a morir a los fieles. La Iglesia nunca perdió del todo este don de sanidad; y en tiempos recientes se ha redescubierto en cierta manera. Montaigne, uno los escritores más sabios de todos los tiempos, decía acerca de la educación de un chico: «Me gustaría que entrenara sus miembros no menos que su cerebro. No es una mente ni un cuerpo lo que estamos educando, sino a una persona humana. Y no debemos *dicotomizarla.*» La iglesia ha pasado mucho tiempo *dicotomizando* al ser humano en cuerpo y alma, y asumiendo responsabilidad por el alma pero no por el cuerpo. Es una cosa buena que en nuestro tiempo hemos aprendido una vez más a tratar a la persona como un todo indivisible.

Lo siguiente en la lista de Pablo son *las obras maravillosas de poder.* Es casi seguro que se refiere a *los exorcismos.* En aquellos días muchas enfermedades, a menudo todas, y especialmente las enfermedades mentales se atribuían a la acción de los demonios; y era una de las funciones de la iglesia el exorcizar a esos demonios. Si eran o no reales, la persona así aquejada estaba convencida de que lo eran, y la iglesia podía ayudarla y de hecho la ayudaba. El exorcismo tiene todavía una gran importancia en el campo misionero; y en todos los tiempos es la función de la Iglesia el ministrar a las mentes perturbadas y enfermas.

Pablo pasa a mencionar *la profecía.* Nos daría una idea más clara del sentido de esta palabra el traducirla por *predicación.* Nos hemos pasado asociando la *profecía* con la predicción de lo que va a suceder; pero *la profecía* ha sido siempre *proclamación* más que *predicción.* El profeta es el que vive tan cerca de Dios que conoce Su mente y corazón y voluntad, y puede hacérselos saber a los demás. Precisamente por eso, su función es doble. (*a*) Aporta represión y advertencia, diciéndole a la gente que su manera de vivir no está de acuerdo con la voluntad de Dios. (*b*) Aporta consejo y dirección, buscando la manera de encaminar a la gente como Dios quiere que vaya.

Pablo menciona a continuación *la habilidad de distinguir entre diferentes clases de espíritus.* En una sociedad en la que la atmósfera estaba tensa y había toda clase de manifestaciones extrañas que se consideraban normales, era de capital importancia el distinguir entre lo que era real y lo que no era más que histeria, entre lo que venía de Dios y lo que del diablo. Hasta hoy en día, cuando algo está fuera de nuestra órbita ordinaria, es sumamente difícil decir si es de Dios o no. El único principio que debemos poner en práctica es entender antes de condenar.

Por último, Pablo lista *el don de lenguas* y *la habilidad de interpretarlas.* Esta cuestión de *las lenguas* causaba mucha confusión en la iglesia corintia. Era frecuente que, en el culto, alguien se pusiera en éxtasis y lanzara un torrente de sonidos ininteligibles en una lengua desconocida. Este era un don extremadamente codiciado, porque se consideraba que era debido a la influencia directa del Espíritu de Dios. Para la congregación era algo ininteligible. A veces la misma persona era capaz de interpretar lo que había dicho, pero por lo general se requería que otro tuviera el don para interpretarlo. Pablo no pone nunca en duda la autenticidad del don de lenguas; pero se daba perfecta cuenta de que tenía sus riesgos; porque el éxtasis y una cierta clase de autohipnotismo son muchas veces difíciles de distinguir.

El cuadro que se nos presenta es el de una iglesia realmente viva. Sucedían cosas; hasta cosas alucinantes. La vida era elevada e intensificada. No había nada de aburrimiento ni de rutinario en la Iglesia Primitiva. Pablo sabía que toda esa actividad viva y poderosa era la obra del Espíritu, Que daba a cada cual su don para que lo usara para bien de todos.

EL CUERPO DE CRISTO

1 Corintios 12:12-31

De la misma manera que el cuerpo es una unidad aunque tenga muchos miembros, y que todos los miembros del cuerpo, aunque sean muchos, no forman más que un solo cuerpo, así sucede también con Cristo. Porque por un solo Espíritu hemos sido bautizados todos de forma que hemos llegado a formar un solo cuerpo, ya seamos judíos o griegos, esclavos o libres, y a todos nos ha inundado el mismo único Espíritu.

Porque el cuerpo no está formado por un solo miembro, sino por muchos. Si el pie hubiera de decir: «Como no soy mano, no pertenezco al cuerpo.» ¿Es que por eso no sería parte del cuerpo? Y si el oído hubiera de decir: «Como no soy ojo, no formo parte del cuerpo.» ¿Por eso no sería parte del cuerpo? Si todo el cuerpo fuera ojo, ¿por dónde se podría oír? Y si todo el cuerpo fuera el sentido del oír, ¿dónde estaría el sentido del olfato? Pero tal como son las cosas, Dios ha colocado los miembros, individuales como son, como Le ha parecido bien. Si la totalidad no fuera más que un miembro, ¿dónde estaría el cuerpo? Pero, tal como es, hay muchos miembros, pero no hay nada más que un cuerpo. El ojo no le puede decir a la mano: «No te necesito para nada.» Ni tampoco le puede decir la cabeza a los pies: «No me hacéis ninguna falta.» Al contrario: aquellas partes del cuerpo que parecen más débiles, son las más esenciales; y a aquellas partes del cuerpo que parecen ser menos respetables les adscribimos un honor muy especial; y a las partes menos decorosas las tratamos con más decoro; porque las partes más dignas no necesitan una consideración especial. Dios ha compuesto el cuerpo dándole un honor especial a las partes que parecían carecer de él, para que no haya divisiones en el cuerpo, sino que los

> *miembros tengan el mismo cuidado todos para con todos.*
> *De esa manera, si un miembro sufre, todos los miembros*
> *se conduelen; y si un miembro recibe honores, todos los*
> *miembros se congratulan.*
>
> *Todos vosotros sois el Cuerpo de Cristo, y cada uno*
> *de vosotros en particular es un miembro de Él. De acuer-*
> *do con eso, Dios nombró apóstoles a algunos en primer*
> *lugar; en segundo lugar, a otros, profetas; en tercer*
> *lugar, a otros, maestros; y luego, el poder de obrar*
> *maravillas; y luego, dones especiales de sanidades; la*
> *habilidad de ayudar; la capacidad para administrar; las*
> *distintas clases de lenguas. ¿Verdad que no son todos*
> *apóstoles? ¿Verdad que no son todos profetas? ¿Verdad*
> *que no son todos maestros? ¿Verdad que no todos tienen*
> *el poder de obrar maravillas? ¿Verdad que no todos*
> *poseen dones de sanidades? ¿Verdad que no todos ha-*
> *blan en lenguas? ¿Verdad que no todos saben inter-*
> *pretar? ¡Anhelad los dones que son aún mayores! Os*
> *indicaré un camino que es todavía más excelente.*

Aquí tenemos una de las más famosas alegorías de la unidad de la Iglesia que se hayan escrito nunca. Siempre ha sido fascinante el considerar la forma en que cooperan las diferentes partes del cuerpo. Hace mucho, Platón había trazado una famosa semblanza del cuerpo, presentando la cabeza como una ciudadela; el cuello era el istmo entre la cabeza y el cuerpo; el corazón era la fuente del cuerpo; los poros eran los senderos; las arterias y las venas, los canales. De la misma manera, Pablo traza aquí el esquema de la Iglesia como un cuerpo. Un cuerpo consta de muchas partes, pero tiene una unidad esencial. Platón había indicado que no decimos: «Mi dedo tiene un dolor,» sino «*Yo* tengo dolor.» Hay una personalidad que da unidad a las muchas diversas partes del cuerpo. Lo que el *yo* es al cuerpo, lo es Cristo a la Iglesia. Es en Él donde todos los diversos miembros encuentran su unidad.

Pablo pasa a considerarlo de otra manera. «Vosotros —dice— sois el Cuerpo de Cristo.» Aquí hay una idea impresionante.

Cristo ya no está en este mundo en cuerpo; por tanto, si quiere que se haga algo en el mundo tiene que encontrar a una persona que lo haga. Si quiere que enseñen a un niño, tiene que buscarse un maestro; si quiere que curen a un enfermo, tiene que buscarse un médico o un cirujano que haga su trabajo; si quiere que se cuente Su historia, tiene que buscarse a alguien que la cuente. Literalmente, tenemos que ser el Cuerpo de Cristo: unas manos que hagan Su trabajo, unos pies que vayan a Sus recados, una voz que hable por Él.

> *Él no tiene más manos que las nuestras*
> *para hacer hoy Su obra;*
> *Él no tiene más pies que nos nuestros*
> *para mostrar Su camino;*
> *Él no tiene más voz que la nuestra*
> *para contar cómo murió;*
> *necesita que Le ayudemos*
> *llevando a otros hasta Él.*

Aquí radica la suprema gloria del cristiano: ser parte del Cuerpo de Cristo en el mundo.

Así que Pablo traza una alegoría de la unidad que debe existir dentro de la Iglesia si ha de cumplir su misión. Un cuerpo es sano y eficiente sólo cuando cada una de sus partes funciona como es debido. Las partes del cuerpo no tienen celos unas de otras, ni codician las funciones de las otras. De la descripción de Pablo deducimos ciertas cosas que deberían existir en la Iglesia, el Cuerpo de Cristo.

(i) Deberíamos darnos cuenta de que *nos necesitamos unos a otros*. No puede haber tal cosa como aislamiento en la Iglesia. Demasiado a menudo, los miembros de una iglesia están tan inmersos en la porción de la obra de la que se ocupan y tan convencidos de que es de suprema importancia que olvidan y hasta critican a otros que hacen otra labor. Si la Iglesia va a ser un Cuerpo sano, se necesita lo que pueda hacer cada cual.

(ii) Deberíamos *respetarnos unos a otros.* En el cuerpo no hay tal cosa como una importancia relativa. Si un miembro u órgano deja de funcionar, todo el cuerpo se descabala. Eso sucede también en la Iglesia. «Todos los trabajos cuentan igual para Dios.» Siempre que nos ponemos a pensar en nuestra propia importancia en la iglesia, desaparece la posibilidad de una labor verdaderamente cristiana.

(iii) Deberíamos *sentir solidaridad unos con otros.* Si una parte del cuerpo es afectada, todas las otras sufren y tratan de ayudarla. La Iglesia es una unidad. La persona que no puede ver más allá de su propia organización, o congregación, o — todavía peor— su propio círculo familiar, no ha empezado siquiera a comprender la unidad real de la Iglesia.

Al final del pasaje, Pablo habla de varias formas de servicio en la Iglesia. Algunas ya las había mencionado, y otras aparecen aquí por primera vez.

(i) A la cabeza de la lista coloca a *los apóstoles.* Eran, incuestionablemente, las grandes figuras de la Iglesia. Su autoridad no estaba confinada a un solo lugar; no tenían un ministerio localizado, sino que se extendía por toda la Iglesia. ¿Por qué tenía que ser así? La cualificación esencial de un apóstol era haber estado con Jesús durante Su ministerio público y ser testigo de Su Resurrección *(Hechos 1:22).* Los apóstoles eran los que habían estado en íntimo contacto con Jesús en los días de Su carne y en los de Su poder resucitado. Jesús no escribió nunca nada en papel, que sepamos; escribió Su mensaje en unas personas, que eran los apóstoles. No hay ceremonia humana que pueda conferirle a una persona una autoridad real; eso debe venir siempre del hecho de haber estado en compañía con Jesús. Una vez alguien le dijo a Alexander White después de un culto: «Doctor White, usted ha predicado hoy como si viniera directamente de la Presencia.» «Tal vez era así» —le contestó White con naturalidad. El que viene de la presencia de Cristo tiene autoridad apostólica independientemente de su filiación eclesiástica.

(ii) Ya hemos hablado de los profetas; pero ahora Pablo

añade *los maestros*. Es imposible exagerar su importancia. Estos eran los que tenían que edificar a los convertidos por la predicación de los evangelistas y los apóstoles. Tenían que instruir a hombres y mujeres que no sabían literalmente nada del Evangelio. Su tremenda importancia consistía en lo siguiente: Marcos, el primer evangelio, no se escribió hasta alrededor del año 60 d.C.; es decir, unos treinta años después de la Crucifixión de Jesús. Tenemos que retrotraernos a un tiempo en el que no existía la imprenta, y los escasos libros que existían se tenían que copiar a mano, lo que los hacía inasequibles por su precio para la mayoría de la gente. En consecuencia, la historia de Jesús se tenía que transmitir oralmente al principio, y esa era la labor de los maestros. Y debemos recordar que un alumno aprende más de un buen maestro que de ningún libro. Ahora tenemos libros en abundancia; pero sigue siendo verdad lo que decía Adolfo Araujo: «Esto último explicará la ventaja natural que hallan cuantos han sido preparados para un examen del hecho de Cristo por la recomendación ferviente, sentida, tierna, reverente, de una persona respetada y amada: una madre, un maestro, un amigo. Cristo quería testigos suyos en todas partes, y éste es testimonio de primera calidad. Nadie puede comunicar a otro su propia convicción personal, su fe y el fervor de su corazón, pero sí puede disponerle a hacer por sí mismo el hallazgo que transformará su vida» *(Cristianidad, pág. 23s)*.

(iii) Pablo habla de *los que tienen la habilidad de ayudar*. Eran personas que se encargaban de socorrer a los pobres, los huérfanos, las viudas, los forasteros y los marginados. Desde su mismo principio, el Cristianismo era algo eminentemente práctico. Uno puede que no tenga facilidad de palabra ni el don de predicador; pero está dispuesto a ayudar al que sea.

(iv) Pablo habla de los que la Reina-Valera llama «los que administran» *(kybernesis)*. La palabra griega es muy interesante: se refiere literalmente al trabajo de un piloto que dirige la nave al puerto entre las rocas y los bajíos. De esta palabra griega procede la española *gobierno*. Pablo se refiere a los que llevan la administración de la iglesia. Es una labor tremendamente esencial. El predicador y el maestro ocupan el centro de la escena; pero no podrían hacer su trabajo en absoluto si no fuera porque, entre bastidores, están los que arriman el hombro a la diaria labor rutinaria de la administración. Hay partes del cuerpo que no están nunca a la vista, pero cuya función es más importante que ninguna otra; están los que sirven a la iglesia de una manera que no adquiere publicidad, pero sin cuyo servicio la iglesia no marcharía.

Pero al final, Pablo va a pasar a hablar de un don que es mayor que todos los demás. El peligro está siempre en que los que tienen diferentes dones estén en desacuerdo entre sí, lo que imposibilitaría el eficaz funcionamiento del cuerpo. El amor es la única cosa que puede armonizar la Iglesia en una unidad perfecta; así es que Pablo pasa a cantar su himno al amor.

EL HIMNO AL AMOR

1 Corintios 13

Si hablo con lenguas de seres humanos o angélicos, pero me falta el amor, todo lo que digo no suena más que a bombo y platillos. Si tengo el don de profecía y puedo entender todos los arcanos y todo lo que haya por saber, y si tengo la fe necesaria para mover montañas, pero me falta el amor, menos que nada soy. Y si hago donación de todo lo que tengo, y hasta entrego mi cuerpo a las llamas, pero me falta el amor, no me sirve de nada.

El amor es paciente; el amor es amable; el amor no sabe de envidia; el amor no es fanfarrón; no se pavonea de su propia importancia; jamás pierde la gracia en el camino; no reclama sus derechos; no se inflama de ira; no almacena recuerdos de ofensas recibidas; no se complace en la injusticia; se regocija con la verdad; todo lo puede aguantar; confía ilimitadamente; nunca deja de esperar; lo soporta todo con entereza triunfante.

El amor no falla nunca. Las profecías que haya, se desvanecerán. Las lenguas en uso, enmudecerán. El conocimiento que se tenga, quedará desfasado. Es sólo una parte de la verdad lo que conocemos ahora, y sólo una parte de la verdad lo que podemos proclamar a los demás. Pero, cuando amanezca lo que es completo, lo incompleto se desvanecerá.

Cuando yo no era más que un niño, hablaba como un niño, pensaba como un niño, razonaba como un niño. Cuando ya me hice hombre acabé con todo lo de niño.

Ahora no vemos más que reflejos en un espejo que no nos dejan más que enigmas por resolver; pero llegará el momento en que veamos cara a cara. Ahora conozco sólo en parte, pero entonces conoceré como Dios me conoce a mí.

Lo único estable ahora son la fe, la esperanza y el amor; y el mayor de los tres es el amor.

Para muchos, este es el capítulo más maravilloso de todo el Nuevo Testamento, así es que haremos bien en tomarnos más de un día para estudiar las palabras cuyo pleno significado no bastaría toda una vida para desentrañar.

Pablo empieza por declarar que una persona puede que posea cualquier don espiritual; pero, si no va acompañado del amor, es inútil.

(i) Puede que tenga el don de *lenguas*. Una característica de los cultos paganos, especialmente los de Dionisos y Cibeles, era el estrépito de platillos y relincho de trompetas. Hasta el codiciado don de lenguas no era mejor que la barahúnda del culto pagano si estaba ausente el amor.

(ii) Puede que tenga el don de *profecía*. Ya hemos visto que profecía se identifica con predicación. Hay dos clases de predicadores. (*a*) El predicador que sólo se propone salvar las almas de sus oyentes y que las arrulla con acentos de amor. No hay mejor ejemplo que el del mismo Pablo. Myers, en su poema *San Pablo*, nos le retrata mirando a un mundo sin Cristo:

«Como un escalofrío de anhelo insoportable,
que me recorre todo cual toque de trompeta,
¡Oh, para que se salven entregar viva y alma,
ofreciéndolo todo en sacrificio a Dios!»

(*b*) Por otra parte, tenemos al predicador que suspende a sus oyentes sobre las llamas del infierno, y da la impresión de que disfrutaría de su condenación tanto como de su salvación. Se dice que Sir George Adam Smith le preguntó una vez a un miembro de la iglesia griega, que ha sufrido mucho a manos del Islam, por qué Dios había creado tantos musulmanes; y recibió la respuesta: «Para llenar el infierno.» La predicación que no es más que amenazas, sin nada de amor, puede que aterre, pero no salva.

(iii) Puede que tenga el don del *conocimiento intelectual*. El peligro constante de la eminencia intelectual es la cursilería intelectual. El letrado corre el grave peligro de desarrollar un espíritu de desprecio. Sólo un conocimiento cuyo frío aislacionismo ha sido caldeado a la lumbre del amor puede salvar de veras a las personas.

(iv) Puede que tenga *una fe* apasionada. Hay casos en los que la fe puede ser cruel. Había un hombre que fue al médico, y este le informó de que tenía el corazón fatigado y necesitaba descansar. El hombre telefoneó a su jefe, que era un conocido cristiano, para darle la noticia, y recibió por única respuesta: «Yo tengo una energía interior que me permite seguir adelante.» Eran las palabras de un creyente; pero de uno que no conocía el amor, y por tanto resultaban hirientes.

(v) Puede que practique lo que alguien llamaba «el deporte de la beneficencia». Puede repartir todos sus bienes entre los pobres. No hay nada más humillante que esta supuesta «caridad» sin amor. El dar como un penoso deber, el dar despectivamente, el colocarse sobre la propia pequeña eminencia y echar migajas de «caridad» por «caridad» como a un perro, el dar acompañándolo con un cursi sermón moral o con una demoledora reprimenda no es caridad de ninguna clase. Es orgullo, y el orgullo es siempre cruel porque no conoce el amor de ninguna manera. Hay una diferencia abismal entre la clase de «caridad» que se nos describe al principio de la novela de Galdós y la *Misericordia* que encarna su protagonista femenina Benina.

(vi) Se puede entregar el cuerpo a las llamas. Posiblemente Pablo estaba pensando en Sadrac, Mesac y Abednego en el horno de fuego *(Daniel 3)*. Pero, más probablemente, estaba pensando en el famoso monumento de Atenas llamado «La tumba del indio.» Allí, un indio se había quemado vivo en público en una pira funeraria, y había hecho que grabaran en su monumento la orgullosa inscripción: «Zarmano-chegas, indio de Bargosa, según la costumbre tradicional de los indios, se inmortalizó y yace aquí.» O puede estar pensando en los supuestos cristianos de siempre que desafían a la persecución. Si el motivo que hace que una persona dé la vida por Cristo es el orgullo y el exibicionismo, entonces hasta el martirio resulta absurdo y sin el menor valor. No es cinismo el recordar que muchas acciones que parecen sacrificiales han sido el producto del orgullo y no de la devoción.

Difícilmente se encontrará otro pasaje que demande el autoexamen de una persona buena tanto como este.

LA NATURALEZA DEL AMOR CRISTIANO

1 Corintios 13:4-7

En estos versículos Pablo lista quince características del amor cristiano.

El amor es paciente. La palabra griega que se usa en el Nuevo Testamento *(makrothymeîn)* siempre describe la paciencia *con las personas*, y no con las circunstancias. Crisóstomo decía que es la palabra que se usa de la persona que es ofendida, y que puede vengarse fácilmente, pero no lo hace. Describe a la persona que es lenta para la ira, y en este sentido se usa de Dios mismo en Su relación con los seres humanos. En nuestra relación con los demás, por muy refractarios e inamables e insultantes que sean, debemos ejercer la misma paciencia que Dios tiene con nosotros. Tal paciencia no es una señal de debilidad, sino de fuerza; no es derrotismo, sino el único camino a la victoria. Fosdick indica que nadie trató a Lincoln con más desprecio que Stanton. Le llamaba «El astuto payaso», y le puso el mote de «El gorila original» y decía que Du Chaillu era un tonto de irse al África a tratar de capturar un gorila cuando podía encontrarlo tan fácilmente en Springfield, Illinois. Lincoln no contestaba. Hizo a Stanton ministro de la guerra porque era el mejor para ese puesto y desplegó con él toda clase de cortesía. Los años transcurrieron. Llegó la noche en la que la bala del asesino acabó con la vida de Lincoln en el teatro. En la pequeña habitación a la que llevaron el cuerpo del presidente estaba el mismo Stanton, y, contemplando el rostro mudo de Lincoln, dijo entre lágrimas: «Aquí yace el más grande regidor de hombres que ha conocido el mundo.» La paciencia del amor había obtenido la victoria al final.

El amor es amable. Orígenes decía que esto quiere decir que el amor es «dulce con todos.» Jerónimo hablaba de lo que él llamaba «la benignidad» del amor. Hay mucho cristianismo que es bueno pero inamable. No había hombre más religioso que el rey Felipe II de España, pero impuso la Inquisición y pensaba que estaba sirviendo a Dios matando a los que pensaban de otra manera que él. El famoso cardenal inglés Reginald Pole proclamó que el asesinato y el adulterio no se podían comparar en hediondez con la herejía protestante. Aparte totalmente de ese espíritu perseguidor, hay en muchas buenas personas una actitud crítica. Muchos de los buenos miembros de iglesia se habrían puesto de parte de los escribas y fariseos y no con Jesús si hubieran formado parte de un jurado para decidir sobre la mujer sorprendida en adulterio.

El amor no sabe de envidia. Se ha dicho que no hay más que dos clases de personas en el mundo: «Los que son millonarios, y los que querrían serlo.» Hay dos clases de envidia: la que codicia lo que tienen otros, que es muy difícil de erradicar a fuer de humana; y otra peor, que se reconcome de que otros tengan lo que la persona envidiosa no tiene. No es tanto el querer las cosas para sí como el querer que ningún otro las tenga. La mezquindad de espíritu no puede caer más bajo.

El amor no es fanfarrón. El amor, antes se quita los moños que se los pone. El amor verdadero siempre se da más cuenta de sus deméritos que de sus méritos. En la historia de Barrie, Sentimental Tommy solía llegar a su madre en casa después de algún éxito en el cole diciendo: «Mamá, ¿verdad que soy estupendo?» Algunas personas otorgan su amor como si estuvieran haciendo un favor. Pero el verdadero amor no acaba nunca de sorprenderse de ser amado. El amor se mantiene humilde porque se da cuenta de que nunca puede ofrecer a la persona amada nada que sea bastante bueno.

El amor no se pavonea de su propia importancia. Napoleón siempre abogaba por la santidad del hogar y la obligación de cumplir con la iglesia —para los demás. De sí mismo decía: «Yo no soy un hombre como los demás. Las leyes morales no se me pueden aplicar.» La persona realmente grande nunca tiene presente su propia importancia. Carey, que empezó su vida como zapatero, llegó a ser uno de los mayores misioneros y uno de los mayores lingüistas que ha habido en el mundo. Tradujo por lo menos partes de la Biblia a no menos de treinta y cuatro lenguas de la India. Cuando llegó a la India, se le miraba con desagrado y desprecio. En una comida, un esnob dijo para humillarle en un tono que todos pudieran oír: «Entiendo, mister Carey, que usted trabajaba antes de fabricante de calzado.» «No era fabricante —respondió Carey—; sólo zapatero remendón.» No pretendía haber hecho zapatos; solamente remendarlos. A nadie le gustan las personas «importantes». El tipejo «revestido de una breve y pequeña autoridad» es de pena.

El amor jamás pierde la gracia en el camino. Es un hecho significativo que en griego la misma palabra quiere decir *favor inmerecido* y *encanto*, como en español. Hay un cierto tipo de cristianismo que se complace en ser hosco y casi brutal. Tiene fuerza, pero no atractivo. Lightfoot de Durham decía de Arthur F. Sim, uno de sus estudiantes: «Dejadle que se vaya adonde quiera, porque su cara es ya un sermón en sí.» Hay una gracia en el amor cristiano que nunca se olvida de que la cortesía, el tacto y los buenos modales son hermosos.

El amor no reclama sus derechos. En último análisis, no hay más que dos clases de personas en el mundo: los que no hacen más que insistir en sus privilegios, y los que siempre tienen presentes sus responsabilidades; los que siempre están pensando en lo que les debe la vida, y los que nunca se olvidan de lo que le deben a la vida. Sería la clave de la solución de casi todos los problemas que se nos presentan hoy el que todos pensáramos menos en nuestros derechos y más en nuestros deberes. Siempre que nos ponemos a pensar en «nuestro puesto», nos vamos alejando más y más del amor cristiano.

El amor no se inflama de ira. El sentido verdadero de esta frase es que el amor cristiano no se pone furioso nunca con la gente. La irritación es siempre una señal de derrota. Cuando perdemos los estribos, lo perdemos todo. Kipling decía que la prueba de un hombre era si podía mantener la cabeza cuando todos los demás la perdían y le echaban a él la culpa, y el no ceder al odio cuando se es objeto de odio. El que está en control de su genio puede estar en control de cualquier cosa.

El amor no almacena recuerdos de ofensas recibidas. La palabra que traducimos por *almacenar (loguízesthai)* es un término de contabilidad. Se usa para archivar algo para que no se olvide. Eso es precisamente lo que hacen muchos. Una de las grandes artes de la vida es aprender a olvidar lo que es mejor olvidar. Un escritor nos cuenta que «en Polinesia, donde los nativos pasan casi todo el tiempo de pelea o de fiesta, es costumbre el guardar algún recuerdo del odio. Se cuelgan artículos de los tejados de las cabañas para mantener viva la memoria de las ofensas recibidas, reales o imaginarias.» Eso es lo que hace mucha gente: abrigan rencores para mantenerlos calientes; rumian las ofensas hasta que se les hace imposible tragárselas. El amor cristiano ha aprendido la gran lección del olvido.

El amor no se complace en obrar mal. Sería mejor traducir que el amor no encuentra placer en nada que esté mal. No es tanto el deleitarse en hacer una mala obra lo que se quiere decir, sino el placer malicioso que nos produce a casi todos el enterarnos de algo negativo acerca de algún otro. Es uno de los raros rasgos de la naturaleza humana el que muy a menudo preferimos saber de las desgracias de los demás más que de su buena suerte. Es más fácil llorar con los que lloran que alegrarse con los que están alegres. El amor cristiano no tiene nada de la malicia humana que se complace en las malas noticias.

El amor se regocija con la verdad. Eso no es tan fácil como parece. Hay veces que no queremos que prevalezca la verdad; y aún más veces cuando es lo último que queremos oír. El amor cristiano no desea tapar la verdad; no tiene nada que ocultar, así es que se alegra cuando la verdad triunfa.

El amor lo puede aguantar todo. Es posible que esto quiera decir que «el amor lo puede tapar todo,» en el sentido de que no saca nunca a la luz del día los trapos sucios. Estaría mucho mejor dedicarse a remendar y a remediar las cosas defectuosas que a desplegarlas y criticarlas. Recordemos también que «cubrir» el pecado es una expresión bíblica típica que quiere decir perdonarlo (cp. *Salmo 32:1*). Pero lo más probable es que quiera decir que el amor puede soportar cualquier insulto, o injuria, o desilusión. Describe la clase de amor que había en el corazón de mismo Jesús.

> *Tus enemigos Te odiaban, despreciaban e insultaban;*
> *Tus amigos Te dejaron, cobardes y desleales.*
> *Pero Tú no te cansabas de olvidarlo y perdonarlos;*
> *Tu corazón no sabía más que amar y perdonar.*

El amor confía ilimitadamente. Esta característica tiene un doble aspecto. (i) *En relación con Dios* quiere decir que el amor

Le toma la Palabra a Dios, y puede tomar cualquier promesa que empieza por «Quienquiera que» y decir: «¡Eso va por mí!» (ii) *En relación con nuestros semejantes* quiere decir que el amor siempre cree lo mejor acerca de los demás. A menudo es verdad que hacemos a la gente lo que creemos que son. Si damos muestras de no fiarnos de nadie, puede que los hagamos infidentes. Si les hacemos ver a las personas que nos fiamos de ellas a tope, puede que las hagamos fiables. Cuando pusieron a Arnold de director de Rugby, instituyó una manera completamente nueva de hacer las cosas. Antes, aquella escuela había sido un terror y una tiranía. Arnold reunió a los chicos y les dijo que iba a haber mucha más libertad y muchas menos palizas. «Sois libres —les dijo—, pero sois responsables: sois caballeros. Me propongo dejaros a vuestro aire, dependiendo de vuestro honor; porque yo creo que si se os vigila y observa y espía, creceréis no conociendo más que los frutos del temor servil; y, cuando se os otorgue la libertad, como debe suceder algún día, no sabríais qué hacer con ella.» A los chicos les resultaba difícil creer aquello. Cuando los llevaban a su presencia, seguían presentando las mismas excusas y repitiendo las viejas mentiras. «Chicos —les decía— , si vosotros lo decís, tiene que ser verdad. Creo en vuestra palabra.» El resultado fue que llegó el tiempo en Rugby cuando los chicos decían: «Es una vergüenza decirle una mentira a Arnold. ¡Siempre le cree a uno!» Creía en ellos y los hizo ser lo que él creía que eran. El amor puede ennoblecer hasta al más innoble creyéndole capaz de lo mejor que puede llegar a ser.

El amor nunca deja de esperar. Jesús creía que ninguna persona es un caso desesperado. Adam Clark fue uno de los grandes teólogos, pero había sido un estudiante más bien torpe. Un día, llegó un visitante distinguido a su escuela, y el profesor le señaló y dijo: «Ese es el chico más estúpido de la escuela.» Antes de marcharse, el visitante se dirigió al chico y le dijo amablemente: «No te importe, chico: tú puedes llegar a ser un gran intelectual algún día. No te desanimes, sino trata de hacerlo todo lo mejor posible. Sigue intentándolo.» El profesor había perdido la esperanza, pero para el visitante todavía había esperanza. Y, ¿quién sabe? Puede que fuera aquella palabra de esperanza lo que hizo que Adam Clark llegara a ser el que fue.

El amor lo soporta todo con entereza triunfante. El verbo que se usa aquí *(hypoménein)* es una de las grandes palabras griegas. Se suele traducir por *soportar* o *aguantar;* pero lo que realmente describe no es el espíritu que puede sufrir adversidades pasivamente, sino el espíritu que, al soportarlas, las conquista y transforma. Se ha definido como «una constancia viril bajo la prueba.» George Matheson, que perdió la vista y sufrió una desilusión amorosa, escribió en una de sus oraciones que quería aceptar la voluntad de Dios, «no con muda resignación, sino con santo gozo; no sólo sin murmurar, sino con un himno de alabanza.» El amor puede soportar cosas, no meramente con resignación pasiva, sino con entereza triunfante; porque sabe que «la mano de un padre no causará nunca a su hijo una lágrima inútil.»

Una cosa falta por decir: cuando pensamos en las cualidades de este amor tal como nos las retrata Pablo, descubrimos que se hicieron realidad en la vida del mismo Jesús.

LA EXCELENCIA DEL AMOR

1 Corintios 13:8-13

En los versículos 8-13, Pablo incluye tres cosas finales que quiere decir acerca del amor cristiano.

(i) Insiste en su *absoluta estabilidad.* Cuando pasan todas las cosas en que los humanos ponemos nuestra gloria, el amor permanece. En uno de los versículos más maravillosamente líricos de la Escritura, *El Cantar de los Cantares* (8:7) dice: «Las muchas aguas no pueden apagar el amor, ni las riadas anegarlo.» El amor es la única cosa inconquistable. Esa es una de las razones para creer en la inmortalidad. Cuando se entra en el amor, la vida se enriquece con una relación contra la cual son impotentes los asaltos del tiempo y que trasciende la muerte.

(ii) Insiste en su *absoluta plenitud*. Como son las cosas, no vemos más que como reflejos en un espejo. Eso resultaría aún más claro para los corintios que para nosotros. Corinto era famoso por sus fábricas de espejos. Pero el espejo moderno tal como lo conocemos, con su perfecta reflexión, no surgió hasta el siglo XIII. El espejo corintio se hacía de metal bien pulimentado y, en el mejor de los casos, no pasaba de una reflexión imperfecta. Se ha sugerido que lo que quiere decir esta frase es que vemos como a través de una ventana hecha de cuerno. En aquellos días, de eso se hacían las ventanas, de forma que lo único que se podía ver a través de ellas eran siluetas imprecisas y sombrías. De hecho, los rabinos tenían el dicho de que era así como Moisés veía a Dios.

En esta vida, Pablo advierte que no vemos más que reflejos de Dios que nos dejan sumidos en misterios y enigmas. Vemos ese reflejo de Dios en la creación, porque lo que han hecho las manos de alguien nos revela algo del artífice; lo vemos en el Evangelio, y lo vemos en Jesucristo. Aunque en Cristo tenemos la perfecta revelación, nuestras mentes inquisitivas sólo la pueden captar en parte, porque lo finito no puede abarcar lo infinito. Nuestro conocimiento es todavía como el de un niño; pero el camino del amor nos conducirá al fin a un día en que el velo se descorrerá, y veremos cara a cara y conoceremos como Dios nos conoce. No podremos alcanzar ese día sin el amor, porque Dios es amor y sólo el que ama Le podrá ver.

(iii) Insiste en su *absoluta supremacía*. Con ser grandes la fe y la esperanza, el amor es mayor. La fe sin amor es fría, y la esperanza sin amor es sombría. El amor es el fuego que enciende la fe, y es la luz que convierte la esperanza en certeza.

EL FALSO CULTO Y EL VERDADERO

1 Corintios 14:1-19

Haced de este amor el objetivo de vuestra vida. Anhelad los dones espirituales, especialmente el de comunicar a otros la verdad. Porque, el que habla en una lengua, no está hablando a los hombres, sino a Dios; porque nadie más le puede entender, aunque por el Espíritu hable cosas que sólo los iniciados puedan comprender. Sin embargo, el que proclama la verdad a sus semejantes dice cosas que los edifican, los animan y los confortan. El que habla en una lengua edifica su propia vida espiritual; pero el que proclama la verdad edifica la vida espiritual de la iglesia.

Me gustaría que todos hablarais en lenguas, pero todavía más el que pudierais proclamar la verdad. El que proclama la verdad es más que el que habla en lenguas, a menos que se interpreten las lenguas para que la iglesia pueda recibir edificación espiritual.

Porque fijaos, hermanos: si llego a vosotros hablando en lenguas, ¿qué bien os haría? Ninguno, a menos que os comunique algún mensaje especial que haya recibido directamente de Dios, o algún conocimiento espiritual, o proclamándoos la verdad, o enseñándoos algo.

Hay instrumentos que, aunque no tienen vida, sí tienen voz, como la flauta o el arpa. Pero, si no guardan los debidos intervalos entre las notas, ¿cómo se va a reconocer la melodía que se toca con la flauta o con el arpa? Si la trompeta hiciera un ruido sin sentido, ¿quién se iba a preparar para la batalla? Así que también vosotros, si dais en una lengua un discurso cuyo significado no puede captar nadie, ¿cómo se podrá entender lo que se dice? ¡Es como si estuvierais hablando al aire!

Hay tantos idiomas en el mundo que son realmente innumerables, y nada carece de un idioma que le es propio. Pero, si no entiendo lo que uno está tratando de decirme en su idioma, soy como un extranjero para el que habla por lo que a mí respecta.

Así que, si tenéis interés en los dones espirituales, concentraos en cultivar aquellos que son útiles para la edificación de la iglesia.

Por tanto, el que hable en una lengua, que pida a Dios que le conceda el poder interpretar lo que dice; porque, si oro en una lengua, mi espíritu ora, pero mi mente no saca ni el más mínimo provecho.

Entonces, ¿qué conclusión se saca de todo esto? Oraré con el espíritu, pero también con la inteligencia; cantaré con el espíritu, pero también con la inteligencia. Porque, si estás alabando a Dios sólo en el espíritu, ¿cómo va a decir el «amén» de costumbre a tu acción de gracias el que ocupa el lugar de un mero miembro de la iglesia, si no se ha enterado de nada de lo que has dicho? Está bien que alabes a Dios; pero los demás no reciben ninguna edificación.

Gracias a Dios puedo hablar en lenguas más que ninguno de vosotros; pero en las reuniones de la iglesia prefiero decir cinco palabras inteligibles, para así enseñar a otros también, más bien que diez mil palabras en una lengua que nadie entiende.

Esta capítulo es muy difícil de entender porque trata de una experiencia que está fuera de la experiencia de muchos de nosotros. Pablo compara dos series de dones espirituales.

En primer lugar, el *hablar en lenguas*. Este fenómeno era muy corriente en la Iglesia Primitiva. Una persona entraba en éxtasis, y en ese estado fluía de su boca un torrente de sonidos que no correspondían a ninguna lengua conocida. A menos que se interpretaran, nadie tenía idea de lo que pudieran significar. Aunque nos parezca extraño a muchos de nosotros, en la Iglesia

Primitiva era un don muy apreciado. Pero tenía sus peligros. Por una parte, era algo anormal y se admiraba mucho, lo que hacía que la persona que lo poseía corriera el riesgo de caer en un cierto orgullo espiritual; y por otra parte, el mismo deseo de poseerlo producía, por lo menos en algunos, una especie de autohipnotismo que inducía a un hablar en lenguas totalmente falso.

Paralelamente al don de lenguas, Pablo sitúa el *don de profecía.* En la traducción no hemos usado la palabra *profecía,* porque podría haber complicado aún más una situación ya bastante complicada de por sí. En este caso, y corrientemente de hecho, no tiene nada que ver con el sentido que se le da vulgarmente a esta palabra, que es el de predecir el futuro, sino con el de proclamar la voluntad y el mensaje de Dios. Ya hemos dicho que la *predicación* reflejaría el sentido original bastante bien, aunque también aquí tendríamos que tener cuidado con las acepciones vulgares. Aquí hemos conservado y traducido la idea original de *proclamar un mensaje.*

En toda esta sección, Pablo trata de los peligros y las deficiencias del don de hablar en lenguas impropiamente usado, y de la superioridad del don de proclamar la verdad de manera que todos la puedan comprender.

Podemos seguir mejor la línea de pensamiento de Pablo analizando el pasaje por partes.

Empieza por afirmar que las lenguas se dirigen a Dios y no a las personas, que no las pueden entender. El que practica este don de lenguas puede que esté enriqueciendo su propia experiencia espiritual, pero no reporta ningún beneficio a las almas de los demás miembros, porque a estos les resulta ininteligible; y, por otra parte, el don de proclamar la verdad produce algo que todos pueden entender, y que es de provecho para todas las almas.

Pablo pasa a usar ciertas ilustraciones y analogías. Supongamos que les va a ministrar; pero, si no hace más que hablarles en lenguas, ¿para qué sirve eso? No tendrían ni idea de lo que les estaba diciendo. Tomemos el caso de un instrumento músico. Si se obedecen las leyes normales de la armonía, puede producir una melodía; pero si no, no produce más que un caos de sonidos. Tomemos el ejemplo de la trompeta. Si hace la llamada correcta, puede mandar a la tropa avanzar, retirarse, acostarse o levantarse, etcétera, etcétera. Pero, si no hace más que producir una mezcla de sonidos sin sentido, la tropa no sabrá qué hacer. En este mundo hay muchas clases de idiomas; pero, si dos personas se encuentran, y ninguna entiende el idioma de la otra, le suena a chino lo que le dice, y no le encuentra ningún sentido.

Pablo no niega la existencia del don de lenguas. Ni se puede decir que fuera para él una cuestión de que «las uvas no estaban maduras», porque tenía el don más que ninguno de los corintios; pero insiste en que cualquier don tiene valor en la medida en que beneficia a toda la congregación; y, por tanto, si se usa en público el don de lenguas, es inútil a menos que se interprete. Ya sea que una persona esté hablando, u orando, o cantando, debe hacerlo no sólo con su espíritu sino también con *la inteligencia*. Debe saber de qué se trata, y los demás deben poder entender. Así es que Pablo llega a la terminante conclusión de que en una congregación cristiana es mejor decir unas pocas palabras inteligibles que lanzar una tromba de sonidos ininteligibles.

De este difícil pasaje surgen ciertas verdades de valor universal.

El versículo 3 concreta la finalidad de la predicación. Es triple. (i) Debe encaminarse a *la edificación*; es decir, a incrementar el conocimiento del Evangelio, y la capacidad de vivir la vida cristiana. (ii) Debe *animar*. En todas las compañías hay deprimidos y desanimados. Los sueños no se hacen realidad; los esfuerzos resultan improductivos; el examen de conciencia no revela más que fracasos e incapacidades. En la comunión cristiana, uno tiene que encontrar algo que le anime el corazón y fortalezca el brazo. Se decía de cierto predicador, que predicaba el Evangelio como si anunciara una gran depresión en la Antártida. Un culto puede empezar humillándonos con el recuerdo de nuestro pecado; pero será un fracaso si se acaba sin mostrar los recursos de la gracia de Dios que nos capacita para conquistarlo. (iii) Debe tender a *confortar*. «Nunca se pone el sol sin que algún corazón se quebrante.» Están lo que llamaba Virgilio «las lágrimas de las cosas.» En cualquier compañía de personas habrá siempre algunas a las que la vida ha dañado; y en la comunión cristiana deben de poder encontrar «gloria en lugar de ceniza, óleo de gozo en lugar de luto, manto de alegría en lugar del espíritu angustiado» *(Isaías 61:3).*

El versículo 5 nos dice las cosas que Pablo consideraba la base y la sustancia de la predicación. (i) Procede de *una revelación directa de Dios*. No se puede hablar de parte de Dios a menos que se haya escuchado a Dios. Se dice de un gran predicador, que, una y otra vez, se detenía como para escuchar una voz. Nunca damos a las personas o a los estudiantes verdades que hemos producido o, ni siquiera, descubierto; transmitimos verdades que se nos han confiado. (ii) Puede que aporte *algún conocimiento especial*. Nadie puede ser un experto en todas las materias; pero cada uno tiene un conocimiento personal de algo. Se ha dicho que todo el mundo puede escribir un libro interesante si expone sencilla y sinceramente todo lo que le ha sucedido. Las experiencias de la vida nos dan a cada uno de nosotros algo especial, y la predicación más efectiva consiste en dar testimonio de lo que hemos descubierto que es verdad. (iii) Consiste en *proclamar la verdad*. En la Iglesia Primitiva, la primera predicación que se hacía en una comunidad era la directa proclamación de los hechos del Evangelio. Hay cosas que no se pueden discutir. «Háblame de tus certezas —decía Goethe—, que para dudas ya tengo yo bastantes.» Comoquiera que terminemos, es bueno empezar con los hechos de Cristo. (iv) Pasa a *la enseñanza*. Se llega a un momento en que uno tiene que preguntar: «¿Qué quiere decir todo eso?» Sencillamente porque somos criaturas pensantes, la religión implica teología. Y puede que la fe de muchas personas se derrumbe, y la lealtad de muchas personas se enfríe, porque no se han pensado las cosas hasta sus últimas consecuencias.

De todo este pasaje surgen dos principios generales en relación con el culto cristiano.

(i) *El culto no debe ser nunca egoísta.* Todo lo que se hace en él debe hacerse para el bien de todos. Ninguna persona, ya sea que lo esté dirigiendo o que esté participando en él, tiene ningún derecho a seguir sus propias preferencias personales. Debe buscar el bien de toda la congregación. La prueba definitiva de cualquier parte del culto es: «¿Puede esto serle de ayuda *a alguien?*» Y no: «¿Servirá esto para desplegar mis dones particulares?» Es: «¿Acercará esto más a cada uno de todos los que están aquí a los demás y a Dios?»

(ii) *El culto debe ser inteligible.* Las cosas más importantes son las más sencillas; el lenguaje más noble es esencialmente el más sencillo. A fin de cuentas, sólo lo que satisface mi inteligencia puede confortarme el corazón, y sólo lo que puede captar mi inteligencia puede aportarle fuerza a mi vida.

LOS EFECTOS DEL CULTO FALSO
Y DEL VERDADERO

1 Corintios 14:20-25

Hermanos, no os quedéis en una etapa infantil de vuestro desarrollo. Es verdad que debéis ser como niños inocentes en lo que se refiere al mal, pero en el juicio debéis ser mayores de edad. Está escrito en la Ley: «Por medio de gente de lengua extranjera y con un idioma de forasteros hablaré a este pueblo, y ni aun así me escucharán, dice el Señor.» Así que ya veis que las lenguas están diseñadas como señal para descubrir, no a los creyentes, sino a los incrédulos.

Ahora bien: figuraos que toda la congregación cristiana se reúne, y que todos se ponen a hablar en lenguas; y suponed que entran algunas personas sencillas o paganas: ¿no dirán que estáis locos de remate? Pero figuraos que todos estáis proclamando la verdad, y que entra algún pagano o alguna persona sencilla: todos le harán reconocer su pecado, y todos le harán sentir el juicio de Dios; los secretos de su corazón saldrán a la luz, así que, cayendo rostro a tierra adorará a Dios, y dirá a todo el mundo que no cabe duda de que Dios está entre vosotros.

Pablo sigue tratando de la cuestión del hablar en lenguas. Empieza con un toque de atención a los corintios para que no se queden en la infancia. La pasión y el excesivo aprecio del don de lenguas eran una especie de ostentación infantil.

Pablo entonces trae a colación una referencia del Antiguo Testamento. Ya hemos visto cómo la exégesis rabínica —y Pablo había recibido la educación de un rabino— podía encontrar en el Antiguo Testamento sentidos ocultos que no estaban implicados en el original. Se refiere a *Isaías 28:9-12*. Dios, por medio de Su profeta, está haciéndole una advertencia al pueblo. Isaías les ha predicado en su propia lengua hebrea, y no han prestado atención. Por culpa de su desobediencia, vendrán los asirios y los conquistarán y ocuparán sus ciudades; y entonces tendrán que escuchar una lengua que no podrán entender. Tendrán que escuchar las lenguas extranjeras de sus conquistadores, que hablarán de cosas ininteligibles; y ni siquiera esa terrible experiencia hará que el pueblo incrédulo se vuelva a Dios. Así es que Pablo saca en conclusión que las lenguas estaban diseñadas como señal para un pueblo duro de corazón e incrédulo; pero serían, por último, ineficaces.

De ahí pasa a un razonamiento muy práctico. Si un forastero o una persona sencilla entrara en un culto en el que todos estaban lanzando un raudal de sonidos ininteligibles, pensaría que aquello era un manicomio. Pero, si la verdad de Dios se estuviera proclamando sobria e inteligentemente, el resultado sería muy diferente: se sentiría confrontado con su propio pecado y el juicio de Dios.

Los versículos 24 y 25 dan un resumen gráfico de lo que

sucede cuando se proclama inteligentemente la verdad de Dios.

(i) *Declara a las personas culpables de pecado.* Ven lo que son, y quedan horrorizadas. Alcibíades, el niño bonito de Atenas, era amigo de Sócrates, y a veces le decía: «Sócrates, te odio, porque siempre que me encuentro contigo me haces verme tal como soy.» «Venid —dijo a sus paisanos la Samaritana— a ver a un Hombre que me ha dicho todo lo que había en mi vida» *(Juan 4:29).* Lo primero que hace el Mensaje de Dios por una persona es hacer que se dé cuenta de que es pecadora.

(ii) *Trae a la persona a juicio.* Se da cuenta de que ha de responder de cómo ha vivido. Puede que hasta entonces haya vivido sin pensar en las consecuencias. Puede que haya seguido los impulsos de cada día, disfrutando del placer. Pero ahora se da cuenta de que hay un final para todo, y allí está Dios.

(iii) *Le muestra a cada persona los secretos de su corazón.* Lo último que queremos arrostrar es nuestro propio corazón. Como dice el proverbio: «No hay peor ciego que el que no quiere ver.» El Evangelio le obliga a uno a asumir la vergonzosa y humillante experiencia de darse la cara a sí mismo.

(iv) *Hace caer de rodillas ante Dios.* La Salvación empieza cuando una persona cae de rodillas en la presencia de Dios. La entrada a esa presencia es tan baja que no podemos entrar más que de rodillas. Cuando una persona se ha encarado consigo misma y con Dios, lo único que puede hacer es caer de rodillas y orar: «Dios, sé propicio a este pecador que soy yo.»

La prueba de cualquier acto de culto es : «¿Hace que nos sintamos en la presencia de Dios?» Joseph Twitchell cuenta que fue a ver a Horace Bushnell cuando este era ya un anciano. Por la noche, Bushnell se le llevó a dar un paseo por la colina. Cuando iban paseando en la oscuridad, Bushnell dijo de pronto: «Arrodillémonos para orar.» Y así lo hicieron. Twitchell, contándolo después, decía: «A mí me daba miedo extender el brazo en la oscuridad en caso de que tocara a Dios.» Cuando nos sentimos tan cerca de Dios como para eso, hemos participado real y verdaderamente en un acto de culto.

CONSEJOS PRÁCTICOS

1 Corintios 14:26-33

> *¿Qué es lo que se deduce de todo esto, hermanos? Pues que siempre que os reunáis, que cada uno contribuya, o un salmo, o una enseñanza, o un mensaje directo de Dios, o una lengua, o una interpretación; pero que todo se haga para la edificación espiritual de la congregación. Si hablan en lenguas uno, o dos, o tres a lo más, que lo hagan por turno y con uno que interprete. Si no hay en la reunión nadie que pueda interpretar, que el que tenga el mensaje en lenguas guarde silencio en la congregación, y que hable con Dios cuando esté solo. Que dos o tres proclamadores de la verdad tomen parte, dejando cada uno que los otros ejerzan el don del discernimiento. Si uno que está sentado cree haber recibido un mensaje especial, que el que esté hablando le ceda el uso de la palabra, para que podáis proclamar la verdad cada uno cuando le corresponda, y todos puedan aprender y recibir estímulo; porque los espíritus de los que proclaman la verdad están bajo el control de los que tienen este don. Dios no es un Dios de desorden, sino de paz, como vemos en todas las congregaciones de los que Le están consagrados.*

Pablo se aproxima al final de esta sección con algunos consejos muy prácticos. Está decidido a que a todos los que tengan algún don se les conceda la oportunidad de ejercerlo; pero está igualmente decidido a que los cultos no se conviertan en una competición desordenada. Sólo dos o tres deben practicar el don de lenguas, y aun eso sólo cuando esté disponible algún intérprete. Entre los que tengan el don de proclamar la verdad, de nuevo dos o tres serán los únicos que puedan hacerlo en cada ocasión; y si hay alguien en la congregación que tiene la convicción de haber recibido un mensaje especial, que el que esté hablando le ceda la palabra. Podrá hacerlo perfectamente, y no tendrá por qué decir que está bajo la inspiración y no puede detenerse; porque un predicador siempre debe ser capaz de controlar su espíritu. Debe haber libertad, pero no debe haber desorden. Hay que dar culto en paz al Dios de la paz.

Esta es la sección más interesante de toda la carta, porque arroja un raudal de luz que nos permite saber cómo eran los cultos de la Iglesia Primitiva. Está claro que había una gran libertad y no poca improvisación. De este pasaje surgen dos cuestiones importantes.

(i) Está claro que en la Iglesia Primitiva no había un ministerio profesional. Es verdad que los apóstoles descollaban con una autoridad especial; pero hasta entonces no había un ministerio profesional local. Se recibía a todos los que tuvieran un don que fuera de utilidad a la congregación. ¿Ha acertado la iglesia o no en eso de establecer un ministerio profesional? Está claro que es esencial en nuestra época, tan ajetreada, en la que la gente se preocupa tanto de las cosas materiales, el que se aparte a alguien para que viva cerca de Dios y les traiga a sus compañeros la verdad, y la dirección, y el consuelo que Dios le dé. Pero existe el peligro obvio de que, cuando una persona llega a ser un predicador profesional, se encuentre a veces en la situación de tener que decir algo cuando realmente no tiene nada que decir. Sea como sea, debería seguir siendo verdad que si una persona tiene un mensaje para sus semejantes, ni reglas ni normas eclesiásticas le impidan darlo. Es un error pensar que el ministerio profesional es el único que puede transmitir la verdad de Dios.

(ii) Es indiscutible que había una cierta flexibilidad en la liturgia de la Iglesia Primitiva. Todo era lo suficientemente libre como para permitir a cualquier persona que creía que tenía un mensaje el que lo pudiera transmitir. Puede que exageremos ahora la dignidad y la solemnidad, y que nos esclavicemos a un cierto orden de culto. Lo realmente característico del culto de la Iglesia Primitiva debe de haber sido que casi cualquier persona consideraba que tenía el privilegio y la obligación de contribuir con algo en él. Nadie iba con la única intención de escuchar pasivamente; sino más bien con la de recibir y aportar. Está claro que eso tenía sus peligros; porque nos da la impresión de que en Corinto había personas a las que les gustaba demasiado hacerse oír; pero, con todo y con eso, la iglesia era entonces asunto de los cristianos de a pie más que ahora. Puede que la iglesia perdiera algo cuando delegó tanto en el ministerio profesional que no le quedó casi nada para el que no era más que miembro de la iglesia. Y puede que no fuera tanto la culpa del ministerio el que acabara anexionándose tantos derechos, sino del laicado por abandonarlos. Porque no se puede negar que muchos miembros de la iglesia piensan más en lo que ésta puede hacer por ellos que en lo que ellos puedan hacer por ella, y están más dispuestos a criticar lo que se hace que a asumir ninguna responsabilidad del trabajo de la iglesia por sí mismos.

INNOVACIONES DESACONSEJABLES

1 Corintios 14:34-40

Que las mujeres guarden silencio en la congregación; porque no les está permitido hablar, sino tienen que estar sometidas como dice también la ley. Si quieren aprender algo, que les pregunten a sus maridos en casa. Es vergonzoso que una mujer hable en la congregación. ¿Es que habéis sido vosotros los originadores de la Palabra de Dios? ¿O habéis sido sus únicos destinatarios?

Si alguno se cree proclamador de la verdad, o poseedor de algún don especial, que reconozca lo que os escribo, porque es un mandamiento del Señor. Y el que no quiera entenderlo, allá él.

Así que, hermanos, mostrad interés en poseer el don de proclamar la verdad, y no prohibáis el hablar en lenguas. Pero que todo se haga como es debido y en orden.

Había algunas innovaciones que amenazaban con introducirse en la iglesia corintia que no le gustaban a Pablo. Llega a preguntarles qué derecho se creían que tenían para aceptarlas. ¿Habían sido ellos los iniciadores de la Iglesia Cristiana? ¿Tenían el monopolio de la verdad evangélica? Sencillamente, habían recibido una tradición, y tenían que seguirla.

Ninguna persona ha conseguido nunca remontarse totalmente por encima de la época en que ha vivido y la sociedad en la que se ha educado; y Pablo, en su concepción del lugar de la mujer en la iglesia, era incapaz de desembarazarse de las ideas que había conocido toda la vida.

Ya hemos dicho que la mujer ocupaba un estrato inferior en el mundo antiguo. En el mundo griego, Sófocles había dicho: «El silencio confiere gracia a las mujeres.» Las mujeres, a menos que fueran muy pobres o de una moralidad dudosa, llevaban una vida muy retirada en Grecia. Los judíos aún tenían una idea más baja de las mujeres. Entre los dichos rabínicos se encuentran muchos que minimizan su lugar en la sociedad. «En cuanto a enseñarle la ley a una mujer, es lo mismo que enseñarle la impiedad.» El enseñar la ley a una mujer era «echarles perlas a los cerdos.» El Talmud lista entre las plagas del mundo «la viuda charlatana y preguntona, y la doncella que se pasa el tiempo rezando.» Estaba prohibido hasta el hablar con una mujer en la calle. «Uno no debe pedirle un favor a una mujer, ni saludarla.»

Fue en una sociedad así donde Pablo escribió este pasaje. Lo más probable es que lo que tenía más presente en la mente era el estado moral sumamente laxo de Corinto, y el sentimiento de que no se debía hacer absolutamente nada que pudiera acarrearle a la joven iglesia la más mínima sospecha de inmoralidad. No cabe duda que sería un error injustificable el sacar estas palabras de su contexto e imponerlas como una regla universal para la iglesia.

Pablo continúa hablando con cierta gravedad. Está completamente seguro de que, aunque uno tenga dones espirituales, eso no le da derecho a rebelarse contra la autoridad. Se da cuenta de que el consejo que ha dado y las reglas que ha establecido le han llegado de Jesucristo y Su Espíritu; y, si alguien se negara a reconocerlo, lo haría a su propio riesgo; y lo mejor que se podría hacer sería dejarle en su voluntaria ignorancia.

Así llega Pablo a la conclusión. Deja bien claro que no tiene ningún interés en anular el don de nadie; lo único que le mueve de veras es el deseo del buen orden de la iglesia. La gran regla que establece en efecto es que uno ha recibido de Dios cualesquiera dones que posea, no para su propio provecho exclusivamente, sino para el de toda la iglesia. Cuando una persona puede decir: «¡Gracias a Dios! ¡A Él sea la gloria!», entonces y sólo entonces usará sus dones como Dios manda en la iglesia y fuera de ella.

LA RESURRECCIÓN DE JESÚS Y LA NUESTRA

1 Corintios 15 es, al mismo tiempo, uno de los capítulos más grandes y de los más difíciles del Nuevo Testamento. No sólo es difícil en sí, sino que ha transferido al credo una frase que muchas personas encuentran difícil afirmar; porque es de este capítulo del que sacamos principalmente la idea de *la resurrección del cuerpo*. Este capítulo nos resultará menos difícil si lo estudiamos en su trasfondo, y hasta esa frase problemática nos será fácil de comprender y aceptable cuando nos demos cuenta de lo que Pablo quería decir. Así que, antes de estudiar el capítulo, hay ciertas cosas que haremos bien en tener en mente.

(i) Es sumamente importante recordar que los corintios no negaban la Resurrección de Jesucristo, sino la resurrección del cuerpo; y que en lo que Pablo insistía era en que, si se negaba la resurrección del cuerpo, se negaba también la Resurrección de Jesucristo, y por tanto se vaciaba el Evangelio de su verdad y la vida cristiana de su realidad.

(ii) En todas las primeras iglesias cristianas debe de haber habido dos trasfondos; porque habría en todas judíos y griegos. En primer lugar, consideremos el trasfondo judío. Hasta entonces, los saduceos negaban taxativamente que hubiera ninguna vida después de la muerte. Había, por tanto, una línea del pensamiento judío que negaba tanto la inmortalidad del alma como la resurrección del cuerpo *(Hechos 23:8)*. En el Antiguo Testamento hay muy poco que respalde la esperanza en nada que pueda llamarse la vida después de la muerte. Según la fe general del Antiguo Testamento, todas las personas sin distinción van al Seol cuando se mueren. El Seol, a veces erróneamente traducido por *infierno*, era una tierra sombría debajo de ésta, en la que los muertos «vivían» una existencia sombría, sin fuerza, sin luz, separados por igual de Dios y de la humanidad. El Antiguo Testamento está lleno de este lúgubre y macabro pesimismo en relación con lo que pueda haber después de la muerte.

> *Porque en la muerte no hay memoria de Ti;*
> *en el Seol, ¿quién Te alabará?*　　　(Salmo 6:5).
> *¿Qué provecho hay en mi muerte*
> *cuando descienda a la sepultura?*
> *¿Te alabará el polvo? ¿Anunciará Tu verdad?*
> 　　　　　　　　　　　　　　　　(Salmo 30:9).
> *¿Manifestarás tus maravillas a los muertos?*
> *¿Se levantarán los muertos para alabarte?*
> *¿Será contada en el sepulcro Tu misericordia,*
> *o Tu verdad en el Abadón?*
> *¿Serán reconocidas en las tinieblas Tus maravillas,*
> *y Tu justicia en la tierra del olvido?*　(Salmo 88:10-12).
> *No alabarán los muertos a JAH,*
> *ni cuantos descienden al silencio*　　(Salmo 115:17).
> *Porque el Seol no Te exaltará,*
> *ni Te alabará la muerte;*
> *ni los que descienden al sepulcro*
> *esperarán Tu verdad.*　　　　　　　(Isaías 38:18).

Déjame, y tomaré fuerzas,
antes que vaya y perezca. (Salmo 39:13).
Aún hay esperanza para aquel que está entre los vivos;
porque mejor es perro vivo que león muerto.
Porque los que viven saben que han de morir;
pero los muertos nada saben, ni tienen más paga;
porque su memoria es puesta en olvido.
Todo lo que te viniere a la mano para hacer,
hazlo según tus fuerzas,
porque en el Seol, adonde vas, no hay obra, ni trabajo,
ni ciencia ni sabiduría. (Eclesiastés 9:4, 5, 10).
¿Quién alabará al Altísimo en la tumba?
(Eclesiástico 17:27).
Los muertos que están en la tumba,
cuyo aliento ha sido tomado de su cuerpo,
no darán al Señor ni gloria ni integridad. (Baruc 2:17).

J. E. McFadyen, un gran investigador del Antiguo Testamento, dice que esta falta de fe en la inmortalidad del Antiguo Testamento era debida «al poder con que aquellos fieles se aferraban a Dios en este mundo.» Y añade: «Hay pocas cosas más maravillosas que ésta en la larga historia de la religión: durante siglos, la gente vivía vidas de lo más nobles, cumpliendo con sus deberes y soportando sus pruebas sin esperar ninguna recompensa en la vida futura; y lo hacían porque en todas sus idas y venidas estaban muy seguros de Dios.»

Es verdad que en el Antiguo Testamento hay unas pocas, muy pocas, vislumbres de una vida real por venir. Hubo momentos en los que una persona sintió que, si Dios era de veras Dios, tendría que haber algo que le diera la vuelta a los incomprensibles veredictos de este mundo. Así Job clamó:

Todavía, conozco a Uno que será mi Campeón al final,
que asumirá mi causa en la Tierra.
Este cuerpo mío puede que se deshaga; pero aun entonces
mi vida tendrá una visión de Dios (Job 19:25-27 Moffatt).

El sentimiento real de los santos era que aun en esta vida se podía entrar en una relación tan íntima y preciosa con Dios que ni siquiera la muerte podría romperla.

Se alegró por tanto mi corazón, y se gozó mi alma;
mi carne también reposará confiadamente;
porque no dejarán mi alma en el Seol,
ni permitirás que Tu santo vea corrupción.
Me mostrarás la senda de la vida;
en Tu presencia hay plenitud de gozo;
delicias a Tu diestra para siempre.   (Salmo 16:9-11).
  Me tomaste de la mano derecha.
Me has guiado según Tu consejo,
y después me recibirás en gloria. (Salmo 73:23-24).

También es verdad que la esperanza inmortal se desarrolló en Israel. Dos cosas contribuyeron a ese desarrollo: (*a*) Israel era el pueblo escogido; y, sin embargo, su historia era una cadena ininterrumpida de desastres. Los israelitas empezaron a creer que se requería otro mundo para deshacer los entuertos de este. (*b*) Durante muchos siglos es posible decir que el individuo apenas existía. Dios era el Dios de la nación, y el individuo era una unidad sin importancia. Pero, con el paso de los siglos, la religión se fue haciendo algo más y más personal. Dios llegó a ser, no tanto el Dios de la nación, sino el Amigo de cada persona; y así empezaron a creer de una manera vaga e imprecisa que una vez que una persona conoce a Dios y es conocida de Dios, se ha creado una relación que ni siquiera la muerte podrá romper.

(iii) Cuando volvemos la mirada al mundo griego, tenemos que captar firmemente una cosa que está detrás de todo este capítulo. Los griegos tenían un temor instintivo a la muerte. Eurípides escribió: «Sin embargo los mortales, aquejados de innumerables males, aún aman la vida. Anhelan cada nuevo amanecer, contentos de soportar lo que conocen, antes que la muerte desconocida» *(Fragmento 813)*. Pero en conjunto, los griegos, y la parte del mundo que estaba bajo la influencia del pensamiento griego, creían en la inmortalidad del alma. Pero, para ellos, la inmortalidad del alma suponía la total disolución del cuerpo.

Tenían un refrán: «El cuerpo es una tumba.» «Soy una pobre alma —decía un griego— encarcelada en un cadáver.» «Me dio por inquirir en la eternidad del alma —decía Séneca— . ¡No! ¡Por creer en ella! Me rindo a esa gran esperanza.» Pero también decía: «Cuando llegue el día en que haya de deshacerse esta mezcla de divino y humano, aquí, donde lo encontré, dejaré mi cuerpo, y yo me devolveré a los dioses.» Epicteto escribía: «Cuando Dios no suple lo que se necesita, es que está dando el toque de retirada: ha abierto la puerta y te dice: «¡Ven!» Pero, ¿adónde? A nada terrible, sino allí de donde viniste, a lo que te es querido y próximo, a los elementos. Lo que en ti era fuego, volverá al fuego; tierra, a tierra; agua, a agua.» Séneca habla de las cosas en la muerte «disolviéndose en sus antiguos elementos.» Para Platón «el cuerpo es la antítesis del alma, como la fuente de todas las debilidades se opone a lo que solo es capaz de independencia y bondad.» Donde podemos ver esto mejor es en la fe estoica. Para los estoicos, Dios era un espíritu de fuego, más puro que nada en la Tierra. Lo que les daba la vida a los seres humanos era la chispa de fuego divino que venía a morar en el cuerpo humano. Cuando moría una persona, su cuerpo sencillamente se disolvía en los elementos de los que estaba compuesto, pero la chispa divina volvía a Dios y era reabsorbida en la divinidad de la que formaba parte.

Para los griegos, la inmortalidad consistía precisamente en desembarazarse del cuerpo. Por eso les resultaba inconcebible la resurrección del cuerpo. La inmortalidad personal no existía realmente, porque lo que les daba la vida a las personas era absorbido otra vez en Dios, la fuente de toda vida.

(iv) El punto de vista de Pablo era completamente diferente. Si empezamos por un hecho inmenso, el resto aparecerá claro. La fe cristiana es que la individualidad sobrevive después de

la muerte, que tú seguirás siendo tú, y yo seguiré siendo yo.
Junto a esto debemos colocar otro hecho inmenso. Para los
griegos, el cuerpo no se podía consagrar. No era más que
materia; y, como tal, la fuente de todo mal, la cárcel del alma.
Pero para el cristiano, el cuerpo no es malo. Jesús, el Hijo de
Dios, asumió un cuerpo humano y, por tanto, no es despreciable,
porque Dios lo ha escogido como Su morada. Para el
cristiano, por tanto, la vida por venir incluye la totalidad de la
persona, cuerpo y alma.

Ahora bien, era fácil malentender y caricaturizar la doctrina
de la resurrección del cuerpo. Celso, que vivía hacia el año
220 d.C. y era un furibundo enemigo del Cristianismo, lo hizo
sistemáticamente en su tiempo. ¿Cómo es posible que los que
han muerto resuciten con sus cuerpos intactos?, preguntaba.
«¡Realmente, es la esperanza de los gusanos! Porque, ¿qué
alma humana querría volver a un cuerpo que se ha podrido?»
Es fácil citar el caso de una persona cuyo cuerpo ha quedado
destrozado en un accidente o que ha muerto de cáncer.

Pero Pablo no dijo nunca que hubiéramos de resucitar con
el cuerpo que teníamos antes de la muerte. Lo que decía era
que tendremos un cuerpo espiritual. Lo que quería decir realmente
era que *la personalidad* de cada hombre y mujer sobreviviría.
Es casi imposible concebir la personalidad sin un
cuerpo, porque es a través de un cuerpo como se expresa la
personalidad. Lo que Pablo está defendiendo es que el individuo
permanece después de la muerte. Él no había heredado el
desprecio griego del cuerpo, sino que creía en la resurrección
de la persona total. Él seguiría siendo el mismo; sobreviviría
como persona. Eso era lo que Pablo quería decir con la resurrección
del cuerpo. Todo lo del cuerpo y del alma que sea
necesario para constituir una persona humana sobrevivirá;
pero, al mismo tiempo, todas las cosas serán nuevas, y el
cuerpo y el espíritu serán ambos muy distintos de las cosas
terrenales, porque ambos serán divinos.

EL SEÑOR RESUCITADO

1 Corintios 15:1-11

Hermanos: Quiero dejaros bien clara la naturaleza del Evangelio que os prediqué, que vosotros recibisteis, en el que os mantenéis firmes y por medio del cual habéis recibido la Salvación. Quiero dejaros bien claro el contenido del Evangelio que os transmití, que es lo que os puede salvar si lo retenéis con firmeza, es decir, si no creísteis sin orden y concierto.

En lugar preponderante os transmití lo que yo mismo había recibido: que Cristo había muerto por nuestros pecados conforme a las Escrituras, y que fue sepultado, y que resucitó al tercer día conforme a las Escrituras, y que Le vieron Cefas, y luego los Doce, y luego Le vieron más de quinientos hermanos a la vez, la mayoría de los cuales viven todavía, aunque algunos ya han dormido. Después Le vio Santiago, y luego todos los apóstoles, y el último de todos, como un aborto de la familia apostólica, Le vi yo también.

Porque yo soy el menor de los apóstoles; de hecho no merezco que se me llame apóstol, porque perseguí a la Iglesia de Dios. Soy lo que soy exclusivamente por la gracia de Dios, que no ha sido improductiva en mí, porque me he esforzado más que todos los demás. Pero no he sido yo realmente el que he logrado nada, sino la gracia de Dios obrando en mí.

El caso es que, sea yo el predicador o sean ellos, esto es lo que predicamos y lo que vosotros habéis creído.

Pablo está haciendo la recapitulación del Evangelio que él fue el primero en llevarles a los corintios. No era una noticia que él se había inventado, sino que se le había comunicado: la noticia del Señor Resucitado.

En los versículos 1 y 2, Pablo dice una serie de cosas de suprema importancia e interés acerca de la Buena Noticia.

(i) Era algo que los corintios *habían recibido.* Nadie había inventado el Evangelio; en cierto sentido, nadie lo descubre por su cuenta, sino que es algo que todos recibimos. Ahí es donde está la misión de la Iglesia: es la depositaria y transmisora del Evangelio. Como decía uno de los antiguos padres: «Nadie puede tener a Dios por Padre a menos que la Iglesia sea su madre.» La Buena Nueva se recibe en comunidad.

(ii) Era algo en lo que los corintios *se mantenían firmes.* La primera función de la Buena Noticia es dar estabilidad a las personas. En un mundo resbaladizo necesitamos algo que nos afirme los pies. En un mundo tentador, poder para resistir. En un mundo hiriente, algo que nos permita soportar sin rendirnos un corazón doliente y un cuerpo agonizante. Moffatt traduce bellamente *Job 4:4:* «Tus palabras han mantenido en pie a muchos.» Eso es precisamente lo que hace el Evangelio.

(iii) Era algo por lo que *se estaban salvando.* Es interesante notar que en griego se usa el presente, no el pasado. Sería estrictamente correcto traducirlo, no «por lo que habéis sido salvos,» sino «por lo que estáis siendo salvados.» La Salvación va de gloria en gloria. No alcanza su culminación en este mundo. Hay muchas cosas en esta vida que podemos agotar, pero el contenido de la Salvación es inagotable.

(iv) Era algo a lo que *había que aferrarse tenazmente.* Hay muchas cosas en la vida que intentan quitarnos la fe. Cosas que nos suceden a nosotros, o a otros, que desarticulan el entendimiento; la vida tiene sus problemas, que parecen insolubles; la vida tiene sus lugares tenebrosos en los que no se puede hacer más que resistir. La fe es siempre *la victoria* del alma que mantiene tenazmente su arraigo en Dios.

(v) Era algo que no se debía mantener *sin orden ni concierto.* La fe que se desmorona es la que no ha pensado las cosas a fondo y hasta sus últimas consecuencias. Para muchos de nosotros, desgraciadamente, la fe es algo superficial. Tendemos a aceptar las cosas porque nos las dicen, y a adquirirlas de segunda mano. Si pasamos la agonía del pensamiento, habrá mucho que tendremos que descartar; pero lo que nos quede nos pertenecerá de una manera que ya nada nos lo podrá quitar.

En la lista que hace Pablo de las apariciones del Señor Resucitado hay dos especialmente interesantes.

(i) Está la aparición a *Pedro*. En el relato más antiguo de la Resurrección, las palabras del mensajero en la tumba vacía son: «Id a decirles a Sus discípulos *y a Pedro*.» *(Marcos 16:7)*. En *Lucas 24:34*, los discípulos dicen: «¡Es un hecho que ha resucitado el Señor, y se le ha aparecido *a Simón*!» Es algo maravilloso el que una de las primeras apariciones del Señor Resucitado fuera al discípulo que Le había negado. Aquí está toda la maravilla de la gracia y el amor de Jesucristo. Otros habrían descartado a Pedro para siempre; pero Jesús no quería más que levantar a su discípulo errático y afirmarle sobre sus pies. Pedro Le había fallado a Jesús, y había llorado hasta echar el corazón; y el único deseo de este maravilloso Jesús era consolarle del dolor de su deslealtad. El amor no puede llegar a más que a pensar más en el quebrantamiento del ofensor que en la ofensa recibida.

(ii) Está la aparición *a Santiago*. No hay duda que este era «el hermano del Señor». Está bien claro en el relato de los evangelios que la familia de Jesús no creía en Él, y Le eran hasta hostiles. *Marcos 3:21* dice que hicieron lo posible por impedirle que siguiera adelante con Su ministerio porque creían que había perdido el juicio. *Juan 7:5* nos dice claramente que Sus hermanos no creían en Él. Uno de los más antiguos de aquellos evangelios que no lograron entrar en el canon del Nuevo Testamento es el *Evangelio según los hebreos*. Sólo se conservan de él algunos fragmentos. Uno de ellos, preservado por Jerónimo, dice: «Ahora bien: el Señor, después de darle el paño de lino al siervo del sacerdote, se dirigió a Santiago y se le apareció (porque Santiago había jurado no probar bocado desde que bebió el cáliz del Señor hasta que Le viera resucitado de entre los que duermen).» Así que, sigue diciéndonos la historia, Jesús se dirigió a Santiago y dijo: «Poned la mesa, y poned pan.» Y tomó el pan, y lo bendijo, y lo partió, y le dio a Santiago el Justo diciéndole: «Hermano mío: Come tu pan, porque el Hijo del Hombre se ha levantado de entre los durmientes.» Sólo podemos hacer conjeturas. Puede que en los últimos días el desprecio de Santiago se transformara en maravillada admiración de forma que, cuando llegó el final, estaba tan quebrantado de remordimiento por la manera en que había tratado a su Hermano que juró que se moriría de hambre si Jesús no volvía a perdonarle. Aquí tendríamos una vez más la gracia y el amor maravillosos de Cristo. Volvió a traerle la paz al alma turbada del que Le había tomado por loco y había estado en contra Suya.

Es una de las cosas más conmovedoras de toda la historia de Jesús el que dos de Sus primeras apariciones después de Su Resurrección fueran para dos hombres que Le habían hecho daño y que lo sentían. Jesús le sale al encuentro al corazón penitente hasta más allá de la mitad del camino.

Por último, este pasaje arroja mucha luz sobre el carácter del mismo Pablo. Para él era la cosa más preciosa el que Jesús se le hubiera aparecido a él. Eso había sido el gran cambio y el momento dinámico de su vida. Los versículos 9-11 nos dicen mucho acerca de él.

(i) Nos hablan de su *humildad* a ultranza. Se consideraba el menor de los apóstoles; había sido agraciado con una misión de la que no era digno. Pablo no habría pretendido nunca ser un hombre que se había hecho a sí mismo. Era por la gracia de Dios por lo que era lo que era. Tal vez estaba citando un dicterio que le habrían dirigido otros. Parece que era un hombre pequeño y poco agraciado *(2 Corintios 10:10)*. Puede que los cristianos judíos que querían imponerles la ley a los convertidos del paganismo y que odiaban la doctrina de la gracia declararan que, lejos de ser un nacido de nuevo, Pablo era un aborto. Él, por su parte, era tan consciente de su propia indignidad que no creía que nadie pudiera decir nada de él que fuera exagerado. Charles Gore dijo una vez: «Al hacer una revisión general de nuestra vida, difícilmente podremos considerar que

estamos sufriendo desgracias que no hayamos merecido.» Eso
pensaba Pablo. No tenía nada de ese orgullo que se ofende ante
las críticas o las burlas de los demás, y sí mucho de la humildad
que las considera merecidas.

(ii) Nos muestran al mismo tiempo que era *consciente de
su propio valer*. Se daba cuenta de que había trabajado más
que todos los demás. La suya no era una falsa modestia. Pero,
con todo y con eso, no hablaba de lo que él mismo había hecho,
sino de lo que Dios le había capacitado para hacer.

(iii) Nos hablan de su *sentido de equipo*. No se consideraba
un fenómeno aislado con un mensaje único. Tenía el mismo
mensaje que los otros apóstoles. Tenía la grandeza que une más
íntimamente a la comunión de la Iglesia. Hay algo que falla
en la «grandeza» que aisla a una persona de las demás.

SI CRISTO NO HUBIERA RESUCITADO

1 Corintios 15:12-19

> *Si estamos proclamando constantemente que Cristo
> ha resucitado, ¿cómo es que algunos de vosotros dicen
> que la resurrección no existe? Si la resurrección no exis-
> tiera, Cristo tampoco habría resucitado; y si Cristo no
> hubiera resucitado, la proclamación del Evangelio care-
> cería de sentido, y vuestra fe también carecería de sen-
> tido. Si fuera así, resultaría que hemos dado un testimo-
> nio falso acerca de Dios, porque hemos testificado que
> Dios resucitó a Cristo, a Quien no habría resucitado si
> fuera verdad que los muertos no resucitan. Si los muertos
> no resucitan, Cristo tampoco ha resucitado; y si Cristo
> no ha resucitado, vuestra fe es inconsecuente: aún estáis
> sumidos en vuestros pecados; y si así son las cosas, los
> que han muerto confiando en Cristo se han perdido para
> siempre. Si el esperar en Cristo no sirve nada más que
> para esta vida, no hay gente más miserable que nosotros.*

Pablo ataca la posición central de sus oponentes de Corinto que decían tajantemente: «Los muertos no resucitan.» La respuesta de Pablo es: «Si adoptáis esa posición, eso quiere decir que Jesucristo no ha resucitado; y, en ese caso, se desintegra la totalidad de la fe cristiana.»

¿Por qué consideraba Pablo tan esencial la fe en la Resurrección de Jesús? ¿Qué grandes valores y verdades conserva? Es la demostración de cuatro hechos fundamentales que cambian radicalmente el concepto de la vida aquí y en el más allá.

(i) La Resurrección demuestra que *la verdad es más fuerte que la falsedad.* Según el Cuarto Evangelio, Jesús les dijo a Sus enemigos: «Ahora estáis buscando la manera de matarme por la sola razón de que os he dicho la verdad» *(Juan 8:40).* Jesús trajo la idea verdadera acerca de Dios y de la bondad; Sus enemigos procuraban Su muerte porque no querían que desaparecieran sus puntos de vista equivocados. Si hubieran conseguido deshacerse de Jesús, la falsedad habría resultado más fuerte que la verdad. En cierta ocasión, el conde de Morton, que era el regente de Escocia, mandó detener al reformista Andrew Melville. «No habrá ninguna tranquilidad en este país —le dijo— hasta que ahorquemos o desterremos a la mitad de vosotros.» «¡Venga, señor! ¡Amenazad así a vuestros cortesanos! A mí me da lo mismo pudrirme en el aire o en la tierra... Pero, ¡gloria a Dios, no está en vuestro poder el ahorcar o desterrar Su verdad!» La Resurrección es la prueba definitiva de que la verdad es indestructible.

(ii) La Resurrección demuestra *que el bien es más fuerte que el mal.* Para citar otra vez el Cuarto Evangelio, en él se representa a Jesús diciéndoles a Sus enemigos: «Vosotros sois de vuestro padre el diablo» *(Juan 8:44).* Las fuerzas del mal crucificaron a Jesús y, si no hubiera habido Resurrección, esas fuerzas habrían triunfado. J. A. Froude, el gran historiador, escribió: «Una lección, y sólo una, puede decirse que la Historia repite claramente: Que el mundo está fundado sobre una base moral, y que, a la larga, el bien prevalece y el mal desaparece.» Pero, si la Resurrección no hubiera tenido lugar, ese gran principio habría fallado, y ya no podríamos estar seguros de que el bien es más fuerte que el mal.

(iii) La Resurrección demuestra que *el amor es más fuerte que el odio*. Jesús era la encarnación del amor de Dios. Por otra parte, la actitud de los que procuraron Su crucifixión era la del odio más virulento, tan amargo que acabó por atribuirle el encanto y la gracia de Su vida al poder del diablo. Si no hubiera habido Resurrección, eso habría querido decir que el odio humano había acabado por derrotar al amor de Dios. La Resurrección es el triunfo del amor sobre todo lo que el odio pueda hacer. Este poema resume todo el tema:

> *Oí hablar a dos soldados*
> *que bajaban la colina,*
> *la colina del Calvario,*
> *oscura, inhóspita y fría.*
> *Y uno dijo: «Ya es de noche,*
> *y no han muerto todavía.»*
> *Dijo el otro: «Me da miedo,*
> *no sé qué me atemoriza.»*
>
> *Oí llorar a dos mujeres*
> *que bajaban la colina;*
> *una, una rosa tronchada;*
> *la otra, como una llamita.*
> *Dijo una: «Lamentaremos*
> *eternamente este día.»*
> *La otra: «¡Mi Hijo, mi Hijo!»,*
> *entre lágrimas decía.*
>
> *Oí cantar a dos ángeles,*
> *no era el alba todavía,*
> *vestidos con ropas blancas,*
> *tan blancas que relucían.*
> *Cantaban con voces de oro:*
> *«¡Ya la muerte está vencida!*
> *¡Cielos y Tierra, gozaos!*
> *¡El Amor vence y conquista!»*

El *Cantar de los cantares* había dicho del amor: «Fuerte como la muerte es el amor» (8:6). Pero la Resurrección de Jesús es la prueba definitiva de que el amor es *más fuerte* que la muerte y que el odio.

(iv) La Resurrección demuestra que *la vida es más fuerte que la muerte*. Si Jesús hubiera muerto y no hubiera resucitado, habría quedado claro que la muerte podía tomar la vida más admirable y perfecta que haya conocido el mundo jamás, y destrozarla cruelmente en una Cruz.

Un día durante la II Guerra Mundial, una cierta iglesia de la ciudad de Londres estaba toda decorada para la celebración del domingo de acción de gracias por la cosecha. En medio de todos los demás frutos había un haz de trigo. El culto no llegó a celebrarse, porque hubo un bombardeo brutal aquella noche que dejó la iglesita convertida en un montón de ruinas. Pasaron los meses; llegó la primavera, y algunos se dieron cuenta de que donde había estado la iglesia todo estaba verdecito. Meses más tarde se vio que eran espigas de trigo que habían crecido entre los escombros. Ni siquiera las bombas y la destrucción de la guerra habían podido matar la vida de aquellas espigas de trigo que habían traído para el culto de acción de gracias a Dios por la cosecha. La Resurrección es la prueba definitiva de que la vida es más fuerte que la muerte.

Pablo insistía en que, si la Resurrección de Jesús no fuera un hecho, el Evangelio estaría basado en una mentira, y los muchos miles que habían muerto creyéndolo se habrían perdido para siempre, porque no habría nada después de la muerte. Sin la realidad de la Resurrección, los valores más auténticos de la vida no tienen garantía de sobrevivir. «Suprimid la Resurrección —decía Pablo—, y habréis destruido la base y la realidad del Evangelio.»

LAS PRIMICIAS DE LOS QUE DURMIERON

1 Corintios 15:20-28

¡Pero es un hecho que Cristo ha resucitado, y es las primicias de los que duermen! Porque, como fue por un hombre como se introdujo la muerte, así también ha venido la Resurrección por un Hombre. Porque, de la misma manera que todos murieron en Adán, así también en Cristo todos volverán a la vida, cada uno en su propio turno: Cristo, las primicias; luego, los que pertenecen a Cristo, cuando Él vuelva; y por último, la gran final, cuando Cristo Le entregue el Reino a Dios, Su Padre, después de haber reducido a la incapacidad toda otra forma de gobierno, de autoridad y de poder. Porque Él tiene que reinar hasta someter a todos Sus enemigos bajo Sus pies. La muerte será el último enemigo que será anulado. Porque Dios Le ha sujetado a Cristo todas las cosas. (Cuando decimos que todas las cosas se Le han sometido, no se incluye, naturalmente, a Dios, Que Se las ha sujetado). Pero, cuando todas las cosas Le estén sujetas, entonces el Hijo mismo Se sujetará al Que Le sujetó a Él todas las cosas, para que Dios sea el todo en todos.

Este también es un pasaje sumamente difícil, porque trata de ideas a las que no estamos acostumbrados.

Habla de Cristo como «las primicias de los que duermen.» Pablo está pensando en términos de una figura que cualquier judío reconocería. La fiesta de la Pascua tenía más de un significado. Conmemoraba la liberación de los israelitas de la esclavitud de Egipto; pero era también una gran fiesta de la cosecha. Coincidía con la recolección de la cebada. La ley establecía: «Traeréis al sacerdote una gavilla por primicia de los primeros frutos de vuestra siega. Y el sacerdote mecerá la gavilla delante del Señor para que seáis aceptos; el día después del día de reposo la mecerá» *(Levítico 23:10-11)*. Algunas gavillas de cebada se habrían segado ya en cualquier tierra comunal. No se podían traer de ninguna parcela o huerto o terreno preparado especialmente, sino de prácticamente cualquier lugar normal del país. Cuando se segaba la cebada, se traía al templo. Allí separaban el grano de la paja con cañas suaves para no destrozarlo demasiado. Luego se tostaba el grano en una parrilla de forma que no lo tocara el fuego; después se aventaba, y luego se molía en un molinillo de cebada y se Le ofrecía la harina a Dios. Eso eran las primicias.

Es significativo que antes de esa ceremonia no se podía comprar ni vender ni hacer pan de la nueva cosecha. Las primicias eran la señal de que había llegado el tiempo de la cosecha; y la Resurrección de Jesús fue la señal de la de los creyentes que había de venir. Como la nueva cebada no se podía usar hasta después de ofrecer las primicias en el templo, así la nueva cosecha de vida no podía empezar hasta que resucitara Jesús.

Pablo pasa a usar otra idea judía. Según la antigua historia de *Génesis 3: 1-19,* fue por medio del pecado de Adán como se introdujo la muerte en el mundo, como consecuencia directa y castigo. Los judíos creían que, literalmente, todo el género humano había pecado en Adán; vemos que su pecado podía transmitir a sus descendientes *la tendencia* al pecado. Como dijo Esquilo: «La acción impía deja tras sí una larga progenie, toda semejante a su originador.» Como escribió George Eliot: «Nuestras obras son como niños que nos nacen: viven y actúan independientemente de nosotros; además, se pueden matar los hijos, pero no las obras. Tienen una vida indestructible tanto dentro como fuera de nuestras conciencias.»

No es probable que niegue nadie que un hijo puede heredar la tendencia al pecado, y que de alguna manera «se visitan» los pecados de los padres en sus hijos. Nadie negaría que un hijo puede heredar las consecuencias del pecado de sus padres, porque sabemos muy bien que las condiciones físicas que son el resultado de una vida inmoral se pueden transmitir a la posteridad. Pero los judíos querían decir mucho más que eso. Tenían un sentimiento tremendo de solidaridad. Estaban seguros de que nadie podía hacer nada que le afectara sólo a él o a ella. Y mantenían que toda la humanidad pecó en Adán. Todos los seres humanos estaban, por así decirlo, en él; y cuando él pecó, todos pecaron.

Eso puede que nos suene extraño e injusto; pero los judíos lo creían. Todos habían pecado en Adán y por tanto tenían condena de muerte. Con la venida de Cristo, aquella cadena se rompió: Cristo estaba libre de pecado, y conquistó a la muerte. Así como todos pecaron en Adán, así también todos pueden escapar del pecado en Cristo; y así como todos los seres humanos mueren en Adán, así todos conquistan la muerte en Cristo. Nuestra unidad con Cristo es tan real como nuestra unidad con Adán, y destruye las malas consecuencias de esta.

Así es que tenemos dos series de hechos opuestos. En la primera tenemos: Adán—pecado—muerte. En la segunda: Cristo—bondad—vida. Y así como todos nos vimos involucrados en el pecado del primer hombre, así también lo estamos en la victoria del que ha re-creado a la humanidad. Sea cual fuere nuestro parecer de esa manera de pensar hoy, era convincente para los que la escuchaban entonces; y un hecho está fuera de toda duda: que con Jesucristo ha venido al mundo un nuevo poder que libra del pecado y de la muerte.

Los versículos 24-28 resultan muy extraños. Solemos pensar en el Padre y el Hijo en términos de igualdad; pero aquí Pablo, clara y deliberadamente, subordina el Hijo al Padre. Su pensamiento es: sólo podemos usar términos y analogías humanas. Dios Le dio a Jesús una tarea: la de derrotar el pecado y la muerte y liberar a la humanidad. Llegará el día en que esa tarea quede concluida y cumplida; y entonces, para decirlo en términos pictóricos, el Hijo volverá al Padre como el general victorioso que vuelve a la Patria, y el triunfo de Dios será completo. No se trata de que el Hijo esté sujeto al Padre como un esclavo o un servidor a su amo; sino más bien, como Uno que ha cumplido la misión que se Le ha confiado, Que vuelve con la corona de una perfecta obediencia. Como Dios envió a Su hijo a redimir al mundo, al fin recibirá al mundo redimido; y entonces no quedará nada en la Tierra o en el Cielo fuera de Su amor y poder.

SI NO HUBIERA RESURRECCIÓN

1 Corintios 15:29-34

Si no hubiera resurrección, ¿qué harían los que se bautizan por los muertos? Si los muertos no resucitan, ¿por qué hay algunos que se bautizan por ellos? Todos los días me estoy jugando la vida, lo juro por la satisfacción que tengo por vosotros en Jesucristo nuestro Señor. ¿Qué saco de ello —mirándolo desde un punto de vista exclusivamente humano— si tuve que pelear con las fieras en el circo en Éfeso? Si los muertos no resucitan, «¡Comamos y bebamos, que mañana moriremos!» No os engañéis: las malas amistades destruyen los buenos caracteres. Aplicaos a una vida sobria como es vuestra obligación, y no sigáis pecando. Algunos de vosotros presumen de inteligentes, pero no tienen el menor conocimiento de Dios. Os lo digo para avergonzaros.

Una vez más, este pasaje empieza con una sección sumamente difícil. Muchos intérpretes no han sabido a qué atenerse con esto del *bautizarse por los muertos*, y todavía no se puede decir que se haya resuelto del todo el problema. La preposición *por* en la frase *por los muertos* es la palabra griega *hyper*. En general, esta palabra puede tener uno de dos significados principales. Cuando se refiere a un lugar, puede querer decir *sobre* o *por encima de*. Más corrientemente se usa de personas o cosas, y quiere decir *en vez de* o *en lugar de*. Teniendo presentes estos dos sentidos, vamos a considerar algunas de las maneras en que se ha entendido esta frase.

(i) Empezando por el sentido de *sobre* o *por encima de,* algunos investigadores han sugerido que se refiere a *los que se bautizan sobre las tumbas de los mártires.* La idea es que sería algo especialmente conmovedor el hecho de bautizarse en un terreno santo, sintiéndose rodeados por la nube de testigos innumerables. Es una idea interesante y simpática; pero cuando Pablo estaba escribiendo a los corintios la persecución no se había desatado tan terriblemente como en un tiempo posterior. Puede que los cristianos sufrieran ostracismo o persecución social, pero aún no había llegado la era de los mártires.

(ii) De todas maneras es mucho más natural tomar *hyper* en el sentido de *en vez de* o *en lugar de.* Así se nos presentan tres posibilidades.

(*a*) Se sugiere que la frase se refiere a *los que se bautizaban para llenar las plazas que habían dejado vacantes los muertos.* La idea es que los nuevos creyentes, los jóvenes cristianos, se incorporaban a la iglesia como nuevos reclutas para ocupar el lugar de los veteranos que habían servido en campañas anteriores y ya se habían licenciado. Hay aquí una gran idea. La Iglesia necesita siempre repuestos, y los nuevos miembros son los voluntarios que completan las filas.

(*b*) Se ha sugerido que la frase puede querer decir *los que se bautizan en señal de cariño y respeto por los muertos.* También aquí hay una idea bonita. Muchos de nosotros ingresamos en la iglesia porque sabíamos y recordábamos que algún ser querido murió orando por nosotros y esperando nuestra conversión. Muchos han acabado por entregarle sus vidas al Señor en respuesta a la influencia invisible de alguien que ya ha pasado al otro lado.

(*c*) Todos estos son pensamientos simpáticos; pero, en conclusión, creemos que esta frase únicamente se puede referir a una costumbre que ha desaparecido de la práctica de la Iglesia completamente. En la Iglesia Primitiva existía lo que se llama *el bautismo vicario.* Si moría una persona que había tenido intención de bautizarse e ingresar en la iglesia, y hasta probablemente estaba ya siguiendo el curso de catecumenado, algunas veces otra persona se bautizaba en su nombre. La costumbre surgió de una idea supersticiosa del bautismo que suponía que, sin él, una persona quedaba irremisiblemente excluida de ir al Cielo, para prevenir lo cual otra persona se presentaba voluntaria para bautizarse, literalmente en el lugar del fallecido. Aquí Pablo, ni se muestra de acuerdo ni en desacuerdo con aquella práctica. Simplemente pregunta si tiene algún sentido cuando no se tiene la esperanza de que los muertos resuciten.

De ahí pasa Pablo a considerar uno de los grandes motivos de la vida cristiana. En efecto, pregunta: «¿Por qué había de aceptar una persona los peligros de la vida cristiana si todo acaba en nada?» Cita su propia experiencia. Diariamente estaba exponiendo su vida. Algo terrible que no se nos relata en el Nuevo Testamento le sucedió a Pablo en Éfeso. También hace otra alusión a ese mismo hecho en *2 Corintios 1:8-10:* dice allí que en Asia, la provincia romana en la que estaba Éfeso, estuvo condenado a muerte y ya daba por perdida su vida. Hasta el día de hoy hay un edificio en Éfeso que se conoce como la prisión de Pablo. Aquí especifica su peligro como *pelear con las fieras.* La palabra que usa es la que designaba las luchas de los gladiadores en la arena del circo. Leyendas posteriores nos cuentan que condenaron a Pablo a luchar con las fieras, y fue preservado milagrosamente porque las fieras no le atacaron. Pero Pablo era ciudadano romano y, como tal, no se le podía condenar a ese suplicio. Es probable que usara esa expresión refiriéndose a las amenazas de hombres que buscaban su muerte como bestias salvajes. En cualquier caso, pregunta: «¿Para qué sirven tantos peligros y sufrimientos si todo termina con la muerte?»

Los que piensan que esta es la única vida y que no hay otra, es normal que digan: «Come, bebe y pásatelo bien, porque todo acaba con la muerte.» La misma Biblia se refiere a los que hablan así. «Venid, dicen, tomemos vino, embriaguémonos de sidra; y será el día de mañana como este, o mucho más excelente» *(Isaías 56:12)*. *El Predicador*, para quien la muerte era la extinción, escribió: «No hay nada mejor para el hombre sino que coma y beba, y que su alma se alegre en su trabajo» *(Eclesiastés 2:24; 3:12; 5:18; 8:15; 9:7)*. Jesús mismo hizo la semblanza del rico insensato que no pensaba en la eternidad y tenía por lema «Come, bebe y pásatelo bien.» *(Lucas 12:19)*.

La literatura clásica está llena de este espíritu. Heródoto, el gran historiador, se refiere a una costumbre de los egipcios: «En las reuniones sociales de los ricos, cuando termina el banquete, pasa entre los invitados un esclavo con un ataúd en el que hay un muñeco que representa un cadáver, tallado y pintado de la forma más realista, de uno y dos codos de largo. Al enseñárselo a cada invitado por turno, el esclavo les dice: «Mira esto, y bebe y pásatelo bien; porque así quedarás cuando te mueras.» Eurípides escribe en *Alcestes (781-789)*:

> *Todos han de saldar su deuda con la muerte;*
> *de todos los mortales, ¿hay alguno que sepa*
> *si ha de vivir siquiera el día de mañana?*
> *Porque no dejan huella los pies de la Fortuna,*
> *ni los puede intuir el arte de los hombres.*
> *Oídme todos bien, y aprendedlo de mí:*
> *Pasadlo bien, bebed, día a día vivid,*
> *que todo lo demás cosa es de la Fortuna.*

Tucídides (2:53) nos cuenta que, cuando la plaga mortal asedió Atenas, la gente cometía toda clase de crímenes vergonzosos y se aferraba ansiosamente a cualquier placer sensual; porque creían que la vida sería muy corta y no se les pediría cuenta. Horacio (Odas 2:13; 13) resume su filosofía diciendo: «Diles que traigan vinos y perfumes y las efímeras flores del hermoso rosal mientras las circunstancias y la edad y los hilos negros de las tres hermanas (Parcas) todavía nos ofrecen oportunidad.» En uno de los poemas más famosos del mundo, el poeta latino Catulo escribió: «Vivamos, Lesbia mía, y amemos, y no demos una blanca por los cuentos de los viejos austeros.

Los soles se pondrán y volverán a salir; pero para nosotros, una vez que se ponga nuestra breve luz, ya no nos queda más que una perpetua noche que debemos dormir.»

Elimina el pensamiento de la vida por venir, y ésta pierde su valor. Suprime la idea de que esta vida es la preparación para otra más plena que la sigue, y los lazos del honor y de la moralidad se sueltan. Es inútil discutir que no debería ser así, y que las personas deberíamos ser buenas y honorables sin esperar ninguna recompensa. El hecho es que, para el que cree que este es el único mundo que hay, las cosas de este mundo son lo único que importa.

Así es que Pablo insiste en que los corintios no deben asociarse con los que dicen que no hay Resurrección; porque sería arriesgarse a contraer una infección que puede contaminar toda la vida. Decir que no existe la Resurrección no es señal de tener ideas elevadas, sino de no conocer a Dios en absoluto. Pablo aplica la palmeta para que la misma vergüenza haga volver a los extraviados al buen camino.

LO FÍSICO Y LO ESPIRITUAL

1 Corintios 15:35-49

Pero puede que alguien diga: «¿De qué manera resucitarán los muertos? ¿Con qué clase de cuerpo van a volver a la vida?»

¡Esa es una pregunta muy estúpida! Cuando siembras una semilla, no puede manifestarse la vida sin pasar por la muerte. No es el cuerpo que va a llegar a existir lo que se siembra, sino un granito que no está revestido de ninguna clase de cuerpo, sea de trigo o de cualquier otro cereal; y luego Dios le da el cuerpo que Le parece, a cada semilla el que le es propio. Las naturalezas no son todas iguales, sino que la naturaleza humana es de una manera, y la del ganado, de otra, y de otra la de las aves,

y otra la de los peces. Pues lo mismo pasa con los cuerpos: hay cuerpos celestes y cuerpos como los que conocemos en la Tierra. El esplendor de los cuerpos celestes es una cosa distinta de la naturaleza de los terrenos. El Sol tiene un brillo, y la luna otro, y las estrellas otro. Menciono las estrellas en plural porque cada una de ellas difiere de las otras en esplendor.

Pues la misma diferencia habrá entre este cuerpo y el que tendremos en la Resurrección de los muertos. Nuestro cuerpo presente es como una semilla: se siembra algo corruptible, pero resucitará incorruptible; se siembra algo vergonzoso, y resucitará glorioso; se siembra algo débil, y resucitará algo poderoso; se siembra un cuerpo físico, y resucitará un cuerpo espiritual. Porque, si existen los cuerpos físicos, también existen los cuerpos espirituales. Por eso dice la Escritura: «El primer hombre, Adán, llegó a ser una persona viva.» ¡Y el último Adán, un Espíritu que da la vida!

No es lo espiritual lo que viene primero, sino lo físico; y luego, lo espiritual. El primer hombre era de la Tierra, terrenal; el segundo Hombre es del Cielo, celestial. Los que están hechos de tierra son terrenales; pero los celestiales son como el Celestial. Como llevamos la imagen del terrenal, también llevaremos la imagen del Celestial.

Antes de empezar a intentar interpretar esta sección, haremos bien en tener presente una cosa: aquí Pablo está tratando de cosas que no conocemos experimentalmente. No está hablando de cosas que se pueden verificar, sino de cuestiones de fe. Al tratar de expresar lo inexpresable, y de describir lo indescriptible, lo hace lo mejor posible con las ideas y las palabras humanas, que son las únicas de que disponemos. Si tenemos eso presente, nos librará de una interpretación literalista cruda, y nos hará afianzar el pensamiento en los principios que subyacen en la mente de Pablo.

En esta sección, Pablo está contestando a los que dicen:

«Concedamos que haya una resurrección del cuerpo; pero, ¿con qué clase de cuerpo volverá la gente a la vida?» Y la respuesta de Pablo contiene tres principios básicos.

(i) Aplica la analogía de la semilla: esta se pone en la tierra, y muere; pero, a su debido tiempo, surge otra vez; y lo hace con un cuerpo muy diferente del que tenía cuando se sembró. Pablo muestra que, al mismo tiempo, puede haber disolución, diferencia y también continuidad. La semilla se desintegra; y luego surge otra vez, y hay una diferencia abismal en su cuerpo; pero, a pesar de la desintegración y la diferencia, es la misma semilla. Así, nuestros cuerpos mortales se disolverán; resucitaremos con una forma distinta, pero será la misma persona la que resucite. Desintegrados por la muerte, transformados por la Resurrección, pero seremos los mismos.

(ii) En el mundo, hasta tal cual lo conocemos, no hay una sola clase de cuerpos; cada parte separable de la creación tiene el suyo. Dios le da a cada cosa creada un cuerpo idóneo para su función en la creación. En ese caso, es de lo más razonable el esperar que nos dé un cuerpo adaptado a la vida resucitada.

(iii) En la vida hay desarrollo. Adán, el primer hombre, fue formado del polvo de la tierra *(Génesis 2:7)*. Pero Jesús es mucho más que un hombre formado del polvo de la tierra: es la encarnación del mismo Espíritu de Dios. Ahora bien: bajo la vieja forma de vida, somos una cosa con Adán, compartiendo su pecado, heredando su muerte y teniendo su cuerpo; pero bajo la nueva manera de vivir, somos una cosa con Cristo y, por tanto, participamos de Su vida y de Su ser. Es verdad que tenemos un cuerpo físico para empezar; pero también lo es que un día tendremos un cuerpo espiritual.

A lo largo de toda esta sección, Pablo ha mantenido una sabia y reverente reticencia en cuanto a cómo será el tal cuerpo. Será espiritual: tal como Dios sabe que necesitaremos, y seremos semejantes a Cristo. Pero en los versículos 42-44 traza cuatro contrastes que arrojan luz sobre nuestro futuro.

(i) El cuerpo presente es corruptible, y el futuro será incorruptible. En este mundo, todo está sujeto a cambio y descomposición. «La belleza de la juventud se aja, y la gloria de la virilidad se desvanece,» como decía Sófocles. Pero en la vida venidera habrá una estabilidad en la que la belleza no perderá nunca su encanto.

(ii) El cuerpo presente es deshonroso; el futuro será glorioso. Puede que Pablo quiera decir que en esta vida viene el deshonor por medio de los sentidos y las pasiones corporales; pero en la vida por venir, nuestros cuerpos ya no serán esclavos de pasiones e impulsos bajos, sino instrumentos para el servicio puro de Dios, mayor que el cual no existe honor.

(iii) El cuerpo presente muestra debilidad; el futuro revelará poder. Ahora está de moda hablar del poder de la persona; pero lo que aparece más a la vista es su debilidad: una leve brisa o una gota de agua la pueden matar. Nos vemos reducidos en esta vida muchas veces por las necesarias limitaciones del cuerpo. Una y otra vez, nuestra constitución física les dice a nuestros planes y visiones: «Hasta aquí, y no más.» A menudo nos sentimos frustrados por ser como somos. Pero en la vida venidera, esas limitaciones habrán desaparecido. Aquí estamos rodeados de debilidad; allí estaremos revestidos de poder.

> *Todo el bien que hemos esperado,*
> *deseado o soñado existirá;*
> *lo elevado que resultó excesivo,*
> *lo heroico que se pasó de duro.*

En la tierra tenemos «los arcos rotos;» en la vida por venir estará «el círculo completo.»

(iv) El cuerpo presente es un cuerpo material; el futuro será un cuerpo espiritual. Puede que Pablo quisiera decir que aquí no somos más que vasijas e instrumentos imperfectos para el Espíritu; pero en la vida venidera seremos tales que el Espíritu pueda llenarnos perfectamente, como no puede ahora, y el Espíritu nos pueda usar de veras como no Le es posible ahora. Entonces podremos ofrecer a Dios el verdadero culto, el servicio obediente y el perfecto amor que ahora son sólo anhelo y sueño.

LA CONQUISTA DE LA MUERTE

1 Corintios 15:50-58

> *Esto sí quiero deciros, hermanos: que la carne y la sangre no pueden heredar el Reino de Dios, ni puede la corrupción heredar la incorrupción. Fijaos bien en esto, porque os estoy hablando de cosas que sólo pueden entender los iniciados. No todos moriremos; pero todos experimentaremos una transformación en un instante, en un abrir y cerrar de ojo, cuando suene la trompeta final. Al toque de trompeta resucitarán incorruptibles los muertos, y nosotros seremos transformados. Porque esto corruptible debe asumir la incorrupción, y esto mortal debe revestirse de inmortalidad; y entonces será cuando suceda lo que está escrito: «La muerte ha sido absorbida por la victoria.» ¡Oh muerte! ¿Dónde está tu victoria? ¡Oh muerte! ¿Qué ha sido de tu aguijón? El aguijón de la muerte es el pecado, y la potencia del pecado depende de la ley. ¡Gracias a Dios, Que nos concede la victoria por medio de nuestro Señor Jesucristo! Así que, queridos hermanos, mostraos firmes, inalterables, superándoos siempre en la obra del Señor, sabiendo que vuestro trabajo no es nunca inútil en el Señor.*

Una vez más debemos recordar que Pablo está tratando de cosas que superan el lenguaje y trascienden la expresión. Debemos leer esto como leeríamos la mejor poesía, y no como si estuviéramos analizando un tratado científico. El argumento sigue una serie de pasos hasta llegar a su clímax.

(i) Pablo insiste en que, tal como somos, no tenemos posibilidad de heredar el Reino de Dios. Puede que estemos bien dotados para enfrentarnos con la vida de este mundo, pero no lo estamos para la vida del mundo venidero. Puede que uno sea capaz de correr lo suficiente para coger el autobús; pero tendría que ser otra persona para participar en la olimpíada. Puede que uno escriba suficientemente bien para divertir a sus amigos; pero tendría que ser otro para merecer el premio Cervantes. Una persona puede que hable bastante bien en su club; pero no podría ni empezar a hablar entre expertos en la materia. Una persona tiene que cambiar para entrar en otro nivel de vida; y Pablo insiste en que tenemos que experimentar una transformación radical para entrar en el Reino de Dios.

(ii) Además supone que ese cambio radical va a tener lugar durante su vida presente. En este punto, si lo entendemos correctamente, Pablo estaba en un error; pero no en que ese cambio tendría lugar cuando volviera Jesucristo.

(iii) De ahí pasa Pablo a proclamar triunfalmente que no hay por qué tener miedo a ese cambio. El temor de la muerte siempre ha atormentado a la gente. Asediaba al doctor Johnson, que era uno de los hombres más grandes y buenos que haya habido jamás. Una vez le dijo Boswell que había habido un tiempo en que él no temía a la muerte. Johnson le contestó «que nunca había tenido ni un solo momento en el que la muerte no le resultara algo terrible.» Una vez, la señora Knowles le dijo que no debería darle horror lo que es la puerta de la vida. Johnson le contestó: «Ningún ser humano racional puede enfrentarse con la muerte sin serias aprensiones.» Declaraba que el miedo a la muerte era tan natural a una persona, que se pasaba toda la vida intentando no pensarlo.

¿De dónde sale el temor a la muerte? En parte, del miedo a lo desconocido. Pero aún más, del sentimiento de pecado. Si creyéramos que nos podíamos encontrar con Dios sin problemas, morir nos parecería, como a Peter Pan, una gran aventura. Pero, ¿de dónde procede el sentimiento de pecado? Viene del reconocimiento de estar bajo una ley. Mientras no veamos a Dios nada más que en términos de ley de justicia, siempre nos veremos a nosotros mismos como criminales ante el tribunal, sin la menor esperanza de ser declarados inocentes. Pero eso es lo que Jesús vino a abolir. Vino a decirnos que Dios no es ley, sino amor; que no actúa por legalismo, sino por gracia; que vamos al encuentro, no de un juez, sino de un Padre que está esperando que Sus hijos vuelvan a casa. Para eso nos dio Jesús la victoria sobre la muerte, desterrando su temor con la maravilla del amor de Dios.

(iv) Por último, al final del capítulo, Pablo hace algo a lo que nos tiene acostumbrados. De pronto, la teología se convierte en desafío; de pronto, las especulaciones adquieren un carácter intensamente práctico; de pronto, el vuelo del pensamiento pasa a ser una demanda de acción. Termina diciendo: «Si tenéis esa gloriosa perspectiva a la vista, manteneos firmes en la fe y el servicio de Dios; porque, haciéndolo así, todos vuestros esfuerzos no resultarán baldíos.» La vida cristiana no es fácil, pero la meta hace que valga la pena la lucha para llegar. «Para mí está fuera de toda duda que lo que se sufre en este mundo no tiene comparación con la gloria venidera que se ha de manifestar en nosotros» *(Romanos 8:18).*

PROYECTOS PRÁCTICOS

1 Corintios 16:1-12

Por lo que se refiere a la colecta para el pueblo de Cristo, seguid vosotros también las instrucciones que les he dado a las iglesias de Galacia. Todos los domingos, que cada uno de vosotros aparte y ahorre lo que le permita su economía, para que no haya necesidad de hacer colectas cuando yo llegue.

Después de llegar, mandaré al que vosotros designéis para llevar vuestros dones a Jerusalén con una carta mía. Si es conveniente que yo vaya también, viajarán conmigo. Ya os visitaré después de pasar por Macedonia. Es posible que me quede con vosotros, y hasta que pase el invierno en vuestra compañía para que me dirijáis adonde haya de ir. No quiero veros ahora de pasada, porque espero quedarme algún tiempo con vosotros si el Señor

lo permite. Me quedaré en Éfeso hasta Pentecostés,
porque se me ha abierto una puerta grande y efectiva,
aunque son muchos los que están en contra.

Si llega Timoteo por ahí, aseguraros que puede que-
darse con vosotros sin pegas. Él está dedicado a la obra
del Señor lo mismo que yo, así que no le tratéis de cual-
quier manera. Ayudadle para que pueda venir adonde yo
estoy con vuestra bendición de paz, pues tanto los herma-
anos como yo mismo estamos esperándole ansiosamente.

En cuanto al hermano Apolos, yo le he animado todo
lo que he podido para que fuera a visitaros con los
hermanos, pero él no parecía dispuesto a ir por ahora,
aunque irá cuando tenga oportunidad.

Es típico del apóstol Pablo el cambio de tono tan abrupto
que hay entre los capítulos 15 y 16. El capítulo 15 ha discurrido
en las esferas más altas del pensamiento y la teología, y hablando de la vida del mundo venidero. El capítulo 16 trata de
las cosas más prácticas de la manera más natural, y se ocupa
de la vida cotidiana de este mundo y de la administración de
la iglesia. No hay alturas de pensamiento demasiado elevadas
para que Pablo intente alcanzarlas, ni detalles prácticos de
administración demasiado insignificantes para que les dedique
su atención. Estaba muy lejos de ser uno de esos visionarios
que se sienten como en su propia casa en los reinos de la
especulación teológica pero perdidos en los asuntos prácticos.
Puede que hubiera veces que tenía la cabeza en las nubes, pero
siempre tenía los pies bien plantados en la tierra.

Empieza por la colecta para los hermanos pobres de Jerusalén. Esa era una empresa que le era muy querida *(cp. Gálatas*
2:10; 2 Corintios 8 y 9; Romanos 15:25; Hechos 24:17). Había
un cierto sentimiento fraternal en el mundo antiguo. En el
mundo griego había asociaciones que se llamaban *éranoi.* Si
una persona estaba pasando una mala racha o tenía una necesidad repentina, sus amigos se lo montarían para ofrecerle un
préstamo libre de impuestos que le sacara de apuros. En la

sinagoga había responsables encargados de recoger entre los que tenían para repartirlo entre los que no tenían. Era corriente que los judíos que se habían establecido en otras ciudades y habían tenido éxito en sus empresas mandaran a Jerusalén sus aportaciones para el templo y para los pobres. Pablo no quería que la Iglesia Cristiana fuera menos que las comunidades judía y gentil en materia de generosidad.

Para él, esta colecta para los pobres de Jerusalén quería decir todavía más que eso. (i) Era una manera de demostrar la unidad de la Iglesia. Era una manera de enseñar a los cristianos desperdigados que no eran sólo miembros de una iglesita local, sino de la Iglesia en su totalidad, cada una de cuyas partes tenía obligaciones con las demás. Un enfoque estrechamente congregacionalista estaba muy lejos del concepto paulino de la Iglesia. (ii) Era una manera práctica de poner en acción la enseñanza del Evangelio. Al organizar esta colecta, Pablo estaba ofreciéndoles a los creyentes una oportunidad para trasladar a la acción la enseñanza cristiana acerca del amor.

Se ha hecho notar que, en diferentes cartas y sermones, Pablo usa no menos de nueve palabras distintas para describir esta colecta.

(i) Aquí la llama *loguía*, que quiere decir *una colecta especial. Una loguía* era lo contrario de un impuesto que se tuviera que pagar; era una donación extra. Un cristiano no cumple sus posibilidades limitándose a satisfacer legalmente el mínimo que se le exige. La pregunta de Jesús era: «¿Qué estás haciendo más que los demás?» *(Mateo 5:47).*

(ii) A veces la llama una *járis (1 Corintios 16:3; 2 Corintios 8:4).* Como ya se ha visto, la característica de *jaris* es que describe *un regalo que se da generosamente a alguien que no lo merece.* Lo más encantador es que no es nada que se le saque a nadie, por mucho que sea, sino algo que se da de corazón, por muy poco que sea. Fijémonos en que Pablo no establece una cantidad fija que deba dar cada uno de los cristianos corintios, sino les dice que deben dar como permita su prosperidad. Es el corazón de cada uno el que debe decirle cuánto ha de dar.

(iii) Algunas veces usa la palabra *koinônía (2 Corintios 8:4; 9:13; Romanos 15:6)*. *Koinônía* quiere decir *solidaridad*, y la esencia de la solidaridad está en *compartir*. La comunión cristiana se basa en el espíritu que no puede arrebujarse lo que tiene, sino que considera todo lo que posee como susceptible de ser compartido con otros. Su pregunta prioritaria no es «¿Con qué puedo quedarme?», sino «¿Qué puedo dar?»

(iv) A veces usa la palabra *diakonía (2 Corintios 8:4; 9:1, 12, 13)*. *Diakonía* quiere decir servicio práctico cristiano. Es una palabra que transcribimos más que traducimos a veces, lo mismo que otra de la misma raíz, *diákonos, diácono*. Puede que las limitaciones de la vida le impidan a uno a veces ofrecer el servicio personal que quisiera aportar; pero nuestro dinero puede llegar adonde no llegamos nosotros.

(v) Una vez usa la palabra *hadrótês*, cuyo significado es *abundancia (2 Corintios 8:20)*. En ese pasaje Pablo habla de los mensajeros de la iglesia que le acompañan para garantizar que no malgaste *la abundancia* que se le ha confiado. Pablo no habría querido nunca esa abundancia para sí mismo. Estaba contento con lo que pudiera ganar con el trabajo de sus manos y el sudor de su frente. Pero estaba cordialmente contento cuando tenía abundancia para dar. Es un triste comentario sobre la naturaleza humana el que, cuando una persona está pensando en lo que podría hacer si tuviera mucho dinero, casi siempre empieza, y muchas veces también acaba, pensando en lo que se compraría para sí misma, y rara vez en lo que daría a otros.

(vi) A veces usa la palabra *euloguía,* que en este caso quiere decir *liberalidad (2 Corintios 9:5)*. Hay una clase de dar que no tiene nada de liberal. Se da lo que sea como un penoso e inevitable deber, con fastidio y no con deleite. Todo verdadero dar es una liberalidad que estamos inmensamente contentos de poder llevar a cabo.

(vii) A veces usa la palabra *leiturguía (2 Corintios 9:12)*. En griego clásico, esta era una palabra con una historia noble. En los días grandes de Atenas había ciudadanos generosos que ofrecían voluntariamente costear de sus propios bolsillos alguna empresa en que estuviera comprometida la ciudad. Podía ser pagar los gastos de la preparación del coro para algún nuevo drama; o de algún equipo atlético que representara a la ciudad en los juegos olímpicos; o podía ser pagar la dotación de un trirreme o barco de guerra cuando la ciudad estuviera en peligro. *Una leiturguía* era en su origen un servicio que se hacía al estado voluntariamente. El dar cristiano debería asumirse voluntariamente. Debería considerarse un privilegio el que se le ofreciera a uno la oportunidad de ayudar de alguna manera a la familia de Dios.

(viii) Una vez habla de la colecta como *eleêmosynê (Hechos 24:17)*. Esa era la palabra griega para *limosna*. Tan consustancial era la idea de la limosna a la de la religión entre los judíos que, en hebreo, *limosna* y *justicia* se expresaban con la misma palabra, como pasa en español con la palabra *piedad*.

La limosna que se le da a un padre no se borra,
y quedará inalterable como expiación por el pecado;
en el día aciago será recordada,
obliterando tus iniquidades como la escarcha»
(Eclesiástico 14:15).

Un judío habría dicho: «¿Cómo puede un hombre demostrar su bondad mejor que siendo generoso?»

(ix) Por último, usa la palabra *prosforá (Hechos 24:17)*. Lo interesante de esta palabra es que designa *una ofrenda* y *un sacrificio*. En el sentido más real, lo que se da a una persona necesitada es un sacrificio que se presenta a Dios. El mejor sacrificio que Le podemos ofrecer, después del de un corazón contrito y humillado, es la amabilidad que se tiene con uno de Sus hijos en angustia.

Al final de esta sección, Pablo recomienda a dos de sus colaboradores. El primero es *Timoteo*. Timoteo tenía la desventaja de ser joven. La situación de Corinto era bastante difícil para un hombre experimentado como Pablo; lo sería infinitamente más para Timoteo. La recomendación de Pablo es que respeten a Timoteo, no por lo que es en sí, sino por la obra que está llevando a cabo. No es la persona la que glorifica la obra, sino la obra la que glorifica a la persona. No hay dignidad como la de una gran tarea. El segundo es *Apolos*. Apolos surge de este pasaje como un hombre de gran sabiduría. Al principio de esta carta vimos que había un grupo en Corinto que, sin la menor sanción de Apolos, le consideraban su dechado. Apolos lo sabía y, sin duda, quería mantenerse lejos de Corinto, no fuera que aquel partido tratara de utilizarle. Era suficientemente sabio como para saber que, cuando una iglesia está dividida por la política de los partidos, lo más sabio y previsor es mantenerse lejos.

DESPEDIDA Y SALUDOS

1 Corintios 16:13-21

Estad alerta. Manteneos firmes en la fe. Portaos como hombres. Haceos fuertes. Que el amor presida todas vuestras relaciones.

Hermanos, os insisto: ya sabéis que la familia de Esteban fueron las primicias de la cosecha de Dios en Acaya, y que se han consagrado a ayudar a los que son de Cristo; pues que vosotros seáis también obedientes a tales personas y a todos los que participan en la obra común del Evangelio y se esfuerzan por él. Me ha dado una alegría inmensa la llegada de Esteban, Fortunato y Acaico, porque han completado la información que yo tenía sobre vosotros. Me han confortado el espíritu, como han hecho también con vosotros. Mostrad todo vuestro aprecio a personas así.

Las iglesias de Asia os mandan sus saludos. Muchos recuerdos en el Señor de Áquila y Prisca, con toda la iglesia que se reúne en su casa. Todos los hermanos os mandan sus saludos. Saludaos unos a otros de nuestra parte con un beso santo.

Aquí tenéis mi saludo, de mi puño y letra: Pablo. El que no ame al Señor Jesucristo, que se pierda. El Señor está cerca. La gracia del Señor Jesucristo sea con vosotros. Todo mi amor hacia todos vosotros en Jesucristo. Amén.

Este pasaje es interesante por su naturaleza eminentemente práctica y porque, con la máxima sencillez, arroja un torrente de luz sobre la vida cotidiana de la Iglesia Primitiva.

Pablo empieza con una serie de cinco imperativos. Es posible que los cuatro primeros tengan un trasfondo militar y sean como las órdenes de un oficial a sus soldados. «Como centinelas, estad siempre alerta. Cuando os ataquen, manteneos firmes en la fe y no retrocedáis ni un centímetro. A la hora de la batalla, portaos como héroes. Como soldados bien equipados y entrenados, pelead con bravura por vuestro Rey.» A continuación, la metáfora cambia. Cualquiera que sea la actitud del soldado cristiano para con las personas y las cosas que amenazan al Evangelio desde fuera, para con los que están dentro de la iglesia su actitud debe estar inspirada siempre por la camaradería y el amor. En la vida cristiana tienen que estar siempre presentes el coraje que no retrocede jamás y el amor que nunca falla.

En Éfeso, a Pablo le habían ido a ver Esteban, Fortunato y Acaico, y le habían llevado noticias frescas que llenaban los huecos de su información de lo que sucedía en Corinto. Su elogio de Esteban es muy interesante: Esteban merecía respeto porque se había puesto al servicio de la iglesia. En la Iglesia Primitiva el servicio voluntario y espontáneo era el principio del ministerio reconocido. Uno llegaba a ser un líder en la iglesia, no tanto por un nombramiento humano como por el hecho de que su testimonio y trabajo le señalaban como persona a la que las demás debían respetar. T. C. Edwards dice: «En la iglesia hay muchos que *hacen algo*, pero pocos que *trabajan*.» (El D.R.A.E. dice que trabajar es, entre otras cosas, «aplicarse uno con desvelo y cuidado a la ejecución de alguna cosa»).

Los versículos 19 y 20 contienen una serie de saludos. Áquila y Prisca son los únicos que se mencionan por nombre. Estos dos, marido y mujer, circulan por el escenario de las cartas de Pablo y el Libro de los Hechos como Pedro por su casa. Eran judíos y, como Pablo, fabricantes de tiendas de campaña. En un principio estaban instalados en Roma; pero el año 49 ó 50 el emperador Claudio publicó un decreto por el que expulsaba de Roma a todos los judíos. Áquila y Prisquilla se encaminaron a Corinto, donde encontraron a Pablo por primera vez *(Hechos 18:2)*. De Corinto pasaron a Éfeso, desde donde Pablo manda ahora sus saludos a sus anteriores compañeros de Corinto. Por *Romanos 16:3* deducimos que habían vuelto a Roma y estaban establecidos otra vez allí. Una de las cosas interesantes sobre Áquila y Prisquilla es que nos muestra lo fácilmente que se trasladaba la gente en aquellos tiempos, especialmente tal vez los judíos. Llevados por su trabajo fueron de Palestina a Roma, de Roma a Corinto, de Corinto a Éfeso y de Éfeso otra vez a Roma.

Hay algo especial en esos dos que no debemos pasar por alto. En aquellos días no habían tal cosa como iglesias, en el sentido de locales para el culto cristiano. De hecho, no sabemos que las hubiera hasta el siglo III. Las pequeñas congregaciones se reunían en casas particulares en las que hubiera una habitación suficientemente grande y conveniente. Pues bien: dondequiera que iban Áquila y Prisquilla, su casa era la iglesia. Cuando estaban en Roma, Pablo manda saludos para ellos y para la iglesia que se reúne en su casa *(Romanos 16:3-5)*. Cuando escribe desde Éfeso, manda recuerdos de ellos y de la iglesia que se reúne en su casa. Áquila y Prisquilla eran dos de aquellos cristianos maravillosos que ofrecían sus hogares como centros de la luz y el amor de Cristo, recibiendo a muchos huéspedes y viandantes porque Cristo era siempre su huésped invisible, Que convertía sus casas en refugios de descanso y paz y amistad para los solitarios y tentados y tristes y deprimidos. Homero dedica un gran cumplido a uno de sus personajes cuando dice de él: «Vivía en una casa al borde del

camino, y era amigo de todos los viandantes.» El peregrino
cristiano siempre encontraba alojamiento acogedor donde vivían Áquila y Prisquilla. ¡Que Dios nos ayude a hacer que sean
así nuestros hogares!

«Saludaos unos a otros de nuestra parte con un beso santo,»
les dice Pablo. El beso de la paz era una costumbre preciosa
de la Iglesia Primitiva. Puede que fuera una práctica judía, que
los cristianos adoptaron en las iglesias. Aparentemente se daba
después de las oraciones e inmediatamente antes de la Santa
Cena. Era la señal y el símbolo de que estaban a la mesa del
amor unidos en perfecto amor. Cirilo de Jerusalén escribe
acerca de esto: «No penséis que este beso es como los que se
dan los amigos en el mercado.» No era producto de la rutina
ni de la sensualidad. Es verdad que en tiempo posterior no se
daban besos entre hombres y mujeres sino sólo entre los hombres o entre las mujeres. A veces se daba, no en los labios, sino
en la mano. Llegó a llamársele simplemente «la paz,» como
ahora en muchas iglesias en las que se practica el saludo
fraternal como parte del culto. Hacía falta recordarles esta
buena costumbre a los corintios, porque su iglesia estaba ras-
gada por rivalidades y disensiones.

¿Por qué desapareció de la vida de la iglesia esa bella
costumbre? En primer lugar, se fue desvaneciendo porque, con
ser tan encantadora, se prestaba al abuso y, todavía más, a la
maliciosa interpretación de los calumniadores paganos. En
segundo lugar, cayó en desuso porque la iglesia era cada vez
menos una comunidad de hermanos. En las pequeñas iglesias
caseras en las que todos eran amigos estrechamente relaciona-
dos, era la cosa más natural del mundo; pero, cuando el grupito
hogareño pasó a ser una reunión de muchas personas que no
se conocían íntimamente, desapareció la confianza, y con ella
el beso de la paz. Puede que donde hay congregaciones nume-
rosas se pierda algo; porque, cuanto mayor y más desperdiga-
da sea la congregación, más difícil resulta la confianza que
reina donde todos se conocen y se quieren. Es verdad que la
iglesia debe acoger a los forasteros y a los desarraigados; pero

una iglesia en la que todos son desconocidos o, a lo más, meros conocidos, no es una iglesia en el sentido más profundo.

En la última hoja de la carta que ha escrito a su dictado algún amanuense, Pablo escribe su propio saludo autógrafo. Les advierte en contra de los que no aman a Cristo, porque nada bueno pueden aportar en la iglesia los que llegan movidos por otros intereses que no son la verdadera entrega y lealtad al Señor. Y a continuación escribe en arameo la frase «¡Maran atha!», que quiere decir probablemente «¡El Señor está cerca!»; o, con un ligero cambio de entonación, «¡Ven, Señor nuestro!» Es curioso encontrarse una frase aramea en una carta escrita en griego a una iglesia griega. La explicación es que esa frase, como otras pocas tales como «aleluya» y «hosanna», se habían incorporado a la lengua de la alabanza, como sigue pasando. La que aparece aquí resumía la esperanza viva de la Iglesia Primitiva, y los cristianos se identificaban y saludaban con ella de una manera que les era característica y exclusiva.

Dos últimas cosas envía Pablo a los de la iglesia de Corinto: la gracia de Cristo, y su propio amor. Puede que tuviera necesidad de advertir, corregir y reprender con justa indignación algunas cosas de los cristianos de Corinto; pero la última palabra es amor.

2 CORINTIOS

CONFORTADO PARA CONFORTAR

2 Corintios 1:1-7

Pablo, apóstol de Jesucristo por voluntad de Dios, y Timoteo, el hermano que todos conocéis, enviamos esta carta a la iglesia de Dios que hay en Corinto, y a todo el pueblo consagrado a Dios que hay por toda Acaya:

¡Que la gracia y la paz de nuestro Padre Dios y de nuestro Señor Jesucristo estén siempre con vosotros!

¡Bendito sea el Dios y Padre de nuestro Señor Jesucristo, el Padre siempre compasivo y el Dios que manda toda confortación, que nos conforta en todas nuestras aflicciones para que podamos confortar a los que estén en cualquier tipo de pruebas por medio de la confortación con que Dios nos conforta! Porque, si los padecimientos que nos alcanzan son los que rebosan de los que Cristo padeció, también la confortación que os podemos comunicar nos llega rebosando de Cristo. Si pasamos tribulación es para poder confortaros mejor y aporta-ros salvación. Si somos confortados, es para poder comunicaros mejor esa confortación cuya efectividad se demuestra en vuestra capacidad para sufrir victoriosamente los experiencias duras por las que nosotros también estamos pasando. Así que nuestra esperanza en relación con vosotros está bien fundada; porque sabemos que, así como participáis en los sufrimientos que pasamos nosotros, también participáis de la fuente de confortación que nosotros poseemos.

Detrás de este pasaje se esconde todo un sumario de la vida cristiana.

(i) Pablo escribe a los que están pasando pruebas como hombre experimentado en pruebas. La palabra que usa para aflicción es *thlípsis*. En griego corriente esta palabra describe siempre la presión física que tiene que soportar una persona. R. C. Trench escribe: «Cuando, según la antigua ley de Inglaterra, a los que se negaban a confesar se les colocaban grandes pesos en el pecho hasta el punto de morir aplastados, eso era literalmente *thlípsis*.»

A veces cae sobre el espíritu de una persona la carga y el misterio de este mundo ininteligible. En los primeros años del Cristianismo, los que se hacían cristianos se exponían a toda clase de pruebas. Podría sucederles que los abandonaran sus propios familiares, que los rechazaran sus vecinos paganos y que los persiguieran los poderes públicos. Samuel Rutherford le escribió a uno de sus amigos: «Dios te ha llamado al lado de Cristo, y la tempestad sopla ahora sobre el rostro de Cristo en esta tierra; y, puesto que estás con Él, no puedes esperar estar al socaire o en la ladera soleada del cerro.» Siempre es costoso ser cristiano de verdad, porque no hay Cristianismo sin Cruz.

(ii) La respuesta a este sufrimiento está en la resistencia. La palabra griega para resistencia o aguante es *hypomonê*. La clave de *hypomonê* no está en la ceñuda, hosca aceptación de la dificultad, sino en la victoria. Describe el espíritu que puede, no sólo aceptar el sufrimiento, sino triunfar sobre él. Alguien le dijo a uno que estaba sufriendo: «El dolor le pone color a la vida, ¿verdad?» «Sí —respondió el sufriente—, pero yo me reservo elegir el color.» Como la plata sale del fuego más pura, así el cristiano surge más real y fuerte de los días aciagos. El cristiano es un atleta de Dios cuyos músculos espirituales se fortalecen con la disciplina de la dificultad.

(iii) Pero no se nos deja arrostrar esta prueba ni aportar el aguante por nosotros mismos. Viene en nuestra ayuda la confortación de Dios. Entre los versículos 3 y 7, el nombre *confortación* o el verbo *confortar* aparecen no menos que nueve veces. Con *confortación* el Nuevo Testamento siempre quiere decir mucho más que *lástima*. Esta palabra es fiel a su etimología: deriva de la raíz latina *fortis*, que quiere decir *valeroso*. La confortación cristiana es la que infunde valor, y le permite a una persona resistir o asumir lo que sea. Pablo estaba seguro de que Dios no le envía a nadie una misión que no vaya acompañada del poder para realizarla.

Aun aparte de eso, hay siempre una cierta inspiración en cualquier sufrimiento al que le conduzca a uno su fe; porque tal sufrimiento, como dice Pablo, es lo que nos llega del rebosamiento de los sufrimientos de Cristo. Es una participación en los padecimientos de Cristo. En los tiempos de la caballería andante, los caballeros llegaban solicitando alguna tarea especialmente difícil mediante la cual pudieran demostrar su devoción a su dama. Sufrir por Cristo es un privilegio. Cuando llega la adversidad, el cristiano puede decir lo que dijo Policarpo, el anciano obispo de Esmirna, cuando le estaban atando al patíbulo: «Te doy gracias porque me has juzgado digno de esta hora.»

(iv) El resultado supremo de todo esto es que obtenemos la capacidad de confortar a otros que estén pasando pruebas. Pablo afirma que las cosas que le han sucedido y la confortación que ha recibido le han capacitado para ser una fuente de confortación para otros. Barrie, el creador de *Peter Pan*, nos cuenta que su madre perdió un hijito muy querido, y luego nos dice: «Así es como mi madre obtuvo sus ojos tiernos, y por lo que otras madres acudían a ella cuando perdían un hijo.» Se nos dice de Jesús: «Porque, en cuanto Él mismo fue tentado y sufrió, puede ayudar a los que están pasando pruebas» *(Hebreos 2:18)*. Vale la pena experimentar el sufrimiento y el dolor si esa experiencia nos capacita para ayudar a otros cuando sean combatidos por las tempestades de la vida.

2 CORINTIOS

IMPULSADOS DE VUELTA A DIOS

2 Corintios 1:8-11

> *Quiero que sepáis, hermanos, que en Asia pasamos por una experiencia terrible en la que estuvimos abatidos más allá de lo soportable, hasta el punto de que desesperábamos de salir con vida. El único veredicto que se podía dar de nuestra condición era la condena de muerte; pero todo esto nos sucedió para que no confiáramos en nosotros mismos, sino en el Dios que resucita a los muertos. Fue Él Quien nos rescató; y esperamos que Él nos siga rescatando en respuesta a vuestras oraciones, para que se den gracias por nosotros desde muchos sitios y por muchas personas por el don de la gracia de Dios que nos alcanzó.*

Lo más extraordinario de este pasaje es que no tenemos absolutamente ninguna información acerca de esa terrible experiencia que pasó Pablo en Éfeso. Algo le sucedió que le condujo al último límite de su resistencia. Estaba en un peligro tan inminente que ya se consideraba condenado a muerte sin posible salida; y, sin embargo, esta alusión de pasada y algunas otras por el estilo en otras cartas suyas contienen todo lo que sabemos.

Hay una tendencia muy humana a sacar el mayor partido posible de todo lo que se tiene que pasar. A menudo una persona que ha sufrido una operación muy sencilla la usará como tema predilecto de conversación mucho tiempo. H. L. Gee nos cuenta que dos hombres se encontraron durante los días de la guerra para cierto asunto. Uno no hablaba más que del ataque de aviación que había sufrido el tren en que viajaba: lo aterrada que estaba la gente, el peligro en que se encontraban y cómo habían salido con vida por los pelos. El otro al fin dijo: «Vamos a acabar con nuestro asunto. Quisiera marcharme pronto, porque una bomba me arrasó la casa anoche.»

Los que han sufrido de veras no suelen hablar mucho de ello. El rey Jorge V de Inglaterra tenía como una de sus reglas: «Si tengo que sufrir, dejad que me retire a la soledad en silencio como un animal bien educado.» Pablo no hacía gala de sus sufrimientos; así que nosotros, que no tendremos que sufrir tanto como él, debemos seguir su ejemplo.

Pero Pablo veía que la experiencia terrible que había pasado había resultado tremendamente útil: *le había arrojado a los brazos de Dios* y le había demostrado su absoluta dependencia de Él. Los árabes tienen un proverbio: «La luz del Sol acaba por producir un desierto.» El peligro de la prosperidad es que produce una falsa independencia; nos hace creer que podemos pilotar la vida solos. Por cada oración que se eleva a Dios en los días de prosperidad se elevan diez mil en los días de adversidad. Como Lincoln decía: «Muchas veces he tenido que caer de rodillas en oración porque no tenía adónde acudir.» A menudo es en la desgracia cuando se descubre quiénes son los verdaderos amigos, y a menudo necesitamos un tiempo de adversidad para comprender cuánto necesitamos a Dios.

El resultado fue que Pablo adquirió una confianza inalterable en Dios. Ahora sabía sin la menor duda lo que Dios podía hacer por él. Si pudo sacarle con vida de aquello, podía sacarle de lo que fuera. El grito gozoso del salmista era: «¡Tú has librado mi alma de la muerte, mis ojos de las lágrimas y mis pies de resbalar!» *(Salmo 116:8)*. Lo que más contribuyó a la conversión de John Bunyan fue oír a unas ancianas sentadas al sol «que hablaban de lo que Dios había hecho por sus almas.» La confianza del cristiano en Dios no es cosa de teoría ni especulación; es de hecho y de experiencia. Sabe lo que Dios ha hecho por él, y por tanto no tiene miedo.

Por último, Pablo pide las oraciones de los corintios. Como ya hemos notado antes, el mayor de los santos no se avergüenza de pedir las oraciones del más pequeño de sus hermanos. Puede que podamos hacer muy poco por nuestros amigos; pero, aunque tengamos pocos bienes de este mundo, podemos dedicarles el tesoro incalculable de nuestras oraciones.

LO ÚNICO DE QUE PODEMOS PRESUMIR

2 Corintios 1:12-14

> *Lo único de lo que podemos presumir es de algo en lo que también nos respalda el testimonio de nuestra conciencia: de que nos hemos conducido en el mundo, y mucho más entre vosotros, en santidad y transparencia de Dios; no con una sabiduría dominada por motivos meramente humanos, sino con la gracia de Dios. No os hemos escrito nada más que lo que podéis leer y entender, y espero que seguiréis profundizando más y más en el sentido y significado de lo que ya habéis empezado a entender por lo menos en parte. Porque estamos orgullosos de vosotros, como vosotros lo estáis de nosotros, con el Día de Cristo a la vista.*

Aquí empezamos a captar los matices de las acusaciones que estaban dirigiendo los corintios contra Pablo y de las calumnias con las que estaban tratando de desacreditarle.

(i) Deben de haber estado diciendo que había más en la conducta de Pablo de lo que se veía. Su respuesta es que se ha conducido siempre en la santidad y transparencia de Dios. *No había nada escondido en la vida de Pablo.* Podríamos añadir a la lista otra bienaventuranza: «Bienaventurados los que no tienen nada que ocultar.» Hay una antigua historia de uno que iba de puerta en puerta diciendo: «¡Huid! ¡Todo se ha descubierto!», y uno se sorprendía de ver que salían huyendo los que no se habría figurado. Se cuenta que una vez un arquitecto se ofreció a construirle a un filósofo griego una casa en la que era imposible ver desde ningún sitio lo que había dentro; y el filósofo le dijo: «Te pagaré el doble de tus honorarios si me construyes una en la que todo el mundo pueda ver lo que hay en todas las habitaciones.» La palabra que hemos traducido por *transparencia* es *eilikrinía*, y es sumamente interesante. Puede describir algo que puede soportar la prueba de ser expuesto a la luz del Sol y que se vea el Sol a través de ello. Bendita la persona cuyas acciones puedan soportar la luz del día y que, como Pablo, pueda asegurar que no hay segundas intenciones ocultas en su vida.

(ii) Había algunos que le estaban atribuyendo motivaciones ocultas a Pablo. Su respuesta es que toda su conducta está motivada, no por una astucia calculada, sino por la gracia de Dios. *No había motivaciones ocultas en la vida de Pablo.* El poeta escocés Robert Burns, en otra relación, señala la dificultad de descubrir «Lo que los movió a hacerlo.» Si somos honestos, tendremos que admitir que rara vez hacemos nada sin mezcla de motivos. Hasta cuando hacemos algo bien, puede estar enredado en motivos de prudencia, prestigio, exibicionismo, temor o cálculo. La gente puede que nunca vea esos motivos; pero, como decía Tomás de Aquino, «los humanos vemos la acción, pero Dios ve la intención.» La pureza de acción puede que sea difícil, pero la pureza de intención lo es todavía más. Sólo podemos tener tal pureza cuando podemos decir como Pablo que nuestro viejo yo ha muerto, y Cristo vive en nosotros.

(iii) Había algunos que decían que Pablo no quería decir en sus cartas lo que parecía. Su respuesta fue que no *había ninguna segunda intención en sus palabras.* Las palabras son criaturas extrañas. Se pueden usar para revelar el pensamiento, o para ocultarlo. Pocos son los que pueden decir honradamente que quieren decir exactamente lo que dicen. Puede que digamos algo porque es lo que hay que decir en esa situación; puede que lo digamos para cumplir, o para quedar bien; o para no meternos en líos. Santiago, que veía los peligros de la lengua mejor que nadie, decía: «El que no comete errores en lo que dice es una persona perfecta» *(Santiago 3:2).*

En la vida de Pablo no había cosas ocultas, ni motivos ocultos, ni sentidos ocultos. Vale la pena proponerse ser así.

EL SÍ DE DIOS EN JESUCRISTO

2 Corintios 1:15-22

> *Fue con esta confianza como hice planes ante-*
> *riormente para visitaros, para llevaros algo agradable*
> *por segunda vez, y luego seguir para Macedonia desde*
> *vosotros para que me ayudarais a ganar tiempo para ir*
> *a Judea. Así que, cuando hice ese plan, ¡no diréis que*
> *lo hice veleidosamente! ¿O podéis creer de veras que*
> *cuando hago los planes los hago como los haría un*
> *mundano diciendo que sí y que no a la vez? Podéis fiaros*
> *de Dios. Podéis estar completamente seguros de que el*
> *Mensaje que os llevamos no vacilaba entre el sí y el no;*
> *porque el Hijo de Dios, Jesucristo, a Quien procla-*
> *mamos entre vosotros Silvano, Timoteo y yo mismo, no*
> *era algo que vacilaba entre el sí y el no. ¡Era un rotundo*
> *sí! Él es el sí a todas las promesas de Dios. Por eso*
> *podemos decir ¡Amén! por medio de Él cuando habla-*
> *mos de ello para la gloria de Dios. Pero es Dios el Que*
> *os garantiza a vosotros con nosotros en Cristo, el Dios*
> *que nos ha ungido y sellado y nos ha puesto el Espíritu*
> *Santo en el corazón como adelanto y prenda de la vida*
> *por venir.*

A primera vista, este parece un pasaje difícil. Detrás de él se esconde otra acusación o calumnia contra Pablo. Pablo había dicho que les haría una visita a los corintios; pero la situación se había enrarecido tanto que él pospuso la visita para no causarles disgusto (versículo 23). Sus enemigos aprovecharon rápidamente la ocasión para acusarle de ser la clase de hombre que hacía promesas frívolas que luego no cumplía, y que nunca decía claro sí o no. Eso ya era bastante malo; pero de ahí pasaban a decir que, «Si no podemos confiar en las promesas de Pablo en cosas cotidianas, ¿cómo vamos a creer lo que nos ha dicho acerca de Dios?» La respuesta de Pablo es que podemos fiarnos de Dios, y que Jesucristo no está cambiando de posición constantemente entre el sí y el no.

Y entonces comprime todo este asunto en una frase epigramática: «Jesucristo es el Sí a todas las promesas de Dios.» Lo que quiere decir esto es que, si Jesús no hubiera venido, podríamos haber dudado de las maravillosas promesas de Dios. Pero un Dios que nos ama tanto Que nos ha dado a Su Hijo es seguro que cumplirá todas las promesas que nos ha hecho. Jesús es la garantía personal que Dios nos da de que todas Sus promesas, desde las más grandes hasta las más pequeñas, son verdad.

Aunque los corintios estaban calumniando a Pablo, queda esta verdad saludable: la fidelidad del mensajero confirma la fiabilidad del mensaje. Predicar, se dice, es «verdad a través de personalidad;» y, si no se puede confiar en el mensajero, tampoco se puede confiar en su mensaje. Entre las normas judías en relación con la conducta y el carácter de un maestro, se establecía que no debía nunca prometerle nada a sus alumnos que no tuviera intención de cumplir. Porque eso sería acostumbrarlos a la falsedad. Aquí tenemos la advertencia de que no se deben hacer promesas a la ligera, porque se dejarían de cumplir con la misma ligereza. Antes de hacer una promesa se debe calcular lo que costará cumplirla, y estar seguro de que se puede y se quiere pagar ese precio.

Pablo pasa a decir dos cosas importantes.

(i) Es a través de Jesucristo como decimos «Amén» a las promesas de Dios. Solemos terminar nuestras oraciones diciendo: «Por Jesucristo nuestro Señor. Amén.» Cuando concluimos una lectura bíblica también decimos a veces: «Amén.» *Amén* quiere decir *Así sea*, y la gran verdad es que no se trata de una fórmula ni de algo ritual; es la palabra que expresa nuestra convicción de que podemos ofrecer nuestras oraciones con confianza a Dios, y podemos apropiarnos con confianza todas Sus grandes promesas porque Jesús es la garantía de que nuestras oraciones serán oídas, y de que las grandes promesas de Dios son verdad.

(ii) Por último, Pablo habla de lo que la versión Reina-Valera llama *las arras del Espíritu.* La palabra griega es *arrabôn,* que en griego moderno quiere decir *anillo de boda. Arrabôn* era la cantidad inicial de un pago, que se abonaba como garantía de que se pagaría el resto. Es una palabra muy corriente en documentos legales griegos. Leemos en uno de ellos que una mujer que vendía una vaca recibió 1,000 dracmas como *arrabôn* de que la operación era en firme y se le pagaría el resto. En otro, unas bailarinas que se habían contratado para la fiesta de una aldea, recibieron un tanto como *arrabôn,* que sería deducido del total, pero que era una garantía de momento de que el contrato se mantendría y se les pagaría lo estipulado. En otro, un cierto siervo le escribe a su amo que le ha pagado a Lampón el ratonero un *arrabôn* de 8 dracmas en señal de que empezará a cazar los ratones mientras tienen las crías. Era un adelanto y una señal de que se le pagaría el resto. Todo el mundo conocía esta palabra. Cuando Pablo habla del Espíritu Santo como el *arrabôn* que Dios nos ha dado quiere decir que la clase de vida que vivimos con la ayuda del Espíritu Santo es el primer plazo de la vida del Cielo, y la garantía de que algún día recibiremos la totalidad de esa vida. El don del Espíritu Santo es la señal y la garantía de algo todavía más maravilloso que está por venir.

CUANDO UN SANTO REPRENDE

2 Corintios 1:23 – 2:4

Pongo a Dios como testigo en contra de mí mismo si no es verdad que no volví a Corinto porque no quería haceros daño. No lo digo porque queramos ejercer ningún paternalismo sobre vuestra fe, sino porque deseamos seguir trabajando con vosotros para produciros alegría. Por lo que se refiere a la fe, vosotros os mantenéis firmes. Pero para mi propia tranquilidad de conciencia llegué a esta decisión: No ir otra vez a vosotros con tristeza. Porque, si os entristezco, ¿quién me va a poner a mí alegre sino el que he entristecido con lo que he hecho? Ahora os escribo esta carta para que, cuando vaya, no me infundan tristeza los que deberían producirme alegría. Y es que, en realidad, nunca he perdido la confianza en ninguno de vosotros, y sigo seguro de que mi alegría y la de todos vosotros son la misma cosa. Si os escribí una carta con mucha aflicción y angustia de corazón, no fue sin muchas lágrimas, ni porque quisiera causaros pesar, sino porque quería que supierais cuánto os quiero especialmente a vosotros.

Aquí nos llega un eco de cosas tristes. Como hemos visto en la Introducción, la secuencia de los acontecimientos debe de haber sido la siguiente. La situación en Corinto había ido de mal en peor. La iglesia estaba dividida en partidos, y había algunos que negaban la autoridad de Pablo. Tratando de remediar el asunto, Pablo les hizo una visita que lejos de resolver los problemas los exacerbó aún más, hasta el punto de romperle el corazón. En consecuencia, escribió una carta muy severa de reprensión, con el corazón dolorido y abundantes lágrimas. Fue por esa razón por lo que no cumplió la promesa de visitarlos otra vez; porque, tal como estaban las cosas, no habría servido más que para causarles dolor, a él y a ellos.

En este pasaje se nos descubre el corazón de Pablo cuando tenía que ponerse severo con los que amaba.

(i) Usaba la severidad y la reprensión muy a su pesar. Las usaba sólo cuando se veía obligado a ello y no tenía otra salida. Hay algunas personas que parece que siempre tienen la mirada enfocada para descubrir faltas, la lengua afilada para criticar y la voz áspera e hiriente. Pablo no era así. En esto, como en otras cosas, era sabio. Si siempre estamos en clave de crítica y acusación, si estamos habitualmente agresivos y duros, si reprendemos más que alabamos, el hecho es que hasta nuestra severidad pierde efectividad. Se da por descontada por lo

frecuente. Cuanto más raro es que una persona reprenda, más
eficaz es cuando lo hace. En cualquier caso, los ojos de una
persona realmente cristiana buscan más los motivos de alabanza que los de condenación.

(ii) Cuando Pablo reprendía, lo hacía con amor. Nunca decía
nada sólo para herir. Hay tal cosa como un placer sádico en
ver cómo se estremece otro al escuchar una palabra cruel. Pero
Pablo no era así. No reprendía para producir dolor, sino para
devolver la alegría. Cuando John Knox estaba en el lecho de
muerte, dijo: «Dios sabe que siempre he tenido la mente limpia
de odio para con las personas a las que he dirigido mis juicios
más severos.» Es posible odiar el pecado pero amar al pecador.
La represión eficaz es la que se da con el brazo en los hombros
de la otra persona. La represión con ardor de ira puede que
hiera y aun que aterre; pero la represión de amor herido y
condolido es la única que quebranta el corazón.

(iii) Cuando Pablo reprendía, lo último que quería era dominar. En una novela moderna, un padre le dice a su hijo: «¡Te
voy a meter en el cuerpo el temor al Dios de amor aunque sea
a palos!» El gran peligro que asedia siempre al predicador y
al maestro es el de creer que tenemos el deber de obligar a los
demás a pensar exactamente como nosotros, e insistir en que
si no ven las cosas como nosotros están en un error. El deber
del maestro no es imponerles creencias a los demás, sino animarlos a pensar sus creencias por sí mismos. Su objetivo no
es reproducirse en una serie de espejos opacos, sino contribuir
a la formación de seres humanos independientes. Uno que tuvo
como profesor a aquel gran maestro que fue A. B. Bruce dijo:
«Cortaba las amarras, y nos permitía vislumbrar las aguas
azules.» Pablo sabía que, como maestro, no debía ser paterna-
lista, aunque sí debía guiar y disciplinar cuando fuera necesario.

(iv) Por último, a pesar de resistirse a reprender, y de su
insistencia en ver lo mejor en los demás, y del amor que tenía
en el corazón, Pablo reprendía cuando era necesario. Cuando
John Knox se opuso al matrimonio de la reina Mary con don
Carlos, al principio ella jugó la carta de la indignación y de

la majestad ofendida, y luego la de «las lágrimas en abundancia.» La respuesta de Knox fue: «Nunca me he complacido en el llanto de ninguna de las criaturas de Dios. Apenas puedo resistir las lágrimas de mis propios chicos, a los que corrijo con mi propia mano; mucho menos puedo regocijarme con el llanto de vuestra Majestad. Pero debo mantener, aunque involuntariamente, las lágrimas de vuestra Majestad antes que atreverme a violentar mi conciencia o traicionar a mi pueblo con el silencio.» No es infrecuente el refrenar la reprensión movidos por una falsa amabilidad, o para evitarnos disgusto. Pero hay situaciones en las que evitar disgusto es almacenar disgustos, y en las que pactar una paz cómoda o cobarde es cortejar un peligro todavía mayor. Si no es el orgullo, sino el amor y la consideración lo que nos guía a buscar el bien de otros, sabremos distinguir y escoger el tiempo de hablar y el de callar.

INTERCEDIENDO POR UN PECADOR

2 Corintios 2:5-11

Si alguien ha causado pesar, no ha sido a mí a quien se lo ha causado sino, y no quiero exagerar, a todos vosotros. Para tal persona, el castigo que le ha impuesto la mayoría es suficiente; de modo que, lejos de imponerle una corrección más severa, lo que debéis hacer es perdonarle y confortarle para que no se hunda en una excesiva depresión. Así que, insisto: Que lo que decidáis con respecto a él sea inspirado por el amor. Porque, cuando os escribí, lo que me proponía era poneros a prueba para comprobar vuestra obediencia en todo. Lo que le hayáis perdonado a una persona, si yo tenía algo que perdonar, también lo he perdonado. Porque lo que he perdonado, si es que tenía algo que perdonar, lo he perdonado por amor a vosotros en presencia de Cristo, para que no se salga Satanás con la suya, porque sabemos muy bien lo que pretende.

De nuevo nos encontramos ante un pasaje que es un eco de problemas y disgustos. Cuando Pablo visitó Corinto, había habido un cabecilla de la oposición que había insultado abiertamente a Pablo, y Pablo había insistido en que se le impusiera una disciplina. La mayoría de los miembros se habían dado cuenta de que la conducta de esa persona no había ofendido solamente a Pablo, sino también el buen nombre de la iglesia de Corinto. Se le había impuesto una disciplina; pero todavía había algunos que creían que no había sido lo suficientemente severa, y que querían imponerle un mayor castigo.

Y ahí es donde se muestra la suprema grandeza de Pablo. Dice que ya se ha hecho bastante. La persona se ha arrepentido; y el ejercer todavía más disciplina haría más daño que bien. Podría llevar a la desesperación a aquella persona, lo que le ofrecería a Satanás una oportunidad de apoderarse de ella. Si Pablo hubiera obrado movido por motivos meramente humanos, se podría haber complacido de la suerte que le había caído a su anterior enemigo; aquí aparece en toda su grandeza la nobleza de su carácter cuando, por la generosidad de su corazón, intercede para que se tenga piedad del que tanto le había ofendido. Aquí tenemos un ejemplo excelente de cómo se enfrenta la conducta cristiana con la ofensa y el insulto.

(i) Pablo no considera aquello como un asunto meramente personal. No era porque se hubieran herido sus sentimientos por lo que aquello era importante. Lo que más le preocupaba era el buen orden y la paz de la iglesia. Hay algunos que lo toman todo por lo personal. Toman la crítica, hasta cuando es constructiva y amable, como un insulto personal. Tales personas contribuyen más que nadie a desterrar la paz de la comunidad. A todos nos sería bueno pensar que la crítica y el consejo se nos ofrecen, no para herirnos sino para ayudarnos, no para hundirnos sino para levantarnos.

(ii) La motivación de Pablo en el ejercicio de la disciplina no era venganza sino corrección; no quería hundir a la persona, sino ayudarla a levantarse. Se proponía juzgar a la persona, no con el baremo de una justicia abstracta, sino con amor cristiano. El hecho es que muchas veces los pecados son buenas cualidades que se han sacado de quicio. La persona que puede planificar el robo perfecto tiene iniciativa y sabe organizar los medios y el poder; el orgullo es muchas veces un exceso del espíritu de independencia; la mezquindad es la economía cuando se espiga. La finalidad de la disciplina para Pablo era, no erradicar las cualidades que pudiera tener una persona, sino uncirlas a propósitos más elevados. El propósito cristiano no es convertir al pecador en un inútil a fuerza de someterle, sino inspirarle y capacitarle para empresas dignas.

(iii) Pablo insistía en que el castigo no debe nunca sumir en la desesperación ni desanimar a la persona. Un trato equivocado puede suponer un empujón que arroja a una persona a los brazos de Satanás. La severidad excesiva puede que le aparte a uno de la iglesia y su comunión, mientras que una corrección amable es más posible que le mantenga en ella. A Mary Lamb, que sufría períodos terribles de inestabilidad mental, la trataba su madre con mucha dureza. Solía suspirar: «¿Por qué parece que nunca soy capaz de hacer nada como quisiera mi madre?» Lutero casi no podía decir el padrenuestro porque su padre había sido tan duro con él que la palabra *padre* le sugería toda clase de crueldad. Solía decir, citando *Proverbios 13: 24:* «"No uses la vara, y echas a perder a tu hijo;" sí, pero pon al lado de la vara una manzana para dársela cuando se porte bien.» La disciplina debe animar, no desanimar. En último análisis, esto sólo puede suceder cuando dejamos bien claro que, aun cuando estemos castigando a una persona, todavía creemos en ella.

EN EL TRIUNFO DE CRISTO

2 Corintios 2:12-17

Desde que llegamos a Tróade para predicar las Buenas Nuevas de Cristo, aunque se nos había abierto una puerta de oportunidad en el Señor, yo no tuve descanso

*para mi espíritu por no encontrar allí a mi hermano Tito;
así es que me despedí de los otros y me marché para
Macedonia. Pero, ¡gracias a Dios, Que siempre nos
conduce en el desfile triunfal de Cristo y Que, por medio
de nosotros, difunde el aroma de Su conocimiento por
todos sitios! Porque nosotros somos el aroma de Cristo
en el plan de Dios, para los que llevan camino de sal-
varse y para los que de perderse. A los unos les olemos
a muerte que anuncia la muerte, y a los otros les olemos
a vida y les anunciamos la vida. ¿Y quién es idóneo para
estas cosas? Nosotros no comerciamos con la Palabra
de Dios, como hacen tantos; sino, con absoluta pureza
de motivos, como de parte de Dios y en la presencia de
Dios, hablamos de Cristo.*

Pablo empieza diciendo que su ansiedad por saber lo que
estaba pasando en Corinto le tenía tan inquieto que no le dejó
quedarse en Tróade, aunque allí tenía una parcela fértil, y le
impulsó a salir al encuentro de Tito, que no había vuelto
todavía. Ahí pasa a un grito de alivio y de triunfo dando gracias
a Dios, Que lo condujo todo a un final feliz.

Los versículos 14 al 16 nos resultan difíciles de entender;
pero, cuando los colocamos en el trasfondo del pensamiento
de Pablo nos presentan toda una escena simbólica. Pablo habla
de ir en el cortejo del triunfo de Cristo; y luego pasa a hablar
de ser el aroma de Cristo para la gente, que a unos les parece
olor de muerte y a otros de vida.

Tiene en mente la imagen de un *Triunfo* romano, y de Cristo como el Conquistador universal. El máximo honor que se
le podía otorgar a un general romano victorioso era un *triunfo*.
Para que se le concediera tenía que cumplir ciertas condiciones.
Tenía que haber sido el general en jefe del ejército. La campaña tenía que haberse terminado completamente, la región
pacificada y la tropa haber vuelto victoriosa a la patria. Por
lo menos cinco mil enemigos tenían que haber caído en el
combate. Se tenía que haber conquistado algún nuevo territo-

rio, y no meramente resistido algún desastre o repelido algún ataque. Y la victoria tenía que haberse ganado contra un enemigo extranjero, no en una guerra civil.

En un triunfo, el desfile del general victorioso marchaba por las calles de Roma hasta el Capitolio. Primero iban los oficiales del estado y el senado; luego, la banda de trompetas; luego, el botín que se había tomado a la tierra conquistada. (Por ejemplo, cuando el general Tito conquistó Jerusalén, el candelabro de los siete brazos, la mesa de oro de los panes de la proposición, y las trompetas de oro se llevaron por las calles de Roma). Después venían cuadros pintados de la tierra conquistada y modelos de las ciudadelas y barcos. Luego iba el toro blanco para el sacrificio que se había de ofrecer. Luego iban los príncipes, gobernadores y generales cautivos encadenados, que eran conducidos a la cárcel o directamente a la ejecución. Luego iban los *lictores* portando sus varas, seguidos de los músicos con sus liras; luego, los sacerdotes turiferarios meciendo los incensarios. Después venía el general en persona, en una carroza tirada por cuatro corceles, vestido de una túnica de púrpura bordada en oro con hojas de palma sobre la que llevaba una toga purpúrea decorada con estrellas de oro. Llevaba en la mano un cetro de marfil coronado con el águila romana, y un esclavo sostendría sobre su cabeza la corona de Júpiter. Detrás de él marchaba toda su familia; y por último, todo su ejército con sus condecoraciones, gritando ¡*Io triunphe!*, su grito de victoria. Cuando un desfile avanzaba por las calles, todas decoradas y engalanadas, entre la multitud que aclamaba, aquello suponía un día tan singular que tal vez no se repitiera en toda una generación.

Ese era el cuadro que se representaba en la mente de Pablo: Ve a Cristo desfilando en triunfo por todo el mundo, y se ve a sí mismo en la comitiva victoriosa. Es un triunfo que Pablo estaba seguro de que nada ni nadie podía detener.

Ya hemos dicho que en el desfile irían los sacerdotes meciendo sus incensarios repletos. Para los vencedores, el perfume del incienso querría decir alegría, victoria y vida; pero para los miserables cautivos que iban por delante a corta distancia, aquel perfume representaba la derrota y la muerte, porque les anunciaba su pronta ejecución. Así es que Pablo piensa en sí mismo y en sus compañeros de apostolado predicando el Evangelio del triunfo de Cristo: para los que lo aceptaran traería el aroma de la vida, como a los vencedores; para los que lo rechazaran, era olor de muerte, lo mismo que para los derrotados.

De una cosa estaba seguro Pablo: Ni siquiera todo el mundo podría resistir a Cristo. No vivía en un ambiente de derrota, sino en el glorioso optimismo de reconocer la inconquistable majestad de Cristo.

Entonces, una vez más, resuena el eco triste. Había algunos que decían que Pablo no era apto para predicar el Evangelio. Y algunos que llegaban todavía más lejos: le acusaban de utilizar el Evangelio como una excusa para llenarse bien los bolsillos. De nuevo Pablo usa la palabra *eilikrinía* con el sentido de *pureza*. Sus motivaciones podían someterse a los penetrantes rayos del Sol; su Mensaje procedía de Dios, y podía resistir el mismísimo escrutinio del propio Jesucristo. Pablo nunca le tenía miedo a lo que pudiera decir la gente, porque su conciencia le decía que tenía el beneplácito de Dios y que el mismo Jesucristo le calificaba en Su gracia con un «¡Bien hecho, siervo mío!»

CARTAS PERSONALES DE CRISTO

2 Corintios 3:1-3

¿Es que estamos empezando a recomendarnos a nosotros mismos? No creeréis que necesitamos —como algunos que andan por ahí— cartas de recomendación para vosotros o de vosotros. Nuestras cartas sois vosotros, escritas en nuestros corazones, que todo el mundo

puede conocer y leer. Está a la vista que sois cartas
que Cristo ha escrito, expedidas por medio de nuestro
ministerio, no escritas con tinta sino con el Espíritu
del Dios vivo, no en tablas de piedra sino en las entre-
telas de corazones humanos que viven y laten.

Detrás de este pasaje subyace la idea de una costumbre muy
corriente en el mundo antiguo y en el mundo moderno: la de
enviar o dar cartas de recomendación a las personas. Si alguien
iba a una comunidad extraña, un amigo suyo que conociera a
alguien en esa comunidad le daría una carta de recomendación
para presentarle y dar fe de sus buenas cualidades.

Aquí tenemos una de esas cartas, encontrada entre los
papiros, escrita por un cierto Aurelio Arquelao, que era *bene-*
ficiarius, es decir, soldado privilegiado que estaba exento de
todos los servicios de cuartel; iba dirigida al comandante en
jefe, un tribuno militar llamado Julio Domitio, presentando y
recomendando a un cierto Theón: «A Julio Domitio, tribuno
militar de la legión, de Aurelio Arquelao, su *beneficiarius:*
¡Salud! Ya te he recomendado antes a mi amigo Theón; y ahora
te pido otra vez, señor, que le tengas bajo tu cuidado como
harías conmigo. Porque es un hombre que merece que se le
quiera; porque ha dejado a su gente, sus bienes y su negocio
para venirse conmigo, y me ha mantenido a salvo en todas las
circunstancias. Por tanto te ruego que le des permiso para ir
a verte. Te podrá contar todo lo de nuestro negocio... Yo le he
cogido cariño... Te deseo, señor, mucha felicidad y larga vida
con tu familia y buena salud. Ten presente esta carta para que
te acuerdes de lo que te digo. Que te vaya bien. Adiós.»

Ese era el tipo de cartas de recomendación, o referencias,
que quería decir Pablo. Hay algunos ejemplos de ellas en el
Nuevo Testamento. El capítulo 16 de *Romanos* se escribió para
presentar a Febe, miembro de la iglesia de Cencreas, a la iglesia
de Roma. Y, por supuesto, aunque es única en su género, la
carta de recomendación que escribió Pablo a Filemón a favor
del esclavo de éste, Onésimo.

En el mundo antiguo, como en el actual, a veces estos testimonios escritos no querían decir gran cosa. Un individuo le pidió una vez una de esas cartas al filósofo cínico Diógenes, y éste le contestó: «Que eres un hombre, se ve a la legua; pero el que seas bueno o malo ya lo descubrirá la persona a la que te diriges si tiene caletre; y si no lo tiene, no descubrirá la verdad aunque yo se la escriba mil veces.»

Pero en la iglesia cristiana se necesitaban esas cartas; porque hasta Luciano, el satírico pagano, se dio cuenta de que cualquier charlatán podía hacer una fortuna visitando a los ingenuos cristianos que se dejaban engañar tan fácilmente.

Las frases anteriores de la carta de Pablo sonaban un poquito a una recomendación de Pablo a Pablo; así es que declara que no tiene necesidad de tales recomendaciones. Luego echa una ojeada a los que han estado causando problemas en Corinto. «Puede que haya algunos —dice— que os trajeron cartas de recomendación o que os las pidieron.» Es más que probable que se tratara de emisarios de los judíos que habían llegado a deshacer la obra de Pablo y que habían presentado cartas de introducción del sanedrín que los acreditaban. En el pasado, el mismo Pablo, entonces Saulo, había llevado esas cartas cuando estaba haciendo todo lo posible para erradicar la Iglesia *(Hechos 9:2)*. Ahora dice que su única carta de recomendación son los mismos corintios. El cambio que han experimentado en su vida y carácter es la única recomendación que necesita.

De ahí pasa a hacer una gran afirmación: Cada uno de ellos es una carta de Cristo. Mucho antes, Platón había dicho que un buen maestro no escribe su mensaje con tinta que se pueda borrar; lo escribe en las personas. Eso era lo que había hecho Jesucristo: había escrito Su Mensaje en los corintios por medio de Su amanuense Pablo, no con tinta que se pudiera borrar sino con el Espíritu; no en tablas de piedra como las primeras en que se escribió la ley, sino en las entretelas del corazón.

Hay aquí una gran verdad que es al mismo tiempo una inspiración y una seria advertencia: todos somos cartas abiertas de Jesucristo. Todos los cristianos, nos guste o no, somos un anuncio del Evangelio. El honor de Cristo está en las manos de Sus seguidores. Juzgamos al tendero por la clase de mercancías que vende; al artesano, por los artículos que fabrica; a la iglesia, por la clase de gente que produce; por tanto, juzgamos a Cristo por las personas que se declaran Sus seguidoras. Dick Sheppard, después de años de estar predicando al aire libre a gente de fuera de la iglesia, declaró que «la mayor pega que muchos le encuentran a la iglesia son las vidas contrahechas de muchos que se confiesan cristianos.» Cuando salimos al mundo, tenemos la aterradora responsabilidad de ser cartas abiertas de recomendación de Cristo y Su Iglesia.

LA GLORIA SUPERABLE Y LA INSUPERABLE

2 Corintios 3:4-11

Podemos creer esto con toda confianza porque lo creemos mediante Jesucristo y a la vista de Dios. No es que seamos idóneos por nuestros propios recursos para atribuirnos como mérito propio el impacto que hayamos hecho, sino que nuestra idoneidad procede de Dios, Que nos ha hecho idóneos para ser ministros de la nueva relación que ha entrado en vigor entre Dios y la humanidad. Esta nueva relación no depende de un documento escrito, sino del Espíritu. Un documento escrito puede ser letra muerta, pero el Espíritu es un poder que genera vida.

Si el ministerio que no podía producir más que muerte, que dependía de documentos escritos grabados en la piedra, se inició con tal gloria que los israelitas no podían soportar ni el mirar por un tiempo el rostro de Moisés a causa de la gloria que reverberaba, aunque era una gloria que se desvanecía al poco tiempo, es indudable que el ministerio del Espíritu estará aún más revestido de gloria. Porque, si el ministerio que no podía producir más que la condenación fue algo glorioso, el ministerio que produce la debida relación entre Dios y la humanidad lo superará en gloria. Porque, está claro que lo que estuvo cubierto de gloria ya no la tiene debido a que ha surgido algo que lo sobrepasa en gloria. Si lo que estaba abocado a desaparecer surgió con gloria, mucho más lo que está destinado a permanecer existe con gloria.

Este pasaje se divide naturalmente en dos partes. Al principio, Pablo piensa que tal vez su afirmación de que los corintios son cartas vivas de Cristo expedidas durante su ministerio podría sonar a autoelogio. Así es que se apresura a insistir en que, lo que él haya podido hacer, no es en realidad su propia obra, sino la de Dios. Ha sido Dios Quien le ha capacitado para la tarea a la que le ha llamado. Puede que estuviera pensando en el sentido fantástico que le daban los judíos a veces a uno de los títulos de Dios, *El Shaddai*, que quiere decir *Todopoderoso*, pero que los judíos interpretaban a veces como *El Todosuficiente*. Es Él, Quien es todosuficiente, Quien ha hecho a Pablo suficiente para su labor. (La antigua Reina-Valera usaba la palabra *suficiente* en este pasaje).

Cuando Harriet Beecher Stowe publicó *La cabaña del tío Tom*, se vendieron 300,000 ejemplares en América en un año. Se tradujo a una veintena de lenguas. Lord Palmerson, que se había pasado treinta años sin leer una novela, la alabó «no sólo por el tema, sino como la obra de una gran estadista.» Lord Cockburn, miembro del Consejo Privado, declaró que había hecho más por la humanidad que ninguna otra novela. Tolstoi la colocaba entre los grandes logros de la mente humana. No cabe duda que su mayor contribución fue a la causa de la liberación de los esclavos. Herriet Beecher Stowe se negaba a adscribirse el mérito de haberlo escrito. Decía: «¿Yo la autora de *La cabaña del tío Tom?* De ninguna manera. No podía ni controlar la historia. Se escribió sola. El Señor la escribió, y yo no fui más que Su humilde amanuense. Todo me vino en visiones, una tras otra, y eso fue lo que yo puse en palabras. ¡A Él sea toda la gloria!»

Su capacidad le había venido de Dios. Eso pasó con Pablo. Él nunca decía: «¡Fijaos en lo que he hecho!» Sino: «¡A Dios sea la gloria!» Nunca se consideró idóneo para nada; siempre pensaba que era Dios Quien le capacitaba. Y fue precisamente por eso, consciente como era de su incapacidad, por lo que no le daba miedo encargarse de ninguna labor. Nunca tenía que hacer las cosas solo: Dios estaba con Él.

La segunda parte de este pasaje nos presenta el contraste entre el Antiguo y el Nuevo Pacto o Testamento. Un pacto quiere decir un acuerdo que hacen dos personas, mediante el cual entran en una cierta relación una con otra. No es, en el sentido bíblico, un acuerdo ordinario; porque las partes contratantes se encuentran en igualdad de términos en un pacto ordinario. Pero, en el sentido bíblico, es Dios el primer motor, y Se acerca a la humanidad para ofrecerle una relación bajo ciertas condiciones que la humanidad no puede ni iniciar ni alterar, sino solamente aceptar o rechazar.

La palabra que Pablo usa para *nuevo* cuando habla del Nuevo Pacto es la misma que usó Jesús, y es muy significativa. En griego hay dos palabras para *nuevo*. La primera, que es *néos*, quiere decir *nuevo en el tiempo* exclusivamente. Un bebé es nuevo en el mundo porque acaba de nacer. La segunda, que es *kainós*, quiere decir no solamente nuevo en relación con el tiempo sino *nuevo en cualidad*. Si algo es *kainós* es que ha introducido un nuevo elemento en la situación. La palabra *kainós* es la que usan Jesús y Pablo al hablar del Nuevo Pacto, porque no es nuevo solamente en relación al tiempo, sino porque es completamente diferente en especie del Antiguo Pacto. Produce una relación entre Dios y la humanidad que es totalmente diferente de la anterior.

¿Dónde está la diferencia?

(i) El Antiguo Pacto estaba basado en un documento escrito. Encontramos la historia de su inauguración en *Éxodo 24:1-8*.

Moisés tomó el libro del pacto y se lo leyó al pueblo, que dio su conformidad. Por otra parte, el Nuevo Pacto tiene como base el Espíritu vivificador. Un documento escrito siempre es algo externo, mientras que la obra del Espíritu produce un cambio en el corazón mismo. Una persona puede obedecer un código escrito aunque siempre desee desobedecerlo; pero cuando el Espíritu entra en el corazón y lo controla, la persona no sólo no quebranta el código sino que no quiere quebrantarlo, porque es una persona cambiada. Un código escrito puede cambiar la ley, pero sólo el Espíritu puede cambiar la naturaleza humana.

(ii) El Antiguo Pacto era una cosa muerta, porque no producía nada más que una relación legal entre Dios y las personas. De hecho decía: «Si quieres mantenerte en relación con Dios, tienes que guardar estos mandamientos.» Creaba una situación en la que Dios aparecía como el Juez, y la persona humana como el criminal, siempre culpable en el juicio.

El Antiguo Pacto era una cosa muerta porque mataba ciertas cosas.

(*a*) Mataba *la esperanza*. Nunca había esperanza de cumplirlo, porque la naturaleza humana es como es. Por tanto, no podía producir más que frustración.

(*b*) Mataba *la vida*. Bajo él, una persona no podía ganar más que la condenación, y la condenación quería decir la muerte, o algo todavía peor.

(*c*) Mataba *el vigor*. Era suficiente para decirle a una persona lo que tenía que hacer, pero no la ayudaba a hacerlo.

El Nuevo Pacto es totalmente diferente.

(*a*) Es una relación de *amor*. Surgió porque de tal manera amó Dios al mundo.

(*b*) Es una relación *entre Padre e hijos*. Las personas ya no son criminales culpables, sino hijos de Dios, aunque sean hijos desobedientes.

(*c*) Cambia la vida del ser humano, pero no imponiéndole un nuevo código de leyes, sino *cambiándole el corazón*.

(*d*) Por tanto, no sólo le dice a uno lo que tiene que hacer, sino le da la fuerza para hacerlo. Con el mandamiento *trae el poder*.

Pablo pasa a contrastar los dos Pactos. El Antiguo Pacto nació con gloria. Cuando Moisés bajó del monte con los Diez Mandamientos, que son el código del Antiguo Pacto, le lucía el rostro con tal resplandor que nadie podía mirarle *(Éxodo 34:30)*. Estaba claro que aquello sería una gloria pasajera. Ni se mantuvo ni se podía mantener. El Nuevo Pacto, la nueva relación que Jesucristo ha hecho posible entre Dios y nosotros, tiene un esplendor mayor que no se desvanecerá jamás, porque produce perdón en lugar de condenación, vida en lugar de muerte.

Aquí hay una advertencia. Los judíos preferían el Antiguo Testamento, la ley; rechazaron el Nuevo, la nueva relación con Dios en Cristo. Ahora bien, el Antiguo Testamento no era nada malo, sino menos bueno, una etapa del camino. Como ha dicho un gran comentarista: «Cuando ya ha salido el Sol, no se necesitan las lámparas.» Y como se ha dicho con verdad: «Lo bueno es enemigo de lo mejor.» Los pueblos siempre tienden a mantener lo antiguo aun cuando se les ofrezca algo mejor. Durante mucho tiempo la gente, por lo que se suelen llamar «razones religiosas,» rechazó el cloroformo. Cuando surgieron Wordsworth y los poetas románticos, la crítica decía: «Esto no durará.» Cuando Wagner empezó a componer, la gente no quería su música. Las iglesias de todo el mundo se aferran a lo viejo y rechazan lo nuevo. Porque una cosa se ha hecho siempre, es buena; y porque otra cosa no se ha hecho nunca, es mala. Debemos tener cuidado con adorar las etapas en vez de la meta, y con aferrarnos a lo bueno cuando está esperándonos lo mejor. No caigamos en lo que hicieron los judíos: insistir en que lo antiguo está bien, rechazando las glorias nuevas que Dios nos abre en Jesucristo.

EL VELO QUE OCULTA LA VERDAD

2 Corintios 3:12-18

> *El tener esta esperanza es lo que nos permite hablar con tanta libertad. No corremos un velo sobre nada, que fue lo que tuvo que hacer Moisés al cubrirse la cara para que los israelitas no fijaran la mirada en una gloria que se había de desvanecer. Pero, a pesar de eso, se les ofuscó la mente; hasta el día de hoy sigue el mismo velo sin descorrerse cuando se lee el Antiguo Testamento, velo que sólo en Cristo desaparece definitivamente. Sí: hasta el día de hoy, cuando se leen los libros de Moisés, sigue el mismo velo tapándoles el corazón. Pero, cuando se conviertan al Señor, se les descorrerá. El Señor es el Espíritu: donde está el Espíritu del Señor, allí hay libertad. Así que todos nosotros, que a cara descubierta contemplamos como en un espejo la gloria del Señor, vamos cambiando esta imagen de gloria en gloria conforme obra en nosotros el Señor, que es el Espíritu.*

Todas las imágenes de este pasaje surgen directamente del anterior. Pablo arranca del pensamiento de que, cuando Moisés descendió del monte, la gloria que irradiaba su rostro era tal que no se le podía mirar fijamente.

(i) Está pensando en *Éxodo 34:33*. Allí leemos que Moisés puso un velo sobre su rostro cuando acabó de hablar con ellos. Pablo interpreta que Moisés se cubría la cara con un velo para que el pueblo no viera cómo se iba desvaneciendo poco a poco la gloria que había irradiado. Su primera idea es que la gloria del Antiguo Pacto, la antigua relación entre Dios y Su pueblo, era por naturaleza perecedera. Estaba destinada a ser superada, no como lo falso por lo correcto, sino como lo incompleto por lo completo y lo provisional por lo definitivo. La revelación que vino por medio de Moisés era verdadera e importante, pero no era más que parcial; la que nos ha traído Jesucristo es completa y definitiva. Como dijo sabiamente Agustín hace mucho tiempo: «Tratamos injustamente el Antiguo Testamento si negamos que procede del mismo Dios justo y bueno que el Nuevo. Por otra parte, tratamos injustamente el Nuevo Testamento si ponemos el Antiguo a su mismo nivel.» El uno es un paso hacia la gloria; el otro es la cima de la gloria.

(ii) Entonces la mente de Pablo se enfoca en la idea del velo, que él utiliza de diferentes maneras. Dice que, cuando los judíos escuchaban la lectura del Antiguo Testamento todos los sábados en la sinagoga, el velo que tienen delante de los ojos les impide contemplar su verdadero sentido. Debería señalarles a Jesucristo; pero el velo no les deja verlo. También a nosotros puede que se nos escape el verdadero sentido de la Escritura porque tengamos los ojos velados.

(*a*) Puede que nos los velen *nuestros prejuicios*. A veces, también nosotros vamos a la Escritura a buscar apoyo para nuestros puntos de vista más que para encontrar la verdad de Dios.

(*b*) Puede que nos los velen *nuestras ilusiones*. Muchas veces encontramos lo que queremos encontrar, y se nos pasa lo que no queremos ver. Por ejemplo: nos encantan todas las referencias al amor y a la misericordia de Dios, pero se nos pasan las que se refieren a Su ira y juicio.

(*c*) Puede que nos los velen *nuestras ideas fragmentarias*. Siempre deberíamos considerar la Biblia en su conjunto. Es fácil tomar textos aislados y apropiárnoslos. También es fácil creer que ciertas partes del Antiguo Testamento están por debajo del Evangelio. Es fácil encontrar apoyo para nuestras teorías particulares escogiendo ciertos textos y pasajes, y apartando otros. Pero es la totalidad del Mensaje lo que debemos buscar; y esta es otra manera de decir que debemos leer las Escrituras a la luz de Jesucristo.

(iii) No sólo hay un velo que les impide a los judíos descubrir el verdadero sentido de las Escrituras; también hay un velo que se interpone entre ellos y Dios.

(*a*) A veces puede ser el velo de *la desobediencia*. Muy a menudo es una ceguera moral y no intelectual la que nos impide ver a Dios. Si persistimos en la desobediencia nos vamos haciendo cada vez menos capaces de verle. La visión de Dios es la bienaventuranza de los limpios de corazón.

(*b*) A veces es el velo del *espíritu que no quiere aprender*. Como decimos, «no hay peor ciego que el que no quiere ver.» El mejor maestro del mundo no puede enseñarle nada al sabelotodo que no quiere aprender. Dios nos ha dado libre albedrío y, si insistimos en nuestro camino, no podemos aprender el Suyo.

(iv) Pablo sigue diciendo que vemos la gloria del Señor a cara descubierta, y por eso nos transformamos de gloria en gloria. Posiblemente, lo que Pablo quiere decir es que, si contemplamos a Cristo, acabamos por reflejarle. Su imagen aparece en nosotros. Es ley de vida que nos llegamos a parecer a los que ad-miramos. Eso pasa con el culto a los héroes y a las figuras. Si contemplamos a Jesucristo acabaremos por reflejarle. (La N.B.E. dice: «reflejamos la gloria del Señor;» y B.C.: «reverberando como espejos...»).

Pablo presenta a muchos un problema teológico cuando dice: «El Señor es el Espíritu.» Parece identificar al Señor Resucitado con el Espíritu Santo. Debemos tener presente que no estaba escribiendo un tratado teológico, sino expresando una experiencia. Y la experiencia del cristiano es que la obra del Espíritu y la del Señor Resucitado son la misma. La fuerza y la dirección nos vienen del Espíritu y del Señor Resucitado.

«Donde está el Espíritu —dice Pablo—, hay libertad.» Quiere decir que en tanto en cuanto nuestra obediencia a Dios está condicionada por un código de leyes, estamos en la posición de esclavos. Pero cuando viene de la obra del Espíritu en el corazón, no deseamos nada más que servir a Dios, porque ya no es la ley sino el amor lo que nos mueve. Muchas cosas que haríamos de mala gana si se nos obligara son un privilegio cuando amamos. El amor viste de gloria las más humildes tareas. «En el servicio de Dios encontramos la perfecta libertad.»

CEGUERA ESPIRITUAL

2 Corintios 4:1-6

> *Puesto que Dios ha tenido la misericordia de enco-*
> *mendarnos esta parcela de Su servicio, no nos desani-*
> *mamos. Nos hemos negado a involucrarnos con métodos*
> *subrepticios o vergonzosos. No actuamos con astucia*
> *desaprensiva. No adulteramos el Mensaje que Dios nos*
> *ha encomendado predicar. Por el contrario, exponiendo*
> *la verdad con toda claridad, nos presentamos a la*
> *conciencia humana en todas sus formas a la vista de*
> *Dios. Porque, si es un hecho que la Buena Nueva que*
> *predicamos está velada para algunos, se trata de los que*
> *están condenados a perecer. En su caso, ha sido el dios*
> *de este mundo el que les ha cegado la mente a los que*
> *se niegan a creer, para que no les amanezca la luz del*
> *Evangelio que habla de la gloria de Cristo, en Quien*
> *podemos ver a Dios. No nos proclamamos a nosotros*
> *mismos, sino a Jesucristo como el Señor; nosotros no*
> *somos más que vuestros servidores por amor de Jesús.*
> *Esto es lo que tenemos que hacer, porque es Dios Quien*
> *ha dicho: «De las tinieblas resplandecerá la luz;» y Él*
> *la ha hecho resplandecer en nuestro corazón para ilu-*
> *minarnos con el conocimiento de la gloria de Dios en*
> *el rostro de Jesucristo.*

En este pasaje, Pablo tiene algo que decir, ya sea directamente o por implicación, acerca de cuatro clases diferentes de
personas.

(i) Empieza por sí mismo. Dice que él nunca se desanima
en el cumplimiento de la gran tarea que se le ha encomendado,
y por implicación nos dice por qué. Dos cosas le mantienen
en activo. (*a*) La conciencia de una gran tarea. El que es
consciente de una gran tarea es capaz de cosas sorprendentes.
Una de las obras geniales de la música es el *Mesías* de Händel.

Se sabe que la totalidad de la obra la compuso y escribió en no más de *veintidós días*, durante los cuales Händel apenas se permitió comer o dormir. Una gran tarea lleva consigo su propia fuerza. (*b*) Está el recuerdo de una merced recibida. Pablo tenía el propósito de pasarse la vida tratando de hacer algo en respuesta al amor que le había redimido.

(ii) Entonces, por implicación, Pablo tiene algo que decir de sus oponentes y calumniadores. De nuevo nos llega el eco de cosas desagradables. Por detrás de esto podemos descubrir que sus enemigos le habían hecho tres acusaciones. Habían dicho que usaba métodos subrepticios, que hacía uso de una astucia desaprensiva para obtener su propósito y que adulteraba el mensaje del Evangelio. Cuando se malentienden nuestros motivos, se tergiversan nuestras acciones y se retuercen nuestras palabras, es un consuelo recordar que esto también les pasó a Pablo y a Jesús.

(iii) Pablo sigue hablando de los que han rechazado el Evangelio. Insiste en que lo ha proclamado de tal manera que cualquiera que tuviera conciencia tendría que admitir su desafío e invitación. Sin embargo, algunos parecían estar sordos a la llamada y ciegos a su gloria. ¿Por qué?

Pablo dice algo muy duro de ellos. Dice que el dios de este mundo les ha cegado la mente para que no crean. En toda la Escritura, los diferentes autores son conscientes de que en este mundo hay un poder del mal. A veces lo llaman Satanás, y a veces el diablo. Tres veces Juan pone en labios de Jesús la frase el *príncipe de este mundo* y su derrota *(Juan 12:31; 14:30; 16:11)*. Pablo, en *Efesios 2:2*, habla del *príncipe de la potestad del aire*, y aquí del *dios de este mundo*. Hasta en la Oración Dominical hay una referencia a este poder maligno, porque es probable que la traducción más correcta de *Mateo 6:13* sea «líbranos del maligno.» Detrás de esta idea tal como aparece en el Nuevo Testamento hay ciertas influencias.

(*a*) La religión persa que se conoce como el zoroastrismo ve en todo el universo la batalla entre el dios de la luz y el dios de las tinieblas, entre Ormuz y Ahrimán. Lo que decide el destino de cada persona es el bando que elija en este conflicto cósmico. Cuando los judíos estuvieron dominados por los persas entraron en contacto con esa idea, que sin duda influyó en su manera de pensar.

(*b*) Es característica de la fe de Israel la concepción de las dos edades: la presente y la por venir. Cuando empezó la era cristiana, los judíos habían llegado a creer que la edad presente era irremediablemente mala y estaba destinada a la destrucción cuando amaneciera la edad por venir. Se podría decir que la edad presente estaba dominada por el dios de este mundo y en enemistad con el Dios verdadero.

(*c*) Hay que tener presente que esta idea de un poder maligno y hostil no es tanto una idea teológica como un hecho de experiencia. Si lo consideramos teológicamente, nos encontramos con serias dificultades. (¿De dónde salió el poder del mal en un universo creado por Dios? ¿Qué se propone?) Pero si lo consideramos como un hecho de experiencia, todos sabemos lo real que es el mal en el mundo. Robert Louis Stevenson dice en algún lugar: «¿Conoces la Estación Caledonia de Edimburgo? Una mañana fría, con viento del Este, me encontré allí con Satanás.»

Todo el mundo conoce la clase de experiencia de la que habla Stevenson. Por muy difícil que sea la idea del poder del mal, ya sea filosófica o teológicamente, la experiencia no la puede descartar. Los que no pueden aceptar el Evangelio son los que se han entregado hasta tal punto al mal que hay en el mundo que ya no pueden escuchar la invitación de Dios. No es que Dios los haya abandonado, sino que ellos mismos, con su conducta, se han vuelto insensibles a Dios.

(iv) Pablo tiene algo que decir de Jesús. La gran idea que presenta aquí es que en Jesucristo vemos a Dios tal como es. «El que me ha visto —dijo Jesús—, ha visto al Padre» *(Juan 14:9)*. Cuando Pablo predicaba, no decía: «¡Miradme a mí!», sino: «¡Mirad a Jesucristo! En Él veréis la gloria de Dios Que ha venido a la Tierra de forma que los seres humanos Le puedan conocer.»

TRIBULACIÓN Y TRIUNFO

2 Corintios 4:7-15

> *Pero tenemos este tesoro en cacharros de arcilla
> para que el poder que supera todas las cosas se vea que
> es de Dios y no nuestro. Estamos atacados por todas
> partes, pero no acorralados; desbordados, pero no
> desesperados; perseguidos por los hombres, pero no
> abandonados por Dios; sobre la lona, pero no fuera de
> combate. En nuestro cuerpo estamos siempre en peligro
> de muerte como Le pasó a Jesucristo, para que se
> manifieste en nuestro cuerpo la misma vida que vivió
> Jesús. Porque a lo largo de toda nuestra vida se nos
> entrega a la muerte constantemente por causa de Jesús,
> para que también la vida que da Jesús la puedan ver
> todos claramente en nuestra carne mortal. En conse-
> cuencia, la muerte actúa en nosotros, pero la vida en
> vosotros. Como tenemos el mismo espíritu de fe que
> aparece en el pasaje de la Escritura que empieza por
> «he creído y por tanto he hablado,» nosotros también
> creemos y por tanto hablamos; porque sabemos que el
> Que resucitó al Señor Jesús también nos resucitará a
> nosotros con Jesús, y nos presentará con vosotros.*
>
> *Todo lo que nos sucede es para vuestro bien, para
> que la gracia abunde más y más y haga que la acción
> de gracias que se eleva de muchos abunde todavía más
> para la gloria de Dios.*

Pablo empieza este pasaje expresando la idea de que podría
ser que los privilegios que disfruta un cristiano le movieran al
orgullo. Pero la vida está diseñada para mantenernos libres del
orgullo. Por muy grande que sea su gloria, el cristiano vive
todavía al nivel mortal, y es víctima de las circunstancias; está
sujeto todavía a los azares y avatares de la vida humana, y a
la debilidad y el dolor que conlleva un cuerpo mortal. Es como

un cacharro de arcilla, frágil y sin ningún valor, en el que se ha guardado un tesoro valiosísimo. Ahora se habla mucho del poder de la persona y las grandes fuerzas que controla; pero lo más característico de la persona humana no es su poder, sino su debilidad. Como decía Pascal: «Una gota de agua o un soplo de aire la pueden matar.»

Ya hemos visto lo grandioso y glorioso que era el triunfo de un general romano. Pero había dos ingredientes diseñados para librar del orgullo al general. Lo primero era que, cuando iba en la carroza con una corona por encima de su cabeza, la gente no sólo gritaba sus vítores sino también, de vez en cuando, «¡Mira detrás de ti y recuerda que eres mortal!» Lo segundo era que al final del desfile llegaban sus mismos soldados y hacían dos cosas mientras desfilaban: cantaban canciones en honor de su general, pero también burlas e insultos para que no se enorgulleciera más de la cuenta.

La vida nos ha cercado de debilidad, aunque Cristo nos ha rodeado de gloria, para que tengamos presente que la debilidad es cosa nuestra y la gloria es de Dios, y reconozcamos nuestra absoluta dependencia de Él.

Pablo prosigue describiendo en una serie de paradojas esta vida cristiana en la que nuestra debilidad se mezcla con la gloria de Dios.

(i) «Estamos atacados por todas partes, pero no acorralados.» Estamos sometidos a toda clase de presiones, pero no estamos nunca tan arrinconados que no tengamos salida. Es característico del cristiano el que, aunque su cuerpo esté confinado en alguna circunstancia angustiosa, su espíritu siempre puede volar libremente por los espacios de Dios en comunión con Cristo.

(ii) «Perseguidos por los hombres, pero no abandonados por Dios.» Una de las cosas más notables en los mártires es que, aun en medio de los más terribles sufrimientos, gozaban de la dulce presencia de Cristo. Como decía Juana de Arco cuando la abandonaron los que deberían haberle sido fieles: «Es mejor estar sola con Dios. Su amistad nunca me fallará, ni Su consejo, ni Su amor. En Su fuerza osaré, y osaré, y osaré hasta la muerte.» Como decía el salmista: «Aunque me abandonaran mi padre y mi madre, el Señor me recogería» *(Salmo 27:10).* Nada puede alterar la fidelidad de Dios.

(iii) «Desbordados, pero no desesperados.» Hay momentos en los que un cristiano no sabe qué hacer; pero, aun entonces, no duda de que algo *se puede* hacer. Hay veces cuando no puede ver muy bien hacia dónde va la vida, pero no pone en duda que va hacia alguna parte. Si tiene que «lanzarse al oscuro y tremendo mar de nubes,» sabe que saldrá con bien. Hay veces en que un cristiano tiene que aprender la lección más difícil de todas, la que Jesús aprendió en Getsemaní: a aceptar lo que no puede comprender, pero decir: «Señor, Tú eres amor. Sobre eso edifico mi fe.»

Podemos estar derribados, pero no destruidos, porque entonces, tal vez más que nunca, Cristo está con nosotros.

(iv) «Sobre la lona, pero no fuera de combate.» La suprema característica del cristiano no es que no puede caer, sino que siempre que cae se levanta otra vez. No es que no acuse los golpes, sino que no es nunca derrotado definitivamente. Puede que pierda una batalla, pero sabe que, a fin de cuentas, no puede perder la guerra. Browning describe en sus *Epilogues* a un verdadero caballero:

> *Es uno que jamás volvió la espalda,*
> *siempre iba con el pecho por delante;*
> *no dudó que las nubes se abrirían,*
> *ni soñó, cuando el bien iba perdiendo,*
> *que el vencedor final sería el mal;*
> *mantuvo que caer y levantarse*
> *era como dormir y despertar*
> *para poder mejor seguir luchando.*

Después de detallar las grandes paradojas de la vida cristiana, Pablo pasa a revelar el secreto de su propia vida y las razones que le permitieron llevar a cabo su obra y soportar las adversidades sin rendirse.

(i) Se daba perfecta cuenta de que si una persona está dispuesta a asumir la vida de Cristo tiene que estarlo también a asumir sus riesgos; y si quiere vivir con Cristo tiene que estar dispuesta a morir con Él. Pablo conocía, reconocía y aceptaba la ley inexorable de la vida cristiana: «No hay Corona sin Cruz.»

(ii) Arrostraba todos los embates teniendo presente el poder de Dios Que levantó a Jesucristo de entre los muertos. Podía hablar con tanto valor y coraje y con tal menosprecio de su seguridad personal porque creía que, aunque le alcanzara la muerte, Dios podía hacer que eso no fuera su final, sino que le levantaría como levantó a Jesús. Sabía que podía depender de un poder que era suficiente para todas las necesidades de la vida y más fuerte que la muerte.

(iii) Lo soportaba todo con la convicción de que sus sufrimientos y luchas eran el medio para que otros llegaran a participar de la luz y del amor de Dios.

El gran proyecto del pantano de Dam llevó la fertilidad a muchas zonas de América que antes habían sido desiertos. En su construcción fue inevitable el que algunos perdieran la vida. Cuando se completó el pantano, se puso en uno de sus muros una lápida con los nombres de los obreros que habían muerto en la empresa, que acababa con esta inscripción: «Estos murieron para que el desierto se pudiera regocijar y florecer como la rosa.»

Pablo pudo soportar todo aquello porque sabía que no sería un sacrificio inútil, sino que serviría para llevar a otros a Cristo. Cuando una persona tiene la convicción de que todo lo que le sucede está dentro del plan de Dios y forma parte de la causa de Cristo, es capaz de hacerlo y de sufrirlo todo.

EL SECRETO DE LA RESISTENCIA

2 Corintios 4:16-18

> *Esa es la razón de que no nos rindamos. Pero, por
> supuesto: si nuestra armazón exterior se va desgastan-
> do, nuestra personalidad interior se renueva de día en
> día. Porque la leve aflicción que tenemos que soportar
> de momento nos reporta, de una manera que es impo-
> sible exagerar, un peso eterno de gloria, en tanto en
> cuanto no demos una importancia suprema a las cosas
> que se ven, sino a las que no se ven. Y es que las que
> se ven son pasajeras, mientras que las que no se ven son
> eternas.*

Aquí expone Pablo el secreto de la resistencia.

(i) A lo largo de toda la vida es inevitable que la fuerza física
de la persona se vaya desgastando; pero también a lo largo de
toda la vida debe seguir creciendo y fortaleciéndose el alma.
Los sufrimientos que dejan a una persona con un cuerpo de-
bilitado puede que contribuyan a fortalecer los tendones de su
alma. La oración del poeta era: «Hazme crecer en simpatía
como crezco en edad.» Desde el punto de vista físico, la vida
es un lento pero inevitable deslizamiento ladera abajo hacia la
muerte; pero, desde el punto de vista espiritual, la vida es una
constante escalada de la colina que conduce a la presencia de
Dios. Nadie tiene por qué temer a los años; porque le acercan,
no a la muerte, sino a Dios.

(ii) Pablo estaba convencido de que lo que tuviera que sufrir
en este mundo sería insignificante en comparación con la gloria
que disfrutaría en el mundo venidero. Estaba seguro de que
Dios nunca quedaría en deuda con la humanidad. Alistair
Maclean, pastor y padre del autor de *H. M. S. Ulyses* y otras
obras, cuenta de una anciana de las Highlands de Escocia que
tuvo que ausentarse del aire puro y de las aguas azules y las
colinas purpúreas para vivir en los suburbios de una gran

ciudad. Seguía viviendo cerca de Dios, y un día dijo: «Dios me lo compensará, y me dejará ver las flores otra vez.»

En *Christmas Eve* —*Nochebuena*—, Browning escribe la historia de un mártir, tomándola de la tablilla de un cementerio cristiano antiguo:

> *Nací débil, y no teniendo nada,*
> *un pobre esclavo; pero la miseria*
> *no podía guardarnos de la envidia*
> *del César a los que Dios había dado*
> *en Su gracia la perla de gran precio.*
> *Por tanto, con las fieras en el circo*
> *luché dos veces, y otras tres sus leyes*
> *crueles sobre mis hijos se ensañaron.*
> *Pero, por fin, mi libertad obtuve,*
> *aunque tardaron en quemarme vivo.*
> *Entonces una Mano descendió,*
> *y sacando mi alma de las llamas*
> *la condujo de Cristo a la presencia,*
> *a Quien ahora veo en plena gloria.*
> *Mi hermano Sergio es el que ha escrito*
> *en la pared este mi testimonio.*
> *En cuanto a mí, ya lo he olvidado todo.*

Los sufrimientos de la Tierra se olvidan en la gloria del Cielo.

Es una hecho evidente que, en toda la historia evangélica, Jesús nunca predijo Su muerte sin predecir al mismo tiempo Su Resurrección. El que sufra con Cristo compartirá Su gloria. Dios ha comprometido Su honor en esta promesa.

(iii) Esta es la razón por la que debemos fijar nuestra mirada, no en las cosas que se ven sino en las que no se ven. Las cosas que se ven, las de este mundo, duran un tiempo y dejan de ser; las cosas que no se ven, las del Cielo, permanecen para siempre.

Hay dos formas de considerar la vida. Podemos verla como un lento pero inexorable viaje cada vez más lejos de Dios.

Wordsworth, en su *Oda sobre las intuiciones de la Inmortalidad*, expone la idea de que, cuando nace un niño, trae en la memoria los recuerdos del Cielo, que va perdiendo paulatinamente a medida que va creciendo:

> *Dejando una estela nebulosa de gloria*
> *a este mundo venimos de Dios, que es nuestro Hogar.*

Pero

> *Las sombras de la cárcel empiezan a cerrarse*
> *en torno del muchacho conforme va creciendo.*

Y el hombre acaba por estar tan encasillado en la Tierra que olvida el Cielo. El mismo sentimiento expresaba Gaspar Núñez de Arce en su oda *Tristezas:*

> *Cuando recuerdo la piedad sincera*
> *con que en mi edad primera*
> *entraba en nuestras viejas catedrales,*
> *donde postrado ante la Cruz de hinojos,*
> *alzaba a Dios mis ojos,*
> *soñando en las venturas celestiales;*
> *hoy, que mi frente atónito golpeo,*
> *y con febril deseo*
> *busco los restos de mi fe perdida,*
> *por hallarla otra vez, radiante y bella,*
> *como en la edad aquella,*
> *¡desgraciado de mí!, diera la vida.*
> — — — — — — — — —
> *¡Oh anhelo de esta vida transitoria!*
> *¡Oh perdurable gloria!*
> *¡Oh sed inextinguible del deseo!*
> *¡Oh Cielo, que antes para mí tenías*
> *fulgores y armonías,*
> *y hoy tan oscuro y desolado veo!*

> *Ya no templas mis íntimos pesares,*
> *ya al pie de tus altares*
> *como en mis años de candor no acudo.*
> *Para llegar a ti perdí el camino,*
> *y errante peregrino*
> *entre tinieblas desespero y dudo.*

Esa es nuestra suerte cuando pensamos sólo en las cosas que se ven. Pero hay otra manera de vivir. El autor de *Hebreos* decía de Moisés: «Se mantenía como si viera al Que es invisible» *(Hebreos 11:27)*.

GLORIA Y JUICIO POR VENIR

2 Corintios 5:1-10

Porque sabemos que cuando se desmorone esta casa terrenal nuestra, esta tienda de campaña que es el cuerpo, tendremos un edificio que procede de Dios, una casa que no será obra de manos humanas, eterna y en el Cielo. Porque está claro que mientras estemos como estamos ahora, anhelamos ardientemente encontrarnos en nuestra morada o cuerpo celestial para no sentirnos como desnudos. Porque, mientras estemos en esta tienda de campaña que es el cuerpo físico, gemimos bajo el peso de la vida presente; porque no es tanto que deseemos vernos despojados de esta casa, sino más bien deseamos ponernos el cuerpo celestial encima del actual, para que lo que está sometido a la muerte sea absorbido por la vida.

Pero el Que nos ha diseñado para esa trasformación es Dios, y Él nos ha dado el Espíritu como fianza de la vida venidera. Por eso no perdemos jamás el ánimo aunque sabemos que, mientras estemos peregrinando aquí en el cuerpo, estamos ausentes del Señor; porque vamos siguiendo nuestra ruta por la fe, no porque ya veamos nada. Pero estamos animados, y deseando partir del cuerpo y estar con el Señor.

Mientras tanto, nuestra única ambición es, estemos ausentes o presentes con Él, ser la clase de personas que Le agradan. Porque todos hemos de comparecer ante el tribunal de Cristo para recibir, cada cual, el resultado de lo que hicimos mientras estábamos en el cuerpo; es decir, el veredicto que corresponda a lo que cada cual haya hecho, sea bueno o malo.

Hay en este pasaje una progresión de pensamiento muy significativa, que nos da la esencia del pensamiento de Pablo.

(i) Para él, será un gran día cuando haya acabado con el cuerpo humano. Lo considera como una tienda de campaña, es decir, un alojamiento provisional en el que se vive temporalmente hasta que llegue el día que se disuelva y entremos en la residencia verdadera de nuestras almas.

Ya hemos tenido ocasión antes de ver hasta qué punto despreciaban el cuerpo los pensadores griegos y romanos. «El cuerpo —decían— es una tumba.» Plotino llegaba a decir que le daba vergüenza tener un cuerpo. Epicteto decía de sí mismo: «Tú eres una pobre alma cargando con un cadáver.» Séneca escribía: «Soy un ser superior, nacido para asuntos más elevados que el ser esclavo de un cuerpo al que está englilletada mi libertad... En tan detestable habitación mora un alma libre.» A veces, también el pensamiento judío coincidía con esta actitud: «Porque el cuerpo corruptible oprime el alma, y el tabernáculo terrenal abruma la mente que se ocupa de muchas cosas» *(Sabiduría 9:15).*

Pero en Pablo hay una diferencia. No está buscando un nirvana que le traiga la paz de la extinción; ni la absorción en lo divino; no está buscando la libertad de un espíritu desencarnado; está esperando el día en que Dios le dé un cuerpo nuevo, espiritual, en el que todavía podrá servir y adorar a Dios en los lugares celestiales.

Kipling escribió una vez un poema acerca de todas las grandes cosas que una persona podría hacer en el mundo venidero:

> *Cuando se haya pintado el último cuadro de la Tierra,*
> *y los tubos estén secos y arrugados,*
> *cuando los antiguos colores se hayan desvanecido*
> *y haya muerto el más joven de los críticos,*
> *descansaremos, y a fe que lo necesitaremos,*
> *acostados una era o dos,*
> *hasta que el Maestro de Todos los Buenos Obreros*
> *nos ponga a trabajar otra vez.*
> *Y los que fueron buenos estarán felices;*
> *se sentarán en sillas de oro,*
> *salpicarán un lienzo de diez leguas*
> *con pinceles de pelo de cometa.*
> *Encontrarán santos auténticos en que inspirarse,*
> *Magdalena, Pedro y Pablo;*
> *trabajarán una era de una sentada*
> *sin sentir el más mínimo cansancio.*
> *Y sólo el Maestro los alabará,*
> *y sólo el Maestro los corregirá;*
> *y no trabajará ninguno por dinero,*
> *ni ninguno para obtener la fama,*
> *sino sólo por el gozo de trabajar;*
> *cada cual en su estrella independiente*
> *pintará todo tal como lo vea,*
> *para el Dios de las cosas como son.*

Ese era el sentir de Pablo. Veía la eternidad, no como una jubilación para estar permanentemente inactivo, sino como la entrada en un cuerpo en el que se pudiera realizar un servicio completo.

(ii) Con todo su anhelo de la vida por venir, Pablo no despreciaba la presente. Está, nos dice, entusiasmado. La razón es que, aun aquí y ahora, poseemos el Espíritu Santo de Dios,

Que es el *arrabôn* (cp. 1:22), la fianza que nos asegura la vida venidera. Pablo está convencido de que el cristiano ya puede disfrutar un adelanto de la vida eterna. Al cristiano se le ha concedido la ciudadanía de dos mundos; y en consecuencia, no desprecia este mundo, sino lo ve cubierto con el lustre de gloria que es un reflejo de la mayor gloria por venir.

(iii) Y entonces aparece la nota grave. Aun cuando estaba pensando en la vida por venir, Pablo no se olvidaba nunca de que vamos de camino, no solamente hacia la gloria, sino también hacia el juicio. «Porque todos hemos de comparecer ante el tribunal de Cristo.» La palabra para *tribunal* es *bêma*. Puede que Pablo estuviera pensando sencillamente en el tribunal del magistrado romano ante el que él había estado, o en el sistema griego de administración de la justicia.

Todos los ciudadanos griegos eran elegibles como jueces o, como diríamos ahora, para formar parte de un jurado. Cuando un ateniense era nombrado miembro de un jurado, se le daban dos disquitos de bronce que tenían un eje cilíndrico. Uno de los ejes era hueco, y ese disco representaba la condenación; y el otro era macizo, y representaba la absolución. En el *bêma* había dos urnas. Una, de bronce, se llamaba «la urna decisiva,» porque era en ella en la que se metía el disco que representaba el veredicto. La otra, de madera, se llamaba «la urna inoperativa,» porque era donde se echaba el disco que se descartaba. Así que, al final, el jurado echaba en la urna de bronce el disco de la condenación o el de la absolución. A los espectadores les parecían exactamente iguales, y no podían adivinar cuál sería el veredicto final de los jueces. Entonces se contaban los discos y se dictaba sentencia, condenatoria o absolutoria.

Así esperaremos un día el veredicto de Dios. Cuando nos acordamos de ello, la vida se nos presenta como algo tremendamente serio y emocionante, porque en ella estamos logrando o fallando nuestro destino, ganando o perdiendo una corona. El tiempo es el campo de pruebas de la eternidad.

LA NUEVA CREACIÓN

2 Corintios 5:11-19

Por tanto, es porque sabemos lo que es el temor de Dios por lo que seguimos haciendo lo posible por persuadir a las personas; pero Dios ya nos conoce totalmente, y espero que también vosotros nos llegaréis a conocer igualmente en conciencia. No estamos tratando otra vez de recomendarnos a nosotros mismos, sino de daros ocasión para que estéis orgullosos de nosotros, para que podáis responder a los que se enorgullecen de las apariencias externas y no de las cosas del corazón.

Porque, si nos hemos comportado como locos, ha sido por causa de la obra de Dios; y si como personas sensatas, ha sido por mor de vosotros. Porque lo que nos controla es el amor de Dios; porque hemos llegado a la conclusión de que, si Uno murió por todos, eso no puede querer decir más que que todos hemos muerto. Y es indudable que Él murió por todos para que los que viven no sigan viviendo para sí mismos sino para Aquel Que murió y resucitó.

En consecuencia, desde ahora en adelante no apreciamos a las personas según la escala de valores del mundo. Hubo un tiempo cuando aplicamos ese estándar a Cristo; pero ahora ya no es así como Le conocemos. Por tanto, si una persona es cristiana —es decir, está en Cristo—, ha sido creada totalmente de nuevo. Todo lo viejo ha desaparecido; y, ¡fijaos!, todo se ha hecho nuevo. Y todo esto ha sido obra de Dios, Que nos ha reconciliado consigo mismo por medio de Cristo y nos ha confiado el ministerio de la reconciliación, cuyo mensaje es que Dios, por medio de Cristo, estaba reconciliando el mundo consigo mismo, no imputándole sus pecados, y nos ha confiado la proclamación de esta reconciliación.

Este pasaje continúa directamente el pensamiento del anterior. Pablo ha estado hablando de comparecer ante el tribunal de Cristo. Toda la vida mantuvo esa perspectiva a la vista. No es del terror a Cristo de lo que nos habla, sino del santo temor y reverencia que Él debe inspirarnos. En el Antiguo Testamento aparece con frecuencia la idea del temor purificador. Job habla del «temor del Señor que es la sabiduría» *(Job 28:28)*. «¿Qué pide el Señor tu Dios de ti —pregunta el autor del Deuteronomio, y contesta—, sino que temas al Señor tu Dios?» *(Deuteronomio 10:12)*. «El temor del Señor —dice Proverbios— es el principio de la sabiduría» *(Proverbios 1:7; 9:10)*. «Con el temor del Señor los hombres se apartan del mal» *(Proverbios 16:6)*. No se trata del miedo al castigo que puede sentir un esclavo, sino del sentimiento que puede hacer que hasta una persona insensata se abstenga de profanar un lugar santo, o que nos hace evitar una acción que sabemos que ha de quebrantar el corazón de alguien a quien amamos. «El temor del Señor es limpio» *(Salmo 19:9)*. Hay un temor purificador sin el que no es posible vivir como es debido.

Pablo está tratando de convencer a sus lectores de su sinceridad. No tiene la menor duda de que, a los ojos de Dios, tiene las manos limpias y el corazón puro; pero sus enemigos han hecho todo lo posible para desacreditarle, y ahora quiere darles muestras de su sinceridad a sus amigos corintios. No por ningún deseo de vindicación egoísta, sino porque sabe que, si se pone en duda su sinceridad, se dañará el impacto de su mensaje. El mensaje de una persona se escuchará siempre en el contexto de su carácter. Por eso tienen que estar libres de toda sospecha los pastores y los maestros. Tenemos que evitar, no sólo el mal, sino todo lo que se le parezca, para que nada haga que nadie piense mal, no de nosotros, sino del Evangelio que predicamos o enseñamos.

En el versículo 13, Pablo insiste en que detrás de su conducta no ha habido nunca nada más que un motivo: servir a Dios y ayudar a los hermanos corintios. En más de una ocasión tomaron a Pablo por loco *(Hechos 26:24)*. Había sido objeto del mismo malentendido que Jesús *(Marcos 3:21).* El entusiasmo auténtico siempre corre peligro de parecer locura a los observadores tibios.

Kipling nos cuenta que, en uno de sus viajes, el general Booth del Ejército de Salvación se embarcaba en cierto puerto, y fue a despedirle una banda de tamborileros salvacionistas. Todo aquello le reventaba a Kipling, que tenía una idea más solemne de la religión. Más tarde conoció al General, y le dijo lo mucho que desaprobaba ese tipo de cosas.

—Joven —le contestó Booth—, si creyera que puedo ganar algún alma para Cristo haciendo el pino y tocando los platillos con los pies, aprendería a hacerlo.»

El entusiasmo auténtico no se preocupa de que le tomen por loco. Si uno quiere seguir la enseñanza de Cristo sobre la generosidad, el perdón o la lealtad suprema, siempre habrá «sabios-según-el-mundo» que no tengan pelos en la lengua para llamarle chiflado. Pablo sabía que hay un tiempo para la conducta sensata y tranquila, y también para el comportamiento que el mundo toma por locura; y estaba dispuesto a seguir cualquiera de los dos por causa de Cristo y de las personas.

Pablo llega, como acostumbraba, de una situación concreta y determinada a un principio básico de toda la vida cristiana: Cristo murió por todos. Para Pablo, un cristiano es, en su frase favorita, *una persona en Cristo;* y por tanto, la vieja personalidad del cristiano murió con Cristo en la Cruz y resucitó con Él a una nueva vida, de forma que ahora es una nueva persona, tan nueva como si Dios la acabara de crear. En esta novedad de vida, el cristiano ha adquirido una nueva escala de valores. Ya no aplica a las cosas el baremo del mundo. Hubo un tiempo en el que Pablo mismo había juzgado a Cristo según su tradición, y se había propuesto eliminar Su recuerdo del mundo. Pero ya no. Ahora tenía una escala de valores diferente. Ahora, el Que había tratado de borrar era para él la Persona más maravillosa del mundo, porque le había dado la amistad de Dios que había anhelado toda la vida.

EMBAJADOR DE CRISTO

2 Corintios 5:20 – 6:2

> *Así es que nosotros estamos actuando como embajadores de Cristo, porque Dios os hace llegar Su invitación por medio de nosotros. Por tanto, os rogamos de parte de Cristo: ¡Reconciliaos con Dios! Él hizo que el Que no tenía nada que ver con el pecado fuera la ofrenda por nuestros pecados para que nosotros pudiéramos entrar en la debida relación con Dios. Porque lo que estamos tratando de hacer nosotros es ayudarle a ganar a las personas es por lo que os exhortamos a que no recibáis el ofrecimiento de la gracia de Dios para luego no hacerle ningún caso. Porque por eso dice la Escritura: «En el momento oportuno te oí, y en el día de la salvación te ayudé.» ¡Pues ahora es ese «momento oportuno»! ¡Ahora es «el día de la salvación»!*

El cargo que Pablo dice que Dios le ha asignado para su gloria y trabajo es el de embajador de Cristo. El término griego que usa *(presbeutês)* es una gran palabra. Tenía dos acepciones que correspondían a la palabra latina de la que era traducción *(legatus).*

(i) Las provincias romanas se dividían en dos clases. Algunas estaban bajo el control directo del senado, y otras bajo el del emperador. La diferencia dependía de lo siguiente: las provincias pacíficas en las que no había tropas romanas eran las senatoriales; las levantiscas, en las que se estacionaban tropas, eran las imperiales. En estas últimas, el que administraba cada una de ellas de parte del emperador era el *legatus* o *presbeutês.* Así es que la palabra representaba en primer lugar a la figura del que había sido comisionado personalmente por el emperador, y Pablo se consideraba designado por Jesucristo para la obra de la Iglesia.

(ii) Pero *presbeutês* y *legatus* tenían un sentido todavía más interesante. Cuando el senado romano decidía que un país había de convertirse en provincia, le enviaban de entre sus miembros a diez *legati* o *presbeutai*, es decir, delegados, que, juntamente con el general victorioso, concertaban los términos de la paz con el país vencido, fijaban los límites de la nueva provincia, trazaban una constitución para su nueva administración, y por último volvían para someter sus acuerdos a la ratificación final del senado. Eran responsables de introducir nuevos pueblos en la familia del imperio romano. Así era como se consideraba Pablo: el que presentaba a otros las condiciones de Dios para que entraran a formar parte como ciudadanos de Su Reino y como miembros de Su familia.

No hay mayor responsabilidad que la del embajador.

(i) Un embajador de España es un español que reside en otro país. Pasa la vida entre personas que en muchos casos hablan una lengua diferente, tienen tradiciones diferentes y tienen otra manera de vivir. El cristiano se encuentra en ese caso: vive en el mundo; toma parte en la vida y las actividades del mundo; pero es ciudadano del Cielo. En este sentido, es un extranjero. El que no esté dispuesto a ser diferente no puede ser cristiano.

(ii) El embajador habla en nombre de su propio país. Cuando el embajador español habla como tal, su voz es la voz de España. Hay situaciones en las que un cristiano tiene que hablar en nombre de Cristo. En las decisiones y consejos del mundo, la suya debe ser la voz de Cristo que presenta Su mensaje en aquella situación.

(iii) El honor de su país está en las manos del embajador. Por él se juzga a su país. Se escuchan sus palabras y se observan sus acciones y se dice: «Eso es lo que dice y hace tal o cual país.» Lightfoot, el famoso obispo de Durham, dijo en un culto de ordenación: «El embajador cuando actúa, no actúa sólo como agente, sino como representante de su Soberano... El deber del embajador no se limita a comunicar un mensaje determinado o a seguir una cierta política, sino que también está obligado a vigilar las coyunturas, a estudiar los caracteres, a buscar las oportunidades, para presentárselas a su audiencia de la manera más atractiva posible.» La gran responsabilidad del embajador es representar y presentar a su país a aquellos entre los que vive.

Aquí tenemos el privilegio más honroso del cristiano y su responsabilidad más sobrecogedora. El honor de Cristo y de Su Iglesia están en sus manos. Con sus palabras y con sus acciones puede hacer que se estime —o desestime— a su Iglesia y a su Soberano.

Tenemos que fijarnos en el mensaje de Pablo: «¡Reconciliaos con Dios!» El Nuevo Testamento nunca nos habla de que Dios tenga que reconciliarse con la humanidad, sino siempre de que la humanidad tiene que reconciliarse con Dios. No se trata de aplacar a un Dios airado. Todo el plan de salvación tiene su origen en Dios. Fue porque Dios *amaba* al mundo de tal manera por lo que envió a Su Hijo. No es que Dios no tenga interés en la humanidad, sino viceversa. El mensaje de Pablo, el Evangelio, es la invitación de un Padre amante a Sus hijos descarriados para que vuelvan a casa, donde los espera el amor.

Pablo les suplica que no acepten el ofrecimiento de la gracia de Dios sin sentido. Hay tal cosa como —y es la tragedia de la eternidad— la frustración de la gracia. Pensemos en términos humanos. Supongamos que un padre o una madre se sacrifican y trabajan para darles a sus hijos las mejores oportunidades, rodearlos de amor, planificar su futuro con cuidado y hacen, en fin, todo lo posible para equiparlos para la vida. Y supongamos que esos hijos no sienten lo más mínimo su deuda de gratitud ni ninguna obligación de devolver algo de lo mucho que han recibido siendo dignos de ello. Y supongamos que los hijos fracasan, no por falta de capacidad, sino por falta de interés y de voluntad, porque no consideran el amor que les dio tanto. Eso es lo que quebranta el corazón de los padres. Cuando Dios le da a la humanidad toda Su gracia, y la humanidad la pisotea para seguir su propio camino equivocado, frustrando la gracia que podía haberla renovado y recreado, una vez más Cristo es crucificado, y quebrantado el corazón de Dios.

BORRASCA DE PROBLEMAS

2 Corintios 6:3-10

*Hacemos nuestro trabajo procurando no poner obs-
táculos en el camino de nadie, porque no queremos que
el ministerio se convierta en blanco de críticas. En todo
tratamos de dar muestras de la dignidad que nos corresponde como ministros de Dios: soportando adversidades, cercados de dolorosas opresiones, en los inevitables dolores de la vida, en ansiedad, sufriendo azotes,
en la cárcel, en tumultos, en trabajos, en insomnios y
ayunos, con pureza, con conocimiento, con paciencia,
con amabilidad, con el Espíritu Santo, con amor sincero,
declarando la verdad, por el poder de Dios, con las
armas de la integridad ofensivas y defensivas, con honra
o con deshonra, de mala o de buena reputación; nos
tienen por engañadores, pero somos auténticos; como
si no se nos conociera, aunque nos conocen perfectamente; como moribundos, ¡pero seguimos vivos!; como
castigados, pero no muertos; como apesadumbrados,
pero siempre gozosos; como pobres, pero enriqueciendo
a muchos; como si no tuviéramos nada, aunque lo
poseemos todo.*

En todos los azares y avatares de la vida, Pablo no se
preocupaba nada más que de presentarse como ministro útil y
sincero de Jesucristo. Aunque presenta sus credenciales, con
la mirada de la mente recorre lo que llamaba Crisóstomo «la
borrasca de problemas» por la que había pasado y en la que
se debatía todavía. Cada una de las palabras de este tremendo
catálogo, que alguien ha llamado «el himno del heraldo de la
salvación,» representa una experiencia de la vida aventurera
del apóstol Pablo.

Empieza con un término triunfal de la vida cristiana: *resistencia (hypomonê)*. A veces se traduce por paciencia; pero no

describe la actitud mental del que se sienta en un rincón con los brazos cruzados y la cabeza gacha, y deja que le pase por encima un torrente de problemas con resignación pasiva. *Hypomonê* describe más bien la capacidad de soportar las adversidades con tal actitud triunfante que las convierte en acicates. Crisóstomo le dedica a esta virtud un gran panegírico. La llama «la raíz de todos los bienes, la madre de la piedad, el fruto que nunca se agria, una fortaleza inexpugnable, un puerto a salvo de tormentas» y «la reina de las virtudes, el fundamento de las buenas acciones, paz en la guerra, calma en la tempestad, seguridad en el peligro.» Es la habilidad valerosa y triunfante que supera el límite de la resistencia sin rendirse, y recibe lo inesperado con ánimo. Es la alquimia que transforma la tribulación en fortaleza y gloria.

Pablo menciona a continuación tres grupos de situaciones, cada uno con tres cosas en las que se practica esta resistencia victoriosa.

(i) Están los conflictos internos de la vida cristiana.

(*a*) *Las cosas que nos oprimen dolorosamente.* La palabra que usa es *thlípsis*, que originalmente expresaba la simple presión física que sufre una persona. Hay cosas que abruman el espíritu humano, tales como las tristezas, que son una carga insoportable para el corazón, y las desilusiones, que parecen querer estrujarlo. La resistencia triunfante puede con todo.

(*b*) *Los inevitables dolores de la vida.* La palabra griega *(anánkê)* quiere decir literalmente *las necesidades de la vida.* Algunas cargas se pueden evitar, pero otras no. Hay algunas cosas que no hay más remedio que soportar. Son el dolor en todas sus formas, porque sólo se verá libre de él la vida que nunca haya conocido el amor; y la muerte, que es la suerte de todo ser humano. La resistencia triunfante le permite a una persona arrostrar todo lo que implica ser persona.

(*c*) *La ansiedad.* La palabra que usa Pablo *(stenojôría)* quiere decir literalmente un paso demasiado estrecho. Se usa de un ejército atrapado en un desfiladero que no permite ni maniobrar ni escapar. Se puede usar de un navío sorprendido por una tempestad que no le deja seguir adelante ni volver atrás. Hay momentos en los que parece que una persona está en una situación en que los muros de la vida se estrechan, amenazando con aplastarla. Pero también entonces la resistencia triunfante le permite respirar la amplitud del Cielo.

(ii) Están las tribulaciones externas de la vida.

(*a*) *Azotes.* Para Pablo, la vida cristiana conllevaba no sólo sufrimientos espirituales, sino también físicos. Es un hecho que, si no hubiera sido por los que estuvieron dispuestos a sufrir el tormento del fuego y de las fieras, hoy no existiría el Cristianismo. Todavía el ser cristianos supone para algunos vivir en constante agonía; y siempre es verdad que «la sangre de los mártires es la semilla de la Iglesia.»

(*b*) *Cárceles.* Clemente de Roma nos dice que Pablo estuvo en la cárcel no menos de siete veces. Por *Hechos* sabemos que, antes de escribir a los corintios, había estado preso en Filipos; y después, en Jerusalén, Cesarea y Roma. El cuadro de honor de los cristianos que han estado presos por su fe se extiende desde el siglo I hasta el XX. Siempre ha habido cristianos dispuestos a perder su libertad antes que abandonar su fe.

(*c*) *Tumultos.* Una y otra vez encontramos cristianos que tienen que enfrentarse, no con la severidad de la ley, sino con la violencia de la multitud. John Wesley nos cuenta lo que le sucedió en Wednesbury cuando una multitud se le echaba encima como una riada. «Era en vano intentar hablarles, porque hacían un ruido como el mar en tempestad. Así es que me arrastraron hasta que llegamos al pueblo; entonces vi que estaba abierta la puerta de una casa grande, e intenté entrar; pero uno me agarró de los pelos y tiró de mí hacia el centro del gentío. No se detuvieron hasta que me habían llevado por toda la calle principal, de un lado a otro del pueblo.» George Fox cuenta lo que le sucedió en Tickhill: «Me encontré al sacerdote y a casi todos los principales de la parroquia en el coro. Me dirigí a ellos y me puse a hablarles; pero en seguida se me echaron encima; cuando yo estaba hablando, uno de los funcionarios echó mano a la biblia y me pegó en la cara con ella con tanta fuerza que me puse a sangrar abundantemente al pie del campanario. Entonces la gente se puso a chillar: «¡Sacadle de la iglesia!» Y, después de sacarme, me dieron una gran paliza, me tiraron al suelo y luego por encima del seto, y después me arrastraron por una casa hasta la calle, tirándome piedras y pegándome mientras me arrastraban de forma que yo estaba cubierto de sangre y de barro... Sin embargo, cuando me pude poner en pie otra vez, les declaré la Palabra de vida, y les mostré los frutos de sus maestros, que deshonraban el Cristianismo.» La multitud ha sido muchas veces enemiga del Cristianismo; pero ahora no es tanto su violencia, sino su burla y desprecio sarcástico lo que tienen que soportar los cristianos.

(iii) Está el esfuerzo de la vida cristiana.

(*a*) *Trabajos*. La palabra que usa Pablo (kópos) es casi un término técnico que define la vida cristiana. Describe el trabajo que conduce al agotamiento, que requiere la totalidad del cuerpo, la mente y el espíritu que pueda aportar una persona. El cristiano es un obrero de Jesucristo.

(*b*) *Insomnios*. Muchas noches las pasaría en oración; otras, en situaciones de peligro o incomodidad en que era imposible dormir. En todos los casos, Pablo estaba dispuesto a velar manteniéndose alerta como fiel centinela de Cristo.

(*c*) *Ayunos*. No cabe duda de que Pablo no se refiere aquí a los ayunos voluntarios, sino a las muchas veces que tendría que pasarse sin tomar alimento por causa de la obra. Podemos contrastar su actitud con la de la persona que no se puede privar de una comida para asistir al culto en la casa de Dios o para realizar alguna obra de amor que Dios le envía.

Ahora Pablo pasa, de las pruebas y tribulaciones que la resistencia le ha permitido conquistar, al equipo para la vida cristiana que Dios le ha dado. Aquí también conserva la clasificación en tres grupos de tres cosas cada uno.

(i) Están las cualidades mentales que Dios nos da.

(*a*) *Pureza*. La palabra que usa Pablo *(hagnótês)* la definían los griegos como «evitar cuidadosamente todos los pecados contra los dioses; servir y honrar a Dios como exige la naturaleza,» «prudencia del máximo calibre» y «limpieza de toda mancha de carne o de espíritu.» Es de hecho la cualidad que le permite a una persona entrar a la presencia de Dios.

(*b*) *Conocimiento.* Esta clase de conocimiento se ha definido como «el conocimiento de las cosas que se deben hacer.» Era el conocimiento que desembocaba, no en las sutilezas de los teólogos, sino en las acciones de los cristianos de a pie.

(*c*) *Paciencia.* Por lo general, esta palabra *(makrothymía)* en el Nuevo Testamento se refiere a la paciencia que se tiene *con las personas,* la habilidad de soportarlas cuando están equivocadas y hasta cuando son crueles e insultantes. Es una gran palabra. En *1 Macabeos 8:4* se dice que los romanos conquistaron el mundo «con su política y su *paciencia,*» que quiere decir su invencibilidad, porque nunca aceptaban la paz en la derrota. *La paciencia* es la cualidad de la persona que puede perder una batalla, pero que nunca se dará por vencida en una campaña.

(ii) Están las cualidades del corazón que Dios nos da.

(*a*) *Benignidad.* En griego *jrestótês,* es una de las grandes palabras del Nuevo Testamento. Es la contraria de la severidad. Un gran comentarista la describe como «la simpática amabilidad o dulzura de temperamento que hace que los demás se sientan a gusto y que no causaría un disgusto por nada del mundo.» El gran ejemplo se encuentra en *Génesis 26:17-22,* que nos dice que Isaac no quería reñir ni altercar. Es la cualidad del que piensa más en los demás que en sí mismo.

(*b*) *El Espíritu Santo.* Pablo sabía muy bien que no se puede decir nada provechoso ni hacer nada bueno sin la ayuda del Espíritu Santo. Pero esta frase puede que quiera decir, no tanto el Espíritu Santo, como *un espíritu de santidad.* Puede que quiera decir que la motivación dominante de Pablo era santa, que tenía por único objeto el honor y el servicio de Dios.

(*c*) *Amor sincero.* La palabra que usa Pablo es *agápê,* que es característica del Nuevo Testamento. Quiere decir una benevolencia a toda prueba. Quiere decir ese espíritu que, no importa lo que otra persona le haga: no buscará jamás sino el bien supremo de aquella persona, y así con todas; jamás abrigará pensamientos de venganza, sino recibirá los desprecios e injurias con una buena voluntad inalterable.

(iii) Está el equipo que Dios da para la obra de la predicación del Evangelio.

(a) *La declaración de la verdad.* Pablo sabía que Jesús le había dado, no sólo un Evangelio que proclamar, sino también el poder y la habilidad para proclamarlo. Le debía a Dios tanto la Palabra como la oportunidad que se le había presentado.

(b) *El poder de Dios.* Para Pablo, eso lo era todo lo que tenía. Se dice del rey Enrique V de Inglaterra después de la batalla de Agincourt: «No permitió que los juglares compusieran ni cantaran canciones por tan señalada victoria, porque no quería que se alabara ni se dieran gracias nada más que a Dios.» Pablo no habría dicho nunca con orgullo: «Yo hice eso y lo de más allá;» sino: «Dios me permitió hacerlo.»

(c) *Las armas de la integridad para la mano derecha y para la izquierda.* Lo que quiere decir armas de defensa y de ataque. A menos que se fuera zurdo, la espada y la lanza se llevaban en la derecha, y el escudo en la izquierda; y Pablo está diciendo que Dios le ha dado el poder para atacar su tarea y para defenderse de las tentaciones.

Pablo completa este pasaje lírico con una serie de contrastes. Empieza con *la honra y la deshonra.* La palabra que usa para *la deshonra* es la que se usa corrientemente en griego para la pérdida del derecho de ciudadanía *(atimía).* Pablo dice: «Puede que yo haya perdido todos los derechos y privilegios que confiere el mundo, pero sigo siendo ciudadano del Reino de Dios.» *De mala o de buena reputación.* Hailos que critican todas las acciones de Pablo y que hasta odian su nombre, pero la opinión de Dios es la que cuenta. *Nos tienen por engañadores, pero somos auténticos.* La palabra griega *(plános)* quiere decir literalmente *mangante charlatán e impostor.* Eso era lo que otros le llamaban, pero él sabía que su mensaje era la verdad de Dios. *Como si no se nos conociera, aunque nos conocen perfectamente.* Los judíos que le denigraban decían que era un don nadie de quien nadie había oído; pero aquellos a los que había presentado a Cristo le conocían y apreciaban; y para Dios tampoco era un desconocido. *Como moribundos, ¡pero seguimos vivos!* El peligro era su compañero de viaje, y la perspectiva de la muerte su camarada; y sin embargo, por la gracia de Dios, estaba triunfalmente vivo con una vida que la muerte no podría destruir. *Como castigados, pero no muertos.* Le sucedían cosas que se habrían podido tomar como castigos de Dios, pero que no apagaban su espíritu. *Como apesadumbrados, pero siempre gozosos.* Le sucedían unas cosas que habrían quebrantado el corazón de cualquiera, pero que no podían destruir el gozo de Pablo. *Como pobres, pero enriqueciendo a muchos.* Parecía no tener ni blanca, pero llevaba siempre consigo algo que enriquecía las almas humanas. *Como si no tuviéramos nada, aunque lo poseemos todo.* Parecería que no poseía nada; pero, teniendo a Cristo, tenía todo lo que importa en este mundo y en el venidero.

EL ACENTO DEL AMOR

2 Corintios 6:11-13, y 7:2-4

Mis queridos corintios: Os hemos hablado sin reservas. Os hemos abierto de par en par nuestro corazón. Si hay algún retraimiento entre vosotros y nosotros, no se encuentra en nuestra parte sino en vuestro corazón. Correspondedme como es debido. Os hablo como a hijos. ¡Abridnos vuestros corazones!... ¡Hacednos sitio en ellos! No hemos perjudicado a nadie. No hemos corrompido a nadie. No nos hemos aprovechado de nadie.

No os lo estoy diciendo para echaros las culpas. Ya os he dicho que os tenemos en el corazón, así es que estoy dispuesto a morir o a vivir con vosotros. Sé que puedo presumir de vosotros. Estoy animadísimo, y rebosando de gozo en medio de todo lo que me oprime duramente.

Aquí tomamos juntos 6:11-13, y 7:2-4, omitiendo de momento 6:14 – 7:1. La razón quedará clara cuando tratemos de este pasaje.

Se perciben en las palabras de Pablo los acentos del más puro amor. Las grietas se han restañado. Se han superado las incompatibilidades, y el amor reina supremo. La frase que hemos traducido «Os hemos abierto de par en par nuestro corazón» quiere decir literalmente «Se nos ha ensanchado el corazón.» Crisóstomo aporta un comentario interesante. Dice que el calor hace que se dilaten todas las cosas, y el tempero del amor ensancha siempre el corazón humano.

La palabra que traducimos por *corazón* con la Reina-Valera y otras traducciones es en griego *splánjna*. Quiere decir literalmente las vísceras superiores, como el corazón, el hígado y los pulmones. En estos órganos se suponía que estaba la sede de las emociones y los sentimientos. Una traducción literal nos sonaría extraña; pero no tenemos más que considerar el uso actual del adjetivo *visceral* para darnos cuenta de que realmente no estamos tan lejos de esta expresión griega. Por otra parte, siempre hemos usado la palabra *melancolía,* que viene directamente del griego y quiere decir *tener el hígado negro.* En español es más corriente suponer que la base de los sentimientos es el corazón, que no es más que un órgano físico después de todo; de ahí tantas expresiones que se usan con frecuencia: tener buen, o no tener, corazón; dilatársele, encogérsele o partírsele a uno el corazón; tener un corazón de bronce, o de oro; conmovérsele a uno las entretelas del corazón, etcétera, etcétera.

Pablo presenta aquí sus credenciales: no ha perjudicado ni corrompido a nadie ni se ha aprovechado de nadie. Hacia el final de su vida, Walter Scott hizo esta gran afirmación: «No he trastornado la fe, ni he corrompido los principios de nadie.» Thackeray, también al final de su vida, escribió una oración en la que pedía a Dios «que no le permitiera escribir ninguna palabra que no estuviera de acuerdo con Su amor, o con el amor humano; o que propagara sus propios prejuicios ni condescendiera con los de nadie; y que le permitiera decir siempre la verdad con su pluma, y no actuar por amor a la codicia.»

Hay una cosa que es peor que pecar uno mismo, y es enseñar a otros a pecar. Es una de las verdades más tenebrosas de la vida el que siempre ha de haber una persona que presente a otra la primera tentación y que le dé el primer empujón hacia el pecado; y es terrible introducir a un hermano o una hermana más joven o más débil a algo que esté mal.

Alguien contaba que un anciano estaba muy inquieto por algo en el lecho de muerte. Cuando le preguntaron qué le pasaba, contestó que una vez, de muchacho, había jugado con otros compañeros a cambiar las señales de dirección de las encrucijadas: cuando encontraban alguna que no estaba bien plantada en el suelo, le daban la vuelta y la dejaban señalando en sentido contrario. Y el anciano decía: «No puedo dejar de pensar en la cantidad de personas que se habrán perdido y no habrán podido llegar adonde iban por culpa de lo que hicimos aquel día.»

No puede haber mayor remordimiento que el que se siente por haber enviado a una persona por un camino que no conducía a nada bueno. Pablo estaba justamente orgulloso de que su influencia y ejemplo siempre habían inducido a los demás al bien.

Acaba este pasaje diciéndoles a los corintios lo a gusto y lo rebosante de gozo que se siente, aun en medio de todos los problemas que le rodean. Seguro que no hay una prueba más clara de que las relaciones humanas son lo más importante de la vida. Si una persona es feliz en casa, puede enfrentarse con cualquier cosa fuera. Si se está en la debida relación con los amigos, se pueden resistir las pedradas y los dardos de la fortuna con una sonrisa. Como decía el autor de Proverbios: «Mejor es la comida de legumbres donde hay amor, que el buey engordado donde hay odio» *(Proverbios 15:17).*

QUITAOS DE EN MEDIO

2 Corintios 6:14 – 7:1

No os dejéis uncir a un yugo desigual con los no creyentes. ¿Qué camaradería puede haber entre la integridad y la ilegalidad? ¿Y qué asociación entre la oscuridad y la luz? ¿Y qué concordia entre Cristo y Belial? ¿Cómo van a ir a medias el creyente y el no creyente? ¿Qué pacto puede haber entre el templo de Dios y los ídolos?

Porque vosotros sois el templo del Dios viviente, como Él mismo ha dicho: «Habitaré en ellos y Me moveré en ellos, y seré su Dios y ellos serán Mi pueblo.» Así que «Salíos y separaos de ellos», dice el Señor, «y no tengáis contacto con las cosas impuras, y Yo os recibiré y seré un Padre para vosotros, y vosotros seréis como Mis hijos e hijas,» dice el Señor, Que gobierna el universo.

Así que, ya que tenemos tales promesas, purifiquémonos de toda contaminación de carne o de espíritu, y mantengamos una completa santidad en el temor de Dios.

Llegamos ahora al pasaje que omitimos anteriormente. No cabe duda que no encaja debidamente donde se encuentra. La seriedad de su tono disiente del amor alegre y jubiloso de los versículos que lo preceden y siguen.

Ya vimos en la Introducción (página 22) que Pablo había escrito una carta anterior a *1ª Corintios*. En *1 Corintios 5:9* dice: «Os escribí en mi carta que no os asociarais con personas inmorales.» Esa carta puede que se haya perdido; pero puede que este pasaje formara parte de ella. Tal vez, cuando se coleccionaron las cartas de Pablo, una hoja se encontraba fuera de su sitio. Eso no sucedió hasta allá por el año 90 d.C., y para entonces puede que ya nadie conociera el orden original. En esencia, este pasaje parece estar de acuerdo con el tema de la carta que se menciona en *1 Corintios 5:9.*

Hay algunas figuras del Antiguo Testamento detrás de este pasaje. Pablo empieza exhortando a los corintios que no se unzan con los no creyentes en yugos extraños. Sin duda hay aquí un reflejo del antiguo mandamiento de *Deuteronomio 22:10:* «No ararás con buey y con asno juntamente» *(*cp. *Levítico 19:19).* La idea es que hay ciertas cosas que son incompatibles por naturaleza y no se pueden asociar provechosamente. Es imposible que la pureza cristiana y la inmoralidad pagana formen juntas una yunta.

En la pregunta: «¿Qué pacto puede haber entre el templo de Dios y los ídolos?», el pensamiento de Pablo se retrotrae a incidentes como el de Manasés trayendo una imagen de fundición al templo de Dios *(2 Reyes 21:1-9),* o, en tiempo posterior, Josías destruyendo cosas semejantes *(2 Reyes 23:3ss).* O puede estar pensando en las abominaciones que se describen en *Ezequiel 8:3-18.* Se había intentado a veces asociar el templo de Dios con el culto a los ídolos, y las consecuencias habían sido siempre funestas.

Todo el pasaje es una llamada de atención para que no se tengan relaciones con los no creyentes. Es un desafío a los cristianos corintios para que se guarden de las contaminaciones del mundo. Se ha hecho notar que la misma esencia de la historia de Israel se resume en las palabras «¡Salid de ahí!» Esa fue la palabra del Señor que vino a Abraham: «¡Vete de tu tierra y de tu parentela, y de la casa de tu padre!» *(Génesis 12:1).* Esa fue la advertencia que recibió Lot antes de la destrucción de Sodoma y Gomorra *(Génesis 19:12-14).* Hay cosas en el mundo con las que los cristianos ni deben ni pueden asociarse.

Es difícil darse cuenta de cuántas separaciones conllevaba el Evangelio para los que lo aceptaban en aquel tiempo.

(i) A menudo quería decir que una persona tenía que abandonar su *profesión.* Supongamos que se trataba de un mampostero. ¿Qué le pasaría si a su empresa le salía un trabajo de construir un templo pagano? O supongamos que era sastre. ¿Qué le pasaría si se le contratara para hacer las vestiduras de sacerdotes paganos? O supongamos que fuera soldado. A la entrada de todos los cuarteles y campamentos ardía la llama del altar consagrado a la divinidad del césar. ¿Qué le pasaría cuando le correspondiera el servicio de quemar la pizquita de incienso en ese altar en señal de adoración? Una y otra vez en la Iglesia Primitiva le llegaba al cristiano la opción entre su permanencia en el empleo y su lealtad a Jesucristo. Se dice que vino uno a Tertuliano, le contó su problema y luego dijo: «Pero, después de todo, tengo que vivir.» «¿Estás seguro de que tienes que vivir?», le contestó Tertuliano.

En la Iglesia Primitiva, como en algunos otros lugares y tiempos, el hacerse cristiano suponía tener que dejar el trabajo. Uno de los ejemplos más famosos de los tiempos modernos fue F. W. Charrington. Era heredero de una fortuna amasada en destilerías de whisky. Pasaba por delante de la taberna una noche. Había una mujer esperando a la puerta. Un hombre, sin duda su marido, salió, y ella hizo todo lo posible para que no volviera a entrar. El hombre la tiró al suelo de un puñetazo. Charrington se adelantó y levantó la vista. El nombre que tenía la taberna era el suyo, y Charrington dijo: «Con aquel puñetazo, aquel hombre no sólo dejó fuera de combate a su mujer, sino me puso a mí fuera de aquel negocio para siempre.» Y entregó la fortuna que era legalmente suya, para no tocar más un dinero que se ganaba de aquella manera.

Nadie es el guardián de la conciencia de otro. Cada uno debe decidir por sí si puede llevar su negocio a Cristo y a Cristo a su negocio todos los días.

(ii) A menudo quería decir que una persona tenía que dejar su *vida social*. En el mundo antiguo, como vimos cuando estudiamos la sección dedicada a la carne ofrecida a los ídolos, muchas fiestas paganas se celebraban en el templo de algún dios. La invitación se hacía en estos términos: «Te invito a comer conmigo a la mesa del Señor Serapis.» Aunque no fuera siempre así, una fiesta pagana empezaba y terminaba con una libación, una copa de vino, que se derramaba como ofrenda a los dioses. ¿Podía un cristiano tomar parte en eso? ¿O tenía que despedirse para siempre de la sociedad de la que había formado parte y que tanto había representado para él?

(iii) A menudo quería decir que una persona tenía que renunciar a sus *lazos familiares*. Una de las cosas más dolorosas del Cristianismo en sus primeros años era la forma en que se dividían las familias. Si una esposa se hacía cristiana, su marido podía echarla de casa. Si un marido se hacía cristiano, su mujer le podía abandonar. Si se hacían cristianos los hijos e hijas, se les podían cerrar en la cara las puertas del hogar. Era literalmente cierto que Cristo no vino a traer la paz sobre la Tierra, sino una espada divisoria; y que los hombres y las mujeres tenían que estar preparados a amarle más que a sus seres más próximos y queridos. Tenían que estar dispuestos a verse excluidos hasta de sus propios hogares.

Por muy duro que parezca, siempre será verdad que hay ciertas cosas que una persona no puede tener o hacer y ser cristiana. Hay ciertas cosas de las que todo cristiano debe salirse.

Antes de acabar con este pasaje, hay un punto que no debemos pasar por alto. En él, Pablo cita las Escrituras, no literalmente, sino mezclando una serie de pasajes diversos: *Levítico 26:11-12; Isaías 52:11; Ezequiel 20:34; 37:27, y 2 Samuel 7:14.* Es un hecho que Pablo rara vez cita literalmente. ¿Por qué? Debemos tener presente que, en aquellos tiempos, los libros se escribían en rollos de papiro. Un libro del tamaño de Hechos requeriría un rollo de unos cien metros de largo, y sería muy poco manejable. No había divisiones de capítulos, que fue algo que introdujo Stephen Langton en el siglo XIII. Tampoco había divisiones de versículos, que fue Stephanus, el impresor de París, en el siglo XVI, quien las introdujo. Por último, no hubo nada semejante a nuestras concordancias hasta el siglo XVI. El resultado era que Pablo hacía lo que la mayor parte de los estudiosos: citar de memoria, conformándose con ser fiel al sentido aunque no lo fuera a las palabras. No era la letra de la Escritura lo que le importaba, sino su mensaje.

PREOCUPACIÓN Y GOZO CRISTIANOS

2 Corintios 7:5-16

Cuando llegamos a Macedonia, no teníamos tranquilidad en el cuerpo, sino estábamos dolorosamente oprimidos por todos lados. Teníamos guerras por fuera y temores por dentro. Pero Quien conforta a los humildes, quiero decir Dios, nos confortó con la llegada de Tito. Y nos confortó, no sólo con su venida, sino con la confortación que él había experimentado entre vosotros; porque trajo noticias de las ganas que tenéis de verme, de vuestra pesadumbre por lo del pasado, y de vuestro celo en darme muestras de vuestra fidelidad. El resultado fue que la alegría fue mayor de lo que habían sido los problemas. Porque, aunque os di un disgusto con la carta que os envié, no siento el habérosla mandado, aunque sí es verdad que entonces lo sentí; porque ahora veo que esa carta, aunque fuera sólo por cierto tiempo, os causó mucho pesar. Ahora me alegro, no de que os llevarais un disgusto, sino de que aquel disgusto os condujera al arrepentimiento. Fue un piadoso pesar el que sentisteis; así que no habéis salido perdiendo en nada en el trance, porque el pesar piadoso produce un arrepentimiento que conduce a la salvación y que no hay por qué lamentar. El pesar del mundo es el que produce la muerte.

Todo este asunto, este pesar piadoso, ¡fijaos qué anhelo auténtico os ha producido, qué deseo de rectificar, qué aflicción por lo que habíais hecho, qué temor, qué ansiedad, qué celo, qué medidas para imponer un justo castigo al que se lo tenía merecido! Habéis dejado bien clara vuestra limpieza en todo este asunto.

Si es verdad que os escribí, no fue para meterme con el que había cometido la fechoría, ni tampoco para darme por ofendido; sino para que quedara bien clara delante de Dios la seriedad con que os portáis con nosotros.

Esto es lo que nos ha confortado. Además de esta
confortación que recibimos, todavía nos llenamos más,
hasta rebosar, de alegría, al ver la que sentía Tito; y es
que le había refrescado el espíritu la manera como le
tratasteis. Porque si yo presumí un poco acerca de él,
no he quedado mal; sino que, como en todo lo demás os
hemos dicho la verdad, también en lo que presumimos
acerca de Tito se demostró que era la verdad. El corazón
se le sale rebosando hacia vosotros cuando se acuerda
de la obediencia que le mostrasteis, cómo le recibisteis
con temor y temblor.
Estoy contento de estar animado en todos los sentidos
en cuanto a vosotros.

El tema de este pasaje enlaza realmente con 2:12s, donde
Pablo dice que no tuvo tranquilidad en Tróade porque no sabía
cómo se había desarrollado la situación en Corinto, y que había
salido para Macedonia al encuentro Tito para recibir las noticias lo más pronto posible. Recordemos otra vez las circunstancias. Las cosas habían ido mal en Corinto. En un intento
para remediarlas, Pablo les había hecho una visita que puso las
cosas peor y casi le rompió el corazón. Después de aquel
fracaso, mandó a Tito con una carta excepcionalmente seria y
severa. Pablo estaba tan preocupado con el resultado de todo
aquel asunto tan desagradable que no pudo estar tranquilo en
Tróade, aunque había mucho allí que se podía hacer; así que
se puso en camino otra vez para salirle al encuentro a Tito y
recibir las noticias lo antes posible. Se encontró con Tito en
algún lugar de Macedocia, y comprobó lo desbordantemente
feliz que venía, y que el problema se había resuelto, la herida
se había cerrado y todo estaba bien. Ese era el trasfondo de
acontecimientos que iluminan la lectura de este pasaje.

En él se nos dicen algunas cosas acerca del método de Pablo
y acerca de la represión cristiana.

(i) Está claro que había llegado el momento en que era
necesaria la represión. Cuando se deja pasar ese momento

para mantener una paz inestable no se cosechan más que problemas. Cuando se deja desarrollar una situación peligrosa por no enfrentarse con ella —cuando los padres no imponen disciplina para evitar disgustos, cuando uno se resiste a coger la ortiga del peligro porque sólo quiere las florecillas de la seguridad—, no se hace más que almacenar disgustos. Los problemas son como las enfermedades: si se tratan a tiempo, a menudo se erradican; si no, se hacen incurables.

(ii) Aun admitiendo todo eso, lo que menos quería Pablo era reprender. Lo hacía sólo por obligación, y no se complacía en infligir dolor. Hay algunos que experimentan un placer sádico al contemplar los gestos de los que reciben los latigazos de su lengua viperina, y que presumen de ser justos cuando en realidad están siendo crueles. Es un hecho que la reprensión que se da con regodeo no es tan efectiva como la que se administra con amor y por necesidad.

(iii) Además, el único objetivo de Pablo al reprender era capacitar a esas personas para ser como debían. Mediante su reprensión quería que los corintios vieran lo profunda que era su relación con ellos a pesar de su desobediencia e indisciplina. Tal sistema podría de momento causar dolor, pero no era éste su fin último; no era dejarlos fuera de combate, sino ayudarlos a levantarse; no desanimarlos, sino animarlos; erradicar el mal, pero dejar crecer el bien.

Aquí se nos descubren también tres grandes alegrías.

(i) Todo este pasaje respira el gozo de la reconciliación, de la brecha restañada y de la pelea remediada. Todos recordamos momentos de nuestra niñez en que habíamos hecho algo que no estaba bien y que levantaba una barrera entre nosotros y nuestros padres. Todos sabemos que eso puede pasar otra vez entre nosotros y los que amamos. Y todos conocemos el alivio y la felicidad que nos inundan cuando las barreras desaparecen y nos encontramos otra vez en paz con nuestros seres queridos. El que se complace en la amargura se hace daño a sí mismo.

(ii) Está el gozo de ver que alguien en quien creemos confirma nuestra confianza. Pablo había elogiado a Tito, y Tito había ido a enfrentarse con una situación difícil. Pablo estaba encantado de que Tito hubiera justificado su confianza y demostrado que estaba bien fundada. Nada nos produce más satisfacción que el comprobar que nuestros hijos en la carne o en la fe van bien. La alegría más profunda que pueden proporcionar un hijo o una hija, un estudiante o un discípulo, es demostrar que son tan buenos como sus padres o maestros los consideran. Una de las más dolorosas tragedias de la vida son las esperanzas fallidas, y una de sus mayores alegrías, las esperanzas que se hacen realidad.

(iii) Está el gozo de ver que se recibe y se trata bien a alguien que amamos. Es un hecho que la amabilidad que se tiene con nuestros seres queridos nos conmueve aún más que la que se tiene con nosotros. Y lo que es verdad en nosotros es verdad en Dios. Por eso podemos mostrar el amor que Le tenemos a Dios amando a nuestros semejantes. Deleita el corazón de Dios el ver que tratan amablemente a Sus hijos. Cuando se lo hacemos a uno de ellos, Se lo hacemos a Él.

Este pasaje traza una de las más importantes distinciones de la vida: la que hay entre *el pesar piadoso* y *el mundano.*

(i) El pesar piadoso produce arrepentimiento verdadero, y el verdadero arrepentimiento se demuestra por sus obras. Los corintios mostraron su arrepentimiento haciendo todo lo posible para remediar la terrible situación que había producido su insensatez. Aborrecían el pecado que habían cometido, y procuraban deshacer sus consecuencias.

(iii) El pesar del mundo no es pesar por el pecado o por el dolor que causa a otros, sino porque se ha descubierto. Si se tuviera oportunidad de hacerlo otra vez sin sufrir consecuencias, se haría. El pesar piadoso ve el mal que se ha cometido, y no lo lamenta sólo por sus consecuencias, sino aborrece la acción. Debemos tener cuidado con que nuestro pesar por el pecado no sea sólo porque se ha descubierto, sino porque vemos su maldad, y nos proponemos no hacerlo nunca más y expiarlo el resto de nuestra vida por la gracia de Dios.

INVITACIÓN A LA GENEROSIDAD

2 Corintios 8:1-15

Hermanos, queremos que conozcáis la gracia que Dios les ha concedido a las iglesias de Macedonia. Queremos que sepáis que, hasta cuando estaban pasando una severa prueba en su fe, oprimidas por toda clase de cosas, su alegría desbordante y su extrema pobreza que llegaba al colmo de la indigencia se combinaron para desbordarse en la riqueza de su generosidad. Porque yo soy testigo de que dieron según sus posibilidades; sí, pero mucho más que eso: con toda espontaneidad, pidiéndonos por favor e insistiéndonos para que les concediéramos el privilegio de tomar parte en este servicio programado para la ayuda del pueblo dedicado a Dios. No se limitaron a ofrendar como esperábamos; sino que, en primer lugar, por la voluntad de Dios se entregaron primeramente al Señor y a nosotros. Estábamos tan impresionados con su actitud que invitamos a Tito, pues fue él quien empezó la obra en vuestro caso, a que pilotara este acto de generosidad. Pero, de la misma forma que excedéis en todo (en fe, en palabra, en conocimiento y en toda responsabilidad y en el amor que salió de vosotros para venir a reposar en nosotros), ahora os exhorto a que también os excedáis en este acto de generosidad. Esto que os digo no es una orden, sino que estoy usando el ejemplo de la consagración de otros para poner a prueba lo genuino de vuestro amor. Porque ya conocéis la gracia de nuestro Señor Jesucristo: sabéis que fue por vuestro bien por lo que, cuando era rico, Se hizo pobre para enriqueceros con Su pobreza. Según mi parecer, soy yo el que os estoy dando ahora. Esto es para vuestro bien; vosotros, que desde por lo menos el año pasado fuisteis los primeros no sólo en hacerlo sino también en desear hacerlo. Así es que, acabad ahora la obra, para que vuestra buena disposición de organizar este proyecto se empareje con la manera en que lo llevéis a cabo según vuestros medios. Porque, si ya existe la voluntad de contribuir, para que llegue a ser algo totalmente aceptable se invita a cada uno a aportar en la medida de sus posibilidades, y no más allá de ellas. No se os llama a dar para que otros lo tengan fácil cuando vosotros estáis en angostura. Pero ya se nivelarán las cosas. En la situación actual, vuestra abundancia se puede usar para aliviar lo que a ellos les falta, y en otra ocasión será la abundancia de ellos la que se use para aliviar vuestras carencias, para que las cosas se nivelen como está escrito: «El que recogió todo lo que pudo no tuvo de más, y el que no recogió más que un poco no tuvo de menos.»

Uno de los proyectos que Pablo llevó más en el corazón fue la colecta que organizó para la iglesia de Jerusalén. Era la madre iglesia, pero era muy pobre; y Pablo tenía el deseo de que todas las iglesias de los gentiles contribuyeran a ayudar a la iglesia que era su madre en la fe. Así es que aquí les recuerda a los corintios su deber y los anima a ser generosos.

Usa cinco argumentos para exhortarlos a contribuir.

(i) Les cita el ejemplo de otros. Les dice lo generosas que han sido las iglesias de Macedonia, que eran muy pobres y tenían muchos problemas, pero dieron todo lo que tenían y mucho más de lo que se esperaba. En la fiesta judía del Purim se aplica la norma de, por muy pobre que sea uno, que se busque a otro que sea más pobre y le haga un regalo. No suelen ser los más ricos los más generosos; a menudo son los que tienen menos los que dan más, proporcionalmente. Se suele decir que «Son los pobres los que ayudan a los pobres.»

(ii) Les cita el ejemplo de Jesucristo. Para Pablo, el sacrificio de Cristo no empezó en la Cruz. Ni siquiera con Su nacimiento. Empezó en el Cielo, cuando se despojó de Su gloria para venir a la Tierra. El desafío de Pablo a los cristianos era: «Con tal ejemplo de generosidad, ¿cómo no ser generosos?»

(iii) Les cita su propio pasado. Habían sido los primeros en todo. ¿Se iban a quedar ahora atrás? Si las personas fuéramos fieles a nuestro nivel superior, si viviéramos a la altura de nuestros mejores momentos, ¡qué diferentes seríamos!

(iv) Les insiste en la necesidad de poner en acción los mejores sentimientos. Los corintios habían sido los primeros en recibir la invitación. Pero un sentimiento que se queda en eso, una piedad que no sale del corazón, un buen deseo que no se convierte en una buena obra es algo truncado y frustrado. Lo trágico de la vida no es que no tengamos impulsos altos, sino que no pasen a la acción.

(v) Les recuerda que la vida tiene su manera de nivelar las cosas. Con frecuencia notamos que se nos mide con la medida que aplicamos a otros. La vida paga la generosidad con generosidad, y la tacañería con tacañería.

Pablo dice algo muy hermoso de los macedonios: lo primero fue que se dieron a sí mismos, y dejaron ejemplo. Dos de ellos descollaron entre los demás. Aristarco de Tesalónica estuvo con Pablo en su último viaje a Roma *(Hechos 28:2).* Como Lucas, tiene que haber hecho una gran decisión. Pablo estaba arrestado, e iba a que le juzgara el emperador. No había más que una manera de acompañarle, y era presentándose como esclavo de Pablo. Aristarco se dio a sí mismo totalmente. El otro fue Epafrodito. Cuando Pablo estaba preso al final, fue a visitarle con un regalo de los hermanos filipenses y, mientras estaba con Pablo, se puso gravemente enfermo. Como dijo Pablo: «Casi murió en la obra de Cristo» *(Filipenses 2:26-30).*

No hay don que lo sea de veras a menos que el dador dé con él algo de sí mismo. Por eso la manera personal de dar es la más elevada, y de ella Jesucristo es el supremo ejemplo.

La cita del Antiguo Testamento con la que Pablo concluye este pasaje es de *Éxodo 16:18,* que nos dice que, cuando los israelitas recogían el maná en el desierto, cogieran mucho o poco tenían bastante.

ARREGLOS PRÁCTICOS

2 Corintios 8:16-24

> *¡Gracias a Dios, que le ha puesto en el corazón a Tito la misma responsabilidad por vosotros que yo tengo! Su responsabilidad se demuestra en el hecho de que, no sólo aceptó de buena gana mi invitación, sino que también va a visitaros como cosa suya con su característica responsabilidad. Con él os mandamos al hermano que alaban todas las iglesias por su consagración al Evangelio. Y no sólo disfruta del aprecio universal, sino que también le han elegido las iglesias para que sea nuestro compañero de viaje en esta empresa de caridad que estamos administrando para promover la gloria de Dios y mostrar vuestra responsabilidad.*
>
> *Estamos haciendo los preparativos para asegurarnos de que nadie nos critique por el manejo de la administración de este regalo tan importante. Nos proponemos seguir una conducta que sea digna, no sólo a la vista de Dios sino también a la de la gente.*
>
> *Con los hermanos mencionados mandamos a nuestro hermano que ha demostrado su responsabilidad a menudo y en muchas ocasiones, y que es ahora más responsable en esta empresa por la gran confianza que tiene en vosotros. Si hay alguna pregunta que hacer acerca de Tito, que quede claro que es mi colega y colaborador en todo lo que os respecta a vosotros. Y si hay alguna pregunta que hacer sobre nuestros hermanos, que se entienda bien que son apóstoles de la iglesia y gloria de Cristo. Dadles pruebas inequívocas de vuestro amor, y muestras de que todo lo que presumimos de vosotros es cierto. Al hacerlo, estáis dejando evidencia ante todas las iglesias.*

Este pasaje es sumamente interesante precisamente por su carácter práctico. Pablo sabía muy bien que tenía enemigos y críticos. Sabía que había algunos que no dudarían en acusarle de haberse embolsado parte de la colecta para su propio uso, así es que tomó medidas para ponerles difícil el acusarle de tal cosa, y se aseguró de que habría otros de toda confianza que compartieran con él la responsabilidad de llevar la colecta a Jerusalén. Quiénes eran los dos hermanos que se citan aquí pero no por nombre, no lo sabemos. El primero, «el hermano que alaban todas las iglesias por su consagración al Evangelio,» se suele identificar con Lucas. La oración correspondiente al día de san Lucas en ciertas liturgias da por sentada esta identificación: «Todopoderoso Dios, Que llamaste al médico Lucas cuya alabanza es en el Evangelio para que fuera evangelista y médico de las almas: plúgate el que, por las saludables medicinas de la doctrina que él impartió, sean sanadas todas las enfermedades de nuestras almas.» El propósito de Pablo era dejar bien claro que quería estar limpio de sospecha no sólo delante de Dios sino también delante de los hombres.

Es sumamente interesante notar que este mismo Pablo, que sabía escribir como un gran poeta lírico y pensar como el más profundo teólogo, cuando hacía falta, actuaba con la minuciosidad meticulosa de un contable. Era suficientemente grande para hacer las cosas pequeñas y prácticas supremamente bien.

EL DADOR VOLUNTARIO

2 Corintios 9:1-5

Es superfluo el que yo os escriba acerca de este servicio diseñado para la ayuda del pueblo dedicado a Dios, porque conozco vuestra buena disposición, de la que he presumido al hablarles de vosotros a los de Macedonia; porque les he dicho que Acaya está preparada desde el año pasado, y la noticia de vuestro celo ha inflamado a la mayoría de ellos. Pero, de todas maneras, mando a los hermanos para que, en este asunto concreto, lo que he presumido de vosotros no se quede en nada, y para que estéis preparados debidamente como he dicho que estáis. Lo hago para prevenir el caso de que los macedonios lleguen conmigo y no os encuentren preparados; y para que no suceda eso, que haría que nosotros, y no digamos vosotros, quedáramos mal. Creo que es necesario invitar a los hermanos a que sigan adelante con el asunto y obtengan la generosidad que habéis prometido con orden y a tiempo, para que esté todo listo como si fuerais vosotros los que estáis deseando dar, y no como si fuera yo el que os estoy obligando.

Como notaron muchos de los padres de la Iglesia, hay un detalle humano delicioso en el trasfondo de este pasaje. Pablo está tratando de la colecta para los santos de Jerusalén. Pero ahora resulta que ha estado animando a los corintios para que sean generosos citándoles el ejemplo de los macedonios (8:1-5), ¡y al mismo tiempo ha animado a los macedonios citándoles a los corintios! ¡Y ahora tiene un poco de miedo de que los corintios le dejen mal! Es típico de Pablo, y de su gran corazón. Porque lo importante es que él no criticaba nunca a una iglesia ante las demás, sino, por el contrario, alababa a todas y contaba lo bueno que tenían todas. Es una buena regla que se puede aplicar para conocer el calibre de cualquier persona el saber si se complace en contar los defectos o las virtudes de unos ante otros.

Hay por lo menos cuatro maneras en que se puede hacer un regalo.

(i) Se puede hacer *por obligación*. Se pueden cumplir las exigencias de la generosidad, pero haciéndolo como el que paga una deuda o ingresa lo que le exige la contribución. Se puede hacer como un trágico deber, como una triste gracia, de una manera que casi sería mejor que no se hiciera.

(ii) Se puede hacer sencillamente *por propia satisfacción*, pensando más en el sentimiento agradable que se tiene cuando se queda bien que en la persona que lo va a recibir. Hay personas que le darán una moneda a un pordiosero más por el sentimiento de propia satisfacción que por deseo de ayudarle. Esa manera de dar es en esencia egoísta; en el fondo, se dan más a sí mismos que a ninguna otra persona.

(iii) Se puede hacer por motivos *de prestigio*. La verdadera causa de ese dar no es el amor, sino el orgullo; no se da lo que sea para ayudar al necesitado, sino para glorificar al dador. De hecho, es probable que no se llegue a dar si no hay espectadores que lo vean y lo alaben después. Puede ser que se dé para tener más crédito con Dios. ¡Como si fuera posible hacer que Dios esté en deuda con nosotros!

(iv) Ninguna de estas maneras de dar son irremisiblemente malas. Como decía alguien al oír que «se pueden repartir todos los bienes para dar de comer a los pobres; pero, si no se tiene amor, no le sirve a uno de nada.» «¡No le servirá de nada al que lo da; pero sí a los pobres, a los que algo remediará!» Pero no cabe duda de que el verdadero móvil del dar *es el amor*. Es dar, no por obligación ni porque no se tiene más remedio, sino porque no se puede por menos de seguir el impulso del corazón, porque el saber de un alma en necesidad despierta un impulso que no se puede silenciar. Esta es la manera de dar de Dios: fue porque Dios *amó* al mundo de tal manera por lo que dio a Su Hijo.

El gran deseo de Pablo era que la aportación de los corintios a aquella colecta estuviera lista, para que no hubiera que andar con precipitaciones en el último minuto. Un antiguo proverbio latino decía: «El que da pronto, da dos veces.» Eso es siempre cierto —y no sólo ni principalmente refiriéndose, como se suele aplicar, a «dar el primer puñetazo». Los mejores regalos son los que se hacen antes de que se pidan y hasta de que se esperen. Fue cuando no éramos más que Sus enemigos cuando Cristo murió por nosotros. Dios escucha nuestra oración antes de que Se la dirijamos. Y debemos portarnos con los demás como Dios se ha portado con nosotros.

LOS PRINCIPIOS DE LA GENEROSIDAD

2 Corintios 9:6-15

Además, pasa lo siguiente: Con el que es tacaño a la hora de sembrar también la tierra es tacaña a la hora de producir; y la cosecha es generosa con el que es generoso en la siembra. Que cada cual aporte lo que haya decidido de corazón; no como si le doliera el dar o como si se le obligara a hacerlo, porque es el dador alegre el que Le encanta al Señor. Dios puede supliros con medida rebosante todas las gracias, para que de todo y en todo tiempo tengáis suficiente de forma que podáis prosperar en todo lo que está bien. Como está escrito: «Lanzó su semilla; dio de comer a los pobres; su integridad es inalterable.» Así seréis enriquecidos en todos los sentidos para que podáis seguir siendo generosos en todo con esa generosidad que, por medio de vosotros, produce una cosecha abundante de acciones de gracias a Dios.

Porque la administración de este acto de servicio voluntario, no sólo suple lo que le falta al pueblo consagrado a Dios, sino que también contribuye a la gloria de Dios con las acciones de gracias que produce. Y además, mediante vuestra generosidad dais prueba de la autenticidad de vuestro servicio a Dios de una manera tan señalada que otros glorificarán a Dios por vuestra manera de obedecer al Evangelio por la manera en que habéis compartido con ellos y con todo el mundo. Además, entonces ellos orarán por vosotros y os tendrán buena voluntad a causa de la gracia desbordante de Dios que hay en vosotros.

¡Gracias a Dios por el Don gratuito que nos ha dado, que es algo que no se puede decir con palabras!

Este pasaje nos presenta un resumen de los principios generales de la generosidad en el dar.

(i) Pablo insiste en que nadie sale perdiendo por ser generoso. Dar es como sembrar. El que es mezquino a la hora de sembrar no puede esperar más que una cosecha mezquina, mientras que el que es generoso en la siembra, a su debido tiempo recogerá una cosecha generosa. El Nuevo Testamento es un libro tremendamente práctico, y una de sus características es que no le tiene ningún miedo al tema de las recompensas. Nunca dice que la bondad no sirve para nada. Nunca se olvida de que hay algo nuevo y maravilloso que llega a la vida del que acepta la voluntad de Dios como su ley.

Pero las recompensas que prevé el Nuevo Testamento no son nunca materiales. No nos promete la riqueza del dinero, sino la del corazón y el espíritu. Entonces, ¿qué es lo que puede esperar la persona generosa?

(*a*) Será *rica en amor*. Más adelante volveremos a este punto. Siempre será verdad que a nadie le gustan los tacaños, y que la generosidad puede tapar muchos defectos. La gente prefiere un corazón cálido, aunque su misma temperatura le pueda llevar a excesos, a un corazón frío y calculador.

(*b*) Será *rica en amigos*. «El que quiera tener amigos tendrá que empezar por ser un buen amigo» *(Proverbios 18:24)*. Una persona inamable no puede esperar nunca que la amen. El hombre cuyo corazón sale al encuentro de los demás siempre encontrará otros corazones que le salgan al encuentro.

(*c*) Será rico *en ayuda*. Siempre llega el día en que se necesita la ayuda que otros le puedan *prestar* a uno. Por cierto: eso de *prestar*, aunque no se tome literalmente, conlleva la idea de «Hoy por ti, mañana por mí.» Si hemos sido insensibles cuando otros necesitaban nuestra ayuda, es probable que, cuando nos haga falta la suya, nos paguen con la misma moneda. La medida que usemos al ayudar a otros determinará la que se nos aplique, como dijo Jesús *(Lucas 6:38)*.

(*d*) Será *rico para con Dios*. Jesús nos ha enseñado que lo que hagamos por los demás es como si Se lo hiciéramos a Él; y llegará el Día en que todas las veces que abrimos nuestro corazón y nuestra mano darán testimonio a nuestro favor, y todas las veces que los cerramos, darán testimonio en contra nuestra *(Mateo 25:31ss y Lucas 12:21).*

(ii) Pablo insiste en que es el dador feliz el que Le agrada al Señor. *Deuteronomio 15:7-11* establece el deber de la generosidad para con el hermano pobre, y el versículo 10 dice: «Y no serás de mezquino corazón cuando le des.» Había un dicho rabínico que decía que recibir a un amigo poniéndole buena cara pero no darle nada era mejor que darle todo lo que fuera con cara de pocos amigos. Séneca decía que dar con duda y retraso es casi peor que no dar en absoluto.

Aquí Pablo cita el *Salmo 112:3, 9,* versículos que toma como una descripción de la persona buena y generosa. Lanza su semilla, es decir, no es tacaño sino generoso en la siembra; da a los pobres, y sus acciones son su crédito y su alegría para siempre. Carlyle cuenta que una vez, cuando era niño, vino a su puerta un mendigo. Los padres de Carlyle no estaban en casa, y él estaba solo. Movido por un impulso digno de su edad, rompió su hucha y le dio al mendigo todo lo que tenía; y nos dice que nunca antes ni después de aquello experimentó una felicidad comparable a la que le visitó entonces. No cabe duda de que hay un gozo especial en el dar.

(iii) Pablo insiste en que Dios le puede dar a una persona tanto lo que tiene que dar como el espíritu en que debe darlo. En el versículo 8 habla de la suficiencia que Dios nos otorga. La palabra que usa es *autárkia.* Era uno de los términos característicos de los estoicos. No describe la suficiencia del que tiene toda clase de cosas en abundancia, sino el estado del que dirige su vida, no a amasar riquezas, sino a eliminar necesidades. Describe a la persona que ha aprendido a contentarse con el mínimo. Está claro que esa persona podrá dar mucho más a otros porque necesita muy poco para sí. A menudo la cosa es que queremos tanto para nosotros que no nos queda nada para los demás.

Y no sólo eso. Dios nos puede dar también el espíritu en que debemos dar. Los servidores nativos de Samoa de Robert Louis Stevenson le querían mucho. Uno de los muchachos solía despertarle por las mañanas con una taza de té. En cierta ocasión vino otro chico, que le despertó, no sólo con la taza de té, sino, además, con una tortilla apetitosa. Stevenson le dio las gracias y le dijo: «¡Grande es tu previsión!» «No, mi amo —le contestó el muchacho—: Grande es mi amor.» Dios es el único que puede ponernos en el corazón el amor que es la esencia del espíritu generoso.

Pero Pablo dice más en este pasaje. Si nos introducimos en su pensamiento, descubrimos que mantiene que el dar hace cosas maravillosas para tres personas diferentes.

(i) Hace algo *por los demás.* (*a*) Alivia su necesidad. Muchas veces, cuando una persona está en las últimas, el regalo de otro parece nada menos que un regalo del Cielo. (*b*) Restablece su confianza en sus semejantes. A menudo sucede que, cuando uno está en necesidad, le parece que todo el mundo es insensible, y se siente abandonado. Entonces, esa ayuda le dice que el amor y la amabilidad no han desaparecido del mundo. (*c*) Les hace dar gracias a Dios. Una ayuda en tiempo de necesidad es algo que lleva, no sólo nuestro amor, sino también el de Dios a las vidas de otros.

(ii) Hace algo *por nosotros.* (*a*) Autentica nuestra profesión cristiana. En el caso de los corintios, eso era especialmente importante. No cabe duda de que la iglesia de Jerusalén, que sería casi totalmente judía, miraría todavía con recelo a los gentiles, y se preguntaría para sus adentros si el Evangelio podía ser para ellos de veras. El hecho de la colecta de las iglesias gentiles debe haberles asegurado la autenticidad del cristianismo gentil. Si una persona es generosa, eso les hace ver a los demás que pone su cristianismo no sólo en palabras sino también en hechos. (*b*) Nos hace acreedores al amor y a las oraciones de otros. Lo que más se necesita en el mundo es algo que enlace a cada uno con sus semejantes. No hay nada tan precioso como la solidaridad, y la generosidad es un paso esencial en el camino de la unión real entre las personas.

(iii) Hace algo *por Dios.* Hace que se Le dirijan oraciones de acción de gracias. Los que ven nuestras buenas obras no nos glorifican a nosotros sino a Dios. Es algo imponente el que podamos hacer algo para que los corazones se vuelvan hacia Dios, porque eso Le produce alegría.

Por último, Pablo dirige el pensamiento de los corintios y de todos los lectores de su carta al Don de Dios en Jesucristo, un Don tan maravilloso que no se agota jamás y cuya magnitud no se puede expresar con palabras ni cifras; y, al hacerlo, les dice y nos dice Pablo: «¿Cómo vais a poder vosotros, a quienes Dios ha tratado de una manera tan generosa, dejar de ser generosos con vuestros semejantes?»

CAPÍTULOS 10 AL 13

Antes de pasar al estudio de los capítulos 10 al 13 de esta carta, recordemos lo que ya hemos visto en la Introducción. Hay un cambio brusco sorprendente entre los capítulos 9 y 10. Hasta el final del capítulo 9, todo parece ir bien. La grieta se ha cerrado, y la pelea ha terminado. Los capítulos 8 y 9 tratan de la colecta para la iglesia de Jerusalén y, ahora que se ha concluido esa cuestión, podríamos esperar que Pablo terminara su carta. En lugar de eso, nos encontramos otros cuatro capítulos, que son los más tristes y angustiosos que Pablo haya escrito jamás. Nos hace preguntarnos cómo llegaron aquí.

Dos veces en *2 Corintios* habla Pablo de una carta severa que les ha escrito, una carta tan seria que, en un punto, casi lamentó haberla escrito *(2 Corintios 2:4; 7:8)*. Esa descripción no corresponde a *1 Corintios*. Nos quedan dos alternativas: o esa carta se ha perdido o, al menos en parte, se encuentra en estos capítulos 10 al 13. Es absolutamente verosímil el que los capítulos 10 al 13 *son* la carta severa, y que, cuando se coleccionaron las cartas de Pablo, se colocó aquí por equivocación. Para seguir mejor el orden de cosas deberíamos leer los capítulos 10 al 13 antes de los capítulos 1 al 9. Bien podemos suponer que estamos leyendo a partir de ahora la carta que tanto dolor y lágrimas le costó a Pablo escribir, y que lo hizo para enmendar una situación que estuvo a punto de romperle el corazón.

PABLO RESPONDE A SUS CRÍTICOS

2 Corintios 10:1-6

> *Aquí Pablo: Os hago un ruego apelando a la gen-*
> *tileza y la caballerosidad de Cristo; yo, que vosotros*
> *decís que soy un pobre hombre cuando estoy con voso-*
> *tros y que presumo mucho cuando estoy ausente. Pido*
> *a Dios que, cuando vaya a veros, no tenga que ser tan*
> *atrevido con esa confianza con la que creo que puedo*
> *enfrentarme a cara descubierta con algunos que piensan*
> *que actuamos movidos por criterios exclusivamente*
> *humanos.*
>
> *Es verdad que vivimos en un cuerpo humano; pero,*
> *en todo lo que hacemos, no dirigimos nuestra campaña*
> *con motivos o recursos humanos, porque las armas de*
> *nuestra milicia no son meramente humanas, sino que*
> *Dios las ha hecho poderosas para destruir fortalezas.*
> *Nuestra milicia es tal que podemos destruir plausibles*
> *falacias y todas las altaneras ideologías que se yergan*
> *contra el conocimiento que Dios ha dado; de manera*
> *que podemos llevar cautivas a la obediencia de Cristo*
> *todas las intenciones, y que estamos listos para castigar*
> *cualquier desobediencia, una vez que se haya hecho*
> *realidad vuestra obediencia.*

Al principio de este pasaje ya aparecen dos palabras que marcan todo el tono que Pablo quiere adoptar. Habla de la *caballerosidad* y de la *gentileza* de Cristo.

Praytês, caballerosidad, que solía traducirse por *manse-dumbre*, es una palabra interesante. Aristóteles la definía como el término medio correcto entre ser demasiado irascible y ser demasiado pasota. Es la cualidad de la persona que controla su indignación de tal manera que se indigna cuando debe y nunca cuando no debe. Describe a la persona que no se enfu-rece cuando se le inflige un daño personal, ni siquiera cuando es injustamente, pero que es capaz de manifestar justa indignación cuando se abusa de otras personas. Al usar esa palabra, Pablo está diciendo al principio de su carta severa que no le impulsan a la ira las ofensas recibidas, sino que está expresándose con la caballerosidad del mismo Jesús.

La otra palabra es aún más iluminadora. En griego es *epieíkeia, gentileza,* que algunos traducen por *ternura* o *indulgencia.* Los mismos griegos definían *epieíkeia* como «lo que es justo, y aun mejor que justo.» La describían como la cualidad que debe intervenir cuando la justicia, justa en cuanto es general, está en peligro de volverse injusta. Hay veces en que la estricta justicia puede resultar injusta. Como decía un adagio latino, «La justicia a ultranza es una suprema injusticia.» A menudo la verdadera justicia no consiste en insistir en la letra de la ley, sino en dejar que una cualidad más elevada intervenga en las decisiones. La persona que tiene *epieíkeia* sabe que, en último análisis, la norma cristiana no es la justicia, sino el amor.

Al usar esta palabra, Pablo quiere decir que no va a insistir en sus derechos ni en la letra de la ley, sino que va a tratar la situación con el amor de Cristo, que trasciende hasta la justicia humana más excelente.

Ahora llegamos a una sección de la carta que es francamente difícil de entender, por la sencilla razón de que estamos oyendo sólo un lado de la conversación. No conocemos más que la respuesta de Pablo. No sabemos exactamente qué acusaciones le habían hecho los corintios; tenemos que deducirlas de las contestaciones de Pablo. Pero podemos, por lo menos, intentar deducirlas.

(i) Está claro que los corintios habían acusado a Pablo de ser bastante atrevido cuando no estaba cara a cara con ellos, y de achantarse cuando estaba presente. Decían que, desde lejos, escribía cosas que no se atrevía a decirles en la cara. La respuesta de Pablo es que pide a Dios que no se le ponga en situación de tratarlos personalmente como él sabe que es muy capaz de hacerlo. Las cartas son cosas peligrosas. Puede que uno escriba alguna vez en un tono autoritario que no usaría a la cara de otra persona. Un intercambio de cartas puede hacer un montón de daño que se hubiera podido evitar en una conversación cara a cara. Pero Pablo afirma que nunca dice nada por carta que no pueda mantener en persona.

(ii) Está claro que le habían acusado de organizar su conducta dejándose llevar por motivos puramente humanos. La respuesta de Pablo es que tanto su conducta como su poder venían de Dios. Sí, era verdad que era un hombre sujeto a todas las limitaciones de la naturaleza humana, pero Dios era su guía y su fuerza.

Lo que hace difícil de entender este pasaje es que Pablo usa la palabra *sarx, carne,* en dos sentidos diferentes. (*a*) La usa en el sentido ordinario de *cuerpo humano,* carne en el sentido físico. «Andamos —dice— en la carne.» Aquí quiere decir sencillamente que es un ser humano como otro cualquiera. Como en *Gálatas 2:20:* «... lo que ahora vivo en la carne, lo vivo en la fe del Hijo de Dios.» (*b*) Pero también usa esta expresión de una manera que le es característica, refiriéndose a la parte de la naturaleza humana que es una cabeza de puente para el pecado, esa debilidad esencialmente humana de la vida sin Dios. Por eso dice: «No seguimos los dictados de la carne.» Es como si dijera: «Soy un ser humano con un cuerpo como el vuestro, pero nunca me dejo dominar por motivos puramente humanos. Nunca intento vivir sin contar con Dios.» Una persona puede vivir en un cuerpo, pero ser guiada por el Espíritu de Dios.

Pablo pasa a tocar tres puntos muy significativos.

(i) Dice que está equipado para enfrentarse con toda la astucia plausible de la sabiduría y del orgullo humanos. Existe una sencillez que es un argumento de mucho más peso que la más elaborada agudeza humana. Había en cierta ocasión una tertulia a la que asistía Huxley, el gran agnóstico victoriano. El domingo por la mañana habían quedado de acuerdo para ir al culto. Huxley le dijo a uno de los miembros del grupo:

«Supongamos que no vas a la iglesia; supongamos que te quedas en casa y me dices por qué crees en Jesús.» El hombre le contestó: «Pero usted, que es tan inteligente, podrá demoler fácilmente todo lo que le diga yo, que no sé tanto como usted.» Huxley le dijo: «No quiero discutir contigo. Lo único que quiero es que me digas lo que todo eso representa para ti.» Y así lo hicieron. Aquel hombre le dijo a Huxley, de la manera más sencilla, lo que Cristo era para él. Cuando terminó, había lágrimas en los ojos del gran agnóstico. «Daría mi brazo derecho —le dijo— por tener tu fe.» No hubo discusión; pero la absoluta sencillez y sinceridad de aquel creyente humilde le llegaron al corazón al gran pensador. En último análisis, lo más efectivo no es el sutil intelectualismo, sino la sencilla sinceridad.

(ii) Pablo habla de hacer prisionera de Cristo toda intención humana. Cristo tiene una manera maravillosa de cautivar lo que era antes pagano y someterlo a Sus propósitos. Max Warren relata una costumbre de los nativos de Nueva Guinea. En ciertos tiempos tenían cantos y danzas rituales. Tanto se acaloraban que entraban en trance, y el ritual culminaba con lo que ellos llaman «las canciones asesinas,» en las que gritaban delante de su dios los nombres de los que querían matar. Cuando aquellos nativos se convirtieron al Cristianismo, siguieron con esas costumbres y ese ritual; pero, en las canciones asesinas, ya no gritaban los nombres de las personas que odiaban, sino *los pecados* que odiaban y Le pedían a Dios que los destruyera. Una antigua costumbre pagana había sido hecha cautiva de Cristo. Jesús no quiere nunca quitarnos nuestras cualidades y habilidades y características. Lo que quiere es tomarlas y usarlas en Su obra. Nos invita a acudir a Él con todo lo que tengamos para ofrecérselo a Él, y Él nos capacitará para hacer mejor uso de nosotros mismos y de todo lo nuestro del que haríamos sin Él.

SIGUE LA DEFENSA DE PABLO

2 Corintios 10:7-18

Fijaos en lo que tenéis delante de las narices: el que crea a pie juntillas que pertenece a Cristo, que haga otra vez examen de conciencia; porque, si él pertenece a Cristo, nosotros también. Si hago lo que podría tomarse por exceso de autoridad, de esa autoridad que nos ha dado el Señor para edificaros y no para destruiros, no permitiré que se me avergüence. Y eso es precisamente lo que voy a hacer, para que no parezca, como si dijéramos, que me pongo a meteros miedo con una serie de cartas; porque, para citar a mis oponentes, «sus cartas son duras y pesadas, pero su aspecto es insignificante, y lo que dice no vale nada.»

Que el que ha hecho esas afirmaciones tome nota de que como nos expresamos por carta cuando estamos ausentes, así es como somos en realidad cuando estamos presentes.

¡Lejos esté de nosotros el incluirnos entre algunos que se alaban a sí mismos o el compararnos con ellos! Porque no son sensatos cuando no se aplican más que su propio baremo para medirse consigo mismos y cuando no se comparan más que con ellos mismos. Por lo que se refiere a nosotros, no vamos a presumir desmesuradamente, sino de acuerdo con el baremo que Dios nos ha puesto por norma, que os incluye a vosotros también.

Porque no nos hemos pasado, como si nuestra esfera no os incluyera a vosotros; porque no cabe duda que fuimos los primeros en llevaros el Evangelio de Cristo. No presumimos más de lo que nos corresponde, sino acariciamos la esperanza de que, conforme crezca vuestra fidelidad, recibiremos una mayor participación de honor entre vosotros, en la esfera que nos corresponde, lo que nos permitirá predicar el Evangelio en las

regiones de más allá, y no para atribuirnos lo que ya se haya hecho en la esfera de otro.
El que quiera presumir de algo, ¡que presuma del Señor! Porque no es el que se alaba a sí mismo el que pasa todas las pruebas de calidad, sino aquel a quien alaba el Señor.

Pablo sigue respondiendo a sus críticos. Y nos encontramos con el mismo problema de antes: que no podemos oír nada más que un lado de la conversación, y tenemos que deducir las críticas por las respuestas que da Pablo.

(i) Parece claro que por lo menos algunos de los oponentes de Pablo afirmaban que él no pertenecía a Cristo de la misma manera que ellos. Tal vez estaban todavía echándole en cara el hecho de haber sido el archiperseguidor de la Iglesia. A lo mejor presumían de un conocimiento especial. Tal vez pretendían ser más santos que nadie. Por lo que fuera, miraban a Pablo por encima del hombro y presumían de la relación que ellos tenían con Cristo.

Cualquier religión que mueva a mirar por encima del hombro a los semejantes y a creerse mejor que nadie no tiene ningún parecido con el Cristianismo. Cuando hubo un avivamiento en las iglesias del Este de África no hace mucho, una de sus características fueron las confesiones públicas de pecados. Los nativos tomaban parte en aquellas confesiones de buena gana, mientras que los europeos se quedaban al margen, y uno de los misioneros escribió: «Se tiene el sentimiento de que el quedarse al margen es negarse a que se le identifique a uno con la compañía de los pecadores perdonados. A veces se acusa a los europeos de ser orgullosos y no estar dispuestos a compartir la comunión de esa manera.» No hay una definición mejor de la Iglesia que esta de *la compañía de los pecadores perdonados.* Cuando una persona se da cuenta de que es a esa compañía a la que pertenece, no le queda espacio para el orgullo. El problema de los cristianos arrogantes es que creen que Cristo les pertenece, y no que ellos Le pertenecen a Él.

(ii) Parecería que los corintios habían llegado tan bajo como para ridiculizar a Pablo por su apariencia personal. Su aspecto físico —bromeaban—, era flojo, y no era un gran orador.

Tal vez en parte tuvieran razón. Nos ha llegado una descripción de su figura en un libro antiguo que se llama *Los hechos de Pablo y Tecla,* fechado hacia el año 200 d.C. Es tan poco favorecedora que debe de ser verdad: describe a Pablo como «hombre de baja estatura, de poco pelo, de piernas torcidas, de buen tórax, con el entrecejo muy peludo, de nariz aguileña, agraciado, porque algunas veces parecía un hombre corriente y otras tenía cara de ángel.» Un hombre bajo, con entradas, estevado, con la nariz característica de los judíos y cejijunto... No era una figura impresionante, y es posible que los corintios, amantes como griegos de la belleza física, le tomaran a broma.

Haríamos bien en recordar que no es raro el que un gran espíritu se aloje en un cuerpo muy humilde. William Wilberforce fue el campeón de la liberación de los esclavos en el imperio británico. Era tan pequeño y debilucho que parecía que cualquier vientecillo podría acabar con él. Pero Boswell le oyó hablar en público una vez, y luego decía: «Vi a uno que parecía una gamba subirse a la mesa y, cuando empecé a escucharle, creció y creció hasta que se convirtió en una ballena.» Los corintios se rebajaron hasta la máxima descortesía e insensatez cuando se burlaron del aspecto personal de Pablo. También en la crítica que hacían de su oratoria se descubrían como griegos amantes de la forma.

(iii) Parece que acusaban a Pablo de presumir de una autoridad que no le correspondía. Probablemente dirían que Pablo trataba de hacerse el amo en otras iglesias, pero que en Corinto no tenía nada que hacer. Su respuesta fue que Corinto era parte de su esfera, porque él había sido el primero que les había traído el Evangelio de Cristo. Pablo era rabino, y puede que estuviera pensando en el derecho que se atribuían a veces los rabinos. Reclamaban y recibían un respeto muy especial. Pretendían ese respeto porque un maestro lo merecía aún más que un padre; porque decían, «un padre da a sus hijos la vida de este mundo, pero un maestro imparte a sus discípulos la vida del mundo venidero.» Sin duda no había nadie que tuviera más derecho a ejercer autoridad en la iglesia de Corinto que el hombre que, por la voluntad de Dios, había sido su fundador.

(iv) Aquí Pablo les hace una acusación. Irónicamente les dice que él no habría soñado nunca con compararse con los que no hacen más que blasonar de sus méritos; luego, con precisión infalible, pone el dedo en la llaga. Esas personas podían presumir solamente porque su único baremo eran ellos mismos. Tomaban, como hacen tantas personas, un falso término de comparación. Un estudiante de violín puede que se crea un gran violonista; pero si se compara con Yehudi Menuhin cambiará de parecer. Uno puede que se considere un gran jugador de ajedrez; pero si se compara con Kaspárov o Kárpov tendrá que cambiar de opinión. Uno puede que se considere un gran predicador; pero, si se compara con uno de los príncipes del púlpito que ha habido en muchos países, seguro que cambiará de opinión sobre sí mismo, y puede que pierda las ganas de subirse a un púlpito o abrir la boca en público otra vez.

Es fácil decir: «¡Soy tan bueno como cualquiera!» Y puede que sea verdad. Pero, ¿podemos decir que somos tan buenos como Jesús? Él es nuestro único modelo y término de comparación; y, cuando nos medimos con Él, se nos quitan las ganas de presumir. «El autobombo —decía Pablo— no trae ningún honor.» No es cuando nos decimos a nosotros mismos: «¡Bien hecho!» sino cuando nos lo dice el Señor cuando podemos considerar que hemos aprobado la prueba.

Antes de salirnos de este pasaje debemos fijarnos en una frase que es característica del corazón de Pablo. Él quería dejar las cosas como Dios manda en Corinto porque quería tomarlo como punto de partida para alcanzar *las regiones más allá* a las que no había llegado todavía el mensaje de Cristo. W. M. Macgregor solía decir que Pablo sentía la fascinación de las regiones más allá. Nunca veía un navío anclado o amarrado en un puerto sin desear embarcarse para llevar la Buena Noticia a las regiones más allá. Nunca veía una cordillera, azul en la distancia, sin desear cruzarla para llevar la historia de la Cruz a las regiones más allá.

Kipling escribió un poema que se llama *El explorador*, que narra la historia de otro que estaba alucinado con las regiones más allá:

> *«No tiene ningún sentido*
> *intentar ir más allá;*
> *aquí termina la tierra*
> *que se puede cultivar.»*
> *Creí lo que me dijeron*
> *y no quise buscar más.*
> *Roturé y sembré mi campo*
> *y construí mi lagar,*
> *mis graneros y mis vallas*
> *hasta llegar al final*
> *de lo que verse podía*
> *entre los montes y el mar.*
> *Hasta que una voz inquieta*
> *de lejos sentí llamar,*
> *molesta cual la conciencia,*
> *repitiendo sin cesar:*
> *«Hay algo que está escondido*
> *que tú puedes encontrar,*
> *más allá de las colinas*
> *que se pueden vislumbrar;*
> *está perdido a lo lejos,*
> *pero esperándote está.*
> *No te baste lo que tienes.*
> *¡Sal otra vez a buscar!»*

Eso era lo que Pablo sentía en su corazón. Se ha dicho de un gran evangelista que, al pasearse por las calles de la ciudad, no podía por menos de sentir la llamaba de los miles y miles y miles y miles que estaban todavía sin Cristo. El que ama a Cristo siempre sentirá la angustia de los millones que no han oído hablar nunca del Cristo que representa tanto para él.

EL PELIGRO DE LA SEDUCCIÓN

2 Corintios 11:1-6

> *¡Permitidme que dé señales de desatino! Cuento con vuestra paciencia.*
>
> *Estoy celoso de vosotros, con el celo de Dios; porque os he comprometido con un Marido, y quisiera presentaros a Él, a Cristo, como una virgen casta. Pero me temo que, como engañó la serpiente con su astucia a Eva, vuestro pensamiento se haya corrompido de la sencillez y la pureza con que se debe mirar a Cristo. Porque, si os llega uno predicándoos a otro Jesús, a un Jesús que no es el Que no os hemos predicado, y si recibís un espíritu diferente del Que ya habíais recibido, o un evangelio distinto, que no habíais recibido antes, ¡eso os parece estupendo!*
>
> *Pues bien: yo no me considero inferior en nada a esos superapóstoles. Puede que no tenga un pico de oro, pero no soy ningún ignorante; y, de hecho, os presentamos con claridad el conocimiento de Dios en su totalidad.*

En toda esta sección, Pablo tiene que adoptar métodos que no le agradan lo más mínimo. Tiene que hacer hincapié en su propia autoridad, que presumir de sí mismo y que compararse con los que están intentando seducir a la iglesia de Corinto. Y no le gusta hacerlo, y se disculpa siempre que tiene que adoptar ese tono, porque no le era propio hablar tanto de sí mismo. Se dijo una vez de un gran hombre: «Nunca se acordaba de su dignidad hasta que los demás la olvidaban.» Pero Pablo sabía que lo importante no era su propia dignidad y honra, sino la dignidad y honra de Jesucristo.

Empieza usando una alegoría realista de las costumbres judías de boda. La idea de Israel como la esposa del Señor es corriente en el Antiguo Testamento. «Porque tu Marido es tu Hacedor», había dicho Isaías (54:5). «Como el gozo del esposo con la esposa, así se gozará contigo el Dios tuyo» *(Isaías 62:5)*. Así es que era natural el que Pablo usara la alegoría del matrimonio y pensara en la iglesia de Corinto como la prometida de Cristo.

En una boda judía había dos personas que se llamaban, con un modismo hebreo, «los hijos de la cámara nupcial,» uno de los cuales representaba al novio y el otro a la novia. Tenían ciertas obligaciones. Actuaban como representantes de ambos. Repartían las invitaciones. Pero tenían una responsabilidad muy especial: garantizar la castidad de la novia. Eso es lo que Pablo tiene en mente aquí. En la boda de Jesucristo con la iglesia de Corinto, Pablo es el amigo del novio, y es su responsabilidad el garantizar la castidad de la novia, y hará todo lo posible para mantener a la iglesia corintia pura y digna de ser esposa de Jesucristo.

Había una leyenda corriente en los tiempos de Pablo: En el Huerto del Edén, Satanás había seducido de hecho a Eva, y Caín había nacido de aquella unión. Tal vez Pablo estuviera pensando en esa antigua leyenda cuando dice que se teme que la iglesia de Corinto sea seducida.

Está claro que llegaban personas a Corinto que predicaban su propia versión del Evangelio e insistían en que era superior a la de Pablo. También está claro que se tenían por gente muy importante: «superapóstoles» los llama Pablo. Pablo dice irónicamente que los corintios estaban alucinados con ellos. Si los escuchaban tan embelesados, ¿no le querrían oír a él?

A continuación expone el contraste entre aquellos falsos apóstoles y él mismo. Pablo no era un orador profesional. La palabra que usa es *idiôtês*, que en su origen quería decir un ciudadano cualquiera que no tomaba parte en la política. De ahí pasó a designar a la persona que no tenía una formación profesional; y, en este caso, lo que llamaríamos *un laico* o, mejor todavía, *un lego*. Pablo dice que esos apóstoles, falsos y arrogantes, puede que fueran mejores oradores que él, profesionales cuando él no era más que un *amateur*. Puede que tuvieran muchos títulos universitarios, mientras que él no era más que un lego. Pero el caso era que, aunque Pablo no conociera las técnicas de la oratoria y los otros sí, él sabía de lo que hablaba y ellos no.

Hay una historia famosa de un grupo de personas que estaban comiendo juntas. Tras la comida, se decidió que cada una recitara algo. Un famoso actor se levantó y, usando todos los registros de su bien entrenada voz y su mejor técnica de arte dramático, recitó el Salmo 23, y recibió tal aplauso que más bien podría llamarse ovación. Le seguía un hombre normal y corriente que era un sencillo creyente, y también él empezó a recitar el Salmo 23, tomándolo algunos a broma al principio. Pero, conforme proseguía, todos escuchaban con atención reverente. Cuando terminó continuó el silencio, que era más elocuente que el mayor aplauso; y entonces el actor se incorporó y dijo: «Amigo, yo conozco el salmo, *pero tú conoces al Pastor.*»

Los oponentes de Pablo puede que conocieran todos los secretos de la oratoria en los que él era un lego; pero Pablo hablaba de lo que sabía por propia experiencia, porque conocía personalmente al verdadero Cristo.

DISFRAZADOS DE CRISTIANOS

2 Corintios 11:7-15

> *¿Es que he cometido yo algún pecado por humillarme para que vosotros fuerais encumbrados, o por el hecho de haberos predicado el Evangelio de Dios de balde? He esquilmado otras iglesias y aceptado que me pagaran para serviros a vosotros. Y cuando me encontraba entre vosotros y había llegado a la más total indigencia, no os estrujé a ninguno para que me dierais ayuda. Los hermanos que volvieron de Macedonia suplieron mi necesidad. Siempre tuve cuidado de no seros nunca carga, y pienso seguir igual. Por la verdad de Cristo que hay en mí, por lo que a mí respecta, no se*

*me podrá despojar de esta satisfacción en las regiones
de Acaya.*

*¿Que por qué? ¿Porque no os amo? Dios sabe lo
que os amo. Pero sigo y seguiré esta norma para no
ofrecerles la oportunidad a los que están deseando demostrar que son lo mismo que nosotros, para presumir.
Los tales no son más que falsos apóstoles, obreros
fraudulentos, que se disfrazan de apóstoles de Cristo. ¡Y
no es extraño, porque también Satanás se disfraza de
ángel de luz! No debe extrañarnos el que sus servidores
también se disfracen de siervos de la justicia. Pero
acabarán recibiendo lo que se merecen sus obras.*

Aquí sale Pablo al paso de otra acusación que se le ha hecho.
Esta vez está muy clara. No se les iba de la cabeza el hecho
sorprendente de que Pablo se hubiera negado a aceptar la
menor ayuda de ellos. Cuando se encontraba sin recursos, fue
la iglesia de Filipos la que le proveyó de lo necesario (cp.
Filipenses 4:10-18).

Antes de adentrarnos en este pasaje, debemos preguntarnos
cómo podía Pablo mantener su actitud de absoluta independencia en cuanto a la iglesia corintia, y sin embargo aceptar do-
nativos de la iglesia filipense. No estaba siendo inconsecuente,
y la razón era muy práctica y noble. Por lo que sabemos, Pablo
no aceptó nunca nada de los filipenses *cuando estaba en Filipos.*
Sí cuando ya había pasado a otros lugares. La razón es obvia.
Mientras estaba en un lugar, tenía que ser absolutamente in-
dependiente, sin depender de nadie. Es discutible que se pueda aceptar ayuda de nadie, y predicar la verdad con independencia, aunque sea en contra del supuesto bienhechor. Cuando
estaba en medio de la comunidad filipense, Pablo no podía
estarle obligado a nadie. Era otra cosa cuando ya estaba en otro
lugar. Entonces ya era libre para aceptar lo que el amor de los
filipenses le hiciera llegar, porque aquello ya no le podría com-
prometer con ninguna persona o grupo. Le habría sido imposible a Pablo, cuando estaba en Corinto, recibir sostenimiento

y al mismo tiempo mantener la independencia que requería la situación. Eso no era ser inconsecuente, sino ser prudente.

¿Por qué les sentó tan mal a los corintios la actitud de Pablo? Por una parte, según la manera de pensar de los griegos, era una deshonra para un hombre libre el trabajar con las manos. No se había descubierto, o se había olvidado, la dignidad del trabajo honrado fuera cual fuera, y los corintios no comprendían la actitud de Pablo. Por otra parte, en el mundo griego se suponía que los maestros recibían dinero por su trabajo. Jamás ha habido una época en la que pudiera hacer más dinero uno que supiera hablar. Augusto, el emperador romano, pagaba al retórico Verrio Flaco un sueldo anual de 100,000 sestercios, que serían el equivalente de 50,000,000 de pesetas. Todas las ciudades concedían total exención de todas las cargas civiles e impuestos a cierto número de maestros de retórica y literatura. La independencia de Pablo era algo incomprensible para los corintios.

En cuanto a los falsos apóstoles, ellos también acusaban a Pablo de su independencia como si fuera algo malo. Ellos sí que aceptaban ayuda sin problemas, y mantenían que el hecho de aceptarla era una señal de que eran realmente apóstoles. Sin duda mantenían que Pablo se negaba a aceptar nada porque su enseñanza no valía nada. Pero en lo más íntimo de su corazón tenían miedo de que se les vieran las intenciones, y querían arrastrar a Pablo a su nivel para que no se viera el contraste que había entre la independencia de él y la codicia de ellos.

Pablo los acusa de disfrazarse de apóstoles de Cristo. La leyenda judía era que Satanás se había disfrazado una vez como uno de los ángeles que cantaban alabanzas a Dios, y que fue entonces cuando le vio Eva y fue seducida.

Todavía sigue siendo verdad que muchos se disfrazan de cristianos, algunos conscientemente, pero todavía más inconscientemente. Su cristianismo es algo exterior que no tiene la menor realidad. El sínodo de la Iglesia de Uganda trazó las siguientes cuatro pruebas por las que uno se puede examinar a sí mismo para comprobar la autenticidad de su cristianismo.

(i) ¿Conoces la salvación por la Cruz de Cristo?
(ii) ¿Estás creciendo en el poder del Espíritu Santo,
la oración, la meditación y el conocimiento de Dios?
(iii) ¿Tienes un gran deseo de extender el Reino de Dios
por el ejemplo, la predicación y la enseñanza?
(iv) ¿Traes a otros a Cristo buscándolos individualmente,
visitándolos y testificando en público?

En la conciencia de otros no nos podemos meter; pero
podemos poner a prueba nuestro propio cristianismo, no sea
que nuestra fe sea un disfraz más que una realidad.

LAS CREDENCIALES DE UN APÓSTOL

2 Corintios 11:16-33

*Os lo repito: ¡Que nadie me tome por loco! O si no,
tener paciencia conmigo para que, aunque sea como
loco, pueda presumir yo también un poco. Yo no digo
estas cosas como si hablara bajo inspiración del Señor,
sino que estoy hablando con confianza presumida como
un chiflado. Ya que muchos presumen de sus cualificaciones humanas, yo también haré lo mismo, ya que
vosotros, que sois tan sensatos, aguantáis a los locos de
buena gana.*

*Esto que os he dicho sé que es verdad, porque vos-
otros aguantáis el que se os someta a la más abyecta
esclavitud, el que se os devore, el que se os meta en la
red, el que se os trate con arrogancia, el que se os dé
de bofetadas. Lo digo para vergüenza mía: en todo esto
nosotros hemos quedado como débiles.*

*Pero, es lo mismo; si alguien quiere presumir —¡no
estoy diciendo más que tonterías!—, yo también tengo de
qué. ¿Son ellos hebreos? ¡Yo también! ¿Son israelitas?
¡También lo soy yo! ¿Son descendientes de Abraham?
¡Pues yo lo mismo! ¿Son siervos de Cristo? —¡Esto sí*

que son delirios de loco!— ¡Yo, más que ellos! Aquí está mi hoja de servicio: He realizado hazañas más gloriosas; he estado más veces preso; he perdido la cuenta de las palizas que me han dado; moribundo, a menudo; cinco veces he recibido de manos de los judíos cuarenta azotes menos uno; tres veces me han azotado con varas; una vez he sido lapidado; tres veces he sufrido naufragio; he estado a la deriva un día y una noche en alta mar... He estado de acá para allá a menudo; en peligro de ríos, de bandoleros, de mis compatriotas, de los paganos... En peligros en la ciudad, en los descampados, en el mar, entre falsos hermanos... En faenas y trabajos, en noches de insomnio, padeciendo de hambre y de sed, falto de alimentos muchas veces, pasando frío y vergüenza... Y aparte de todo lo que no he mencionado, el estrés de todos los días: la ansiedad por todas las iglesias. ¿Hay alguno que sea débil y yo no comparta su debilidad? ¿Hay alguno que tropiece sin que yo arda de vergüenza? ¡Si he de presumir, presumiré de mis debilidades! El Dios y Padre de nuestro Señor Jesucristo, ¡bendito sea eternamente!, sabe que no estoy mintiendo. En Damasco, Aretas, el gobernador del rey, impuso el toque de queda en toda la ciudad de Damasco para arrestarme, y me bajaron en un cesto por un agujero de la muralla para que me escapara de sus manos.

Totalmente contra su voluntad, Pablo se ve obligado a presentar sus credenciales de apóstol. Cree que es una soberana estupidez; y, cuando llega al punto de compararse con los superapóstoles, eso ya le parece propio de un loco de remate. Sin embargo, no por causa de sí mismo, sino por causa del Evangelio que proclama, tiene que hacerlo.

Aquí queda claro que sus oponentes eran maestros judíos que pretendían tener un evangelio y una autoridad muy superiores a los de Pablo. Les hace una caricatura en unos pocos trazos maestros cuando menciona las cosas que los corintios están dispuestos a sufrir a sus manos. *Reducían a los corintios a la más abyecta esclavitud.* Eso harían al tratar de persuadirlos para que se sometieran a la circuncisión y a las mil y una reglitas y normillas de la ley tradicional judía, abandonando la gloriosa libertad del Evangelio de la gracia de Dios. *Los devoraban.* Los rabinos judíos podían llegar a ser tremendamente rapaces. Mantenían en teoría que un rabino no tenía que cobrar nada por la enseñanza y tenía que ganarse la vida trabajando en algún oficio; pero también enseñaban que la obra más meritoria era mantener a un rabino, y que el que lo hiciera podía estar seguro de obtener un puesto en la academia celestial. *Se portaban arrogantemente.* Trataban a los corintios como esclavos. De hecho, los rabinos exigían que se los respetara más que a los padres; y hasta reclamaban que, si el padre y el maestro de alguno de sus discípulos caían en manos de bandoleros, había que redimir al maestro antes que al padre. *Los abofeteaban.* Esto puede querer decir que los trataban despectivamente, o que les daban de bofetadas literalmente (cp. *Hechos 23:2*). Los corintios habían caído en la situación ridícula de ver en la misma insolencia de sus pretendidos maestros judíos una garantía de su autoridad apostólica.

Los falsos maestros han presentado tres títulos que Pablo dice que puede por lo menos igualar.

(i) Se presentaban como *hebreos.* Este título se lo aplicaban exclusivamente los judíos que conservaban su antigua lengua, una mezcla de hebreo y arameo que perduraba en ciertos círculos tradicionalistas en tiempos de Pablo e incluso después. Había judíos desperdigados por todo el mundo; por ejemplo, había un millón en Alejandría. Muchos de los judíos de la diáspora habían olvidado la lengua antigua de su pueblo y usaban el griego; y los judíos de Palestina que habían conservado su lengua despreciaban a los que la habían perdido. Es muy probable que los oponentes de Pablo dijeran: «Ese Pablo es un ciudadano de Tarso, no un judío de pura cepa como nosotros los que vivimos en la Tierra Santa. Es uno de esos que son más griegos que judíos.» Pero Pablo les contesta:

«¡No! ¡Yo soy uno de los que conocen profundamente nuestra lengua ancestral!» No podían pretender sacarle ventaja en ese punto al discípulo de Gamaliel *(Hechos 22:3).*

(ii) Blasonaban de ser *israelitas.* La palabra describía a los judíos como *miembros del pueblo escogido de Dios.* El artículo clave del credo judío, la frase con que empezaban todos los cultos de la sinagoga y particulares era: «¡Oye, *Israel!,* el Señor nuestro Dios es un Señor único» *(Deuteronomio 6:4).* Sin duda estos judíos hostiles estaban diciendo: «Este Pablo no es de Palestina. Se ha apartado del pueblo escogido viviendo en tierras griegas allá en Cilicia.» Y Pablo contestaría: «¡No!» Yo soy un israelita por los cuatro costados como el que más. Mi linaje es el del pueblo de Dios.»

(iii) Presumían de ser *descendientes de Abraham.* Con ello se declaraban descendientes directos y herederos de la gran promesa que Dios le había hecho a Abraham *(Génesis 12: 1-3).* Sin duda aprovecharían la ocasión para sembrar dudas sobre la ascendencia de Pablo. Al fin y al cabo, muchos judíos habían ingresado en el pueblo como prosélitos sin ser descendientes directos de Abraham. «¡No! —les contesta Pablo— ¡Yo soy tan puro descendiente de Abraham como el que más!» *(Filipenses 3:5s).* Tampoco en ese sentido eran más que él.

A continuación, Pablo expone sus credenciales de apóstol: todo un catálogo de sufrimientos por Cristo. Cuando el Valiente-por-la-Verdad de *La Peregrina* de Juan Bunyan recibió aviso de que pronto iría con Dios, dijo: «Voy a la casa de mi Padre; y aunque con mucha dificultad he llegado hasta aquí, no me pesan los trabajos y molestias que me ha costado llegar adonde estoy. Mi espada dejo al que sea mi sucesor en la peregrinación, y mi valor y pericia al que los pueda conseguir. Mis marcas y cicatrices llevo conmigo, para que testifiquen a mi favor de que he peleado las batallas del Que ahora va a ser mi Galardonador.» Como Valiente-por-la-Verdad, Pablo tenía sus credenciales en sus cicatrices.

Cuando leemos el catálogo de lo que Pablo había pasado —aunque incompleto, porque él mismo dice que hay otras muchas cosas que no ha mencionado—, lo que más nos debe impactar es lo poco que sabemos de él. Cuando escribió esta carta estaba en Éfeso. Eso es tanto como decir que no hemos llegado nada más que al capítulo 19 de *Hechos;* y, si tratamos de verificar este catálogo de resistencia con el relato más completo que tenemos de su vida, nos encontramos con que sólo consta la cuarta parte de lo que se menciona aquí. Vemos que Pablo era un hombre mucho mayor de lo que habíamos pensado, porque *Hechos* no hace más que tratar superficialmente de lo que hizo y sufrió.

De este catálogo incompleto vamos a destacar solamente tres cosas.

(i) «Tres veces —dice Pablo— he sido azotado con varas.» Ese era un castigo romano. Los ayudantes de los magistrados se llamaban *lictores,* y estaban equipados con varas de abedul con las que se castigaba a los criminales culpables de graves delitos. Tres veces se le había aplicado aquel castigo a Pablo. No era legal que se le infligiera porque, según la ley romana, era un crimen azotar a un ciudadano romano. Pero, cuando la multitud se volvía violenta y el magistrado era débil, Pablo, aunque era ciudadano romano, tenía que sufrir este castigo.

(ii) «Cinco veces —dice Pablo— he recibido los cuarenta azotes menos uno.» Este era un castigo judío. La ley judía establecía cómo se debía administrar *(Deuteronomio 25:1-3).* La cuenta normal eran cuarenta azotes; pero no se podía pasar de esa cifra, porque si no había que aplicarle el castigo al azotador mismo. Por esa razón se reducía la cuenta a treinta y nueve, y ya se sabía que se hablaba de los azotes cuando se mencionaban «los cuarenta menos uno.» La reglamentación detallada de los azotes se encuentra en la Misná, que es el libro en el que se codificó la ley tradicional judía. «Se le atan las dos manos a un pilar a cada lado, y el ministro de la sinagoga toma la ropa del reo —arrancándosela a tirones o rasgándosela— para descubrirle el pecho. Se pone una piedra detrás del reo sobre la cual se coloca el ministro de la sinagoga con una tira de cuero de becerro doblada y redoblada en la mano, de la que cuelgan otras dos tiras que son las que se elevan y caen. La pieza que se sujeta a la mano es de un palmo de longitud y un palmo de ancha, y su final debe llegar al ombligo (es decir, cuando se golpea al reo en el hombro, el extremo de la correa debe llegar al ombligo). Le dará una tercera parte de los latigazos por delante y dos terceras partes por detrás; y no le puede azotar cuando esté de pie o sentado sino sólo cuando esté doblado hacia abajo... y el que azota lo hace con una mano y con todas sus fuerzas. Si el reo muere en el acto, el ministro no es culpable. Pero si le da un latigazo de más y muere, el ministro debe escapar al exilio por causa de él.» Eso es lo que Pablo sufrió *cinco veces*, un azotamiento tan severo que se podía morir en él.

(iii) Una y otra vez Pablo habla de los peligros de sus viajes. Es verdad que en su tiempo las carreteras y los mares eran más seguros de lo que habían sido en tiempos anteriores, pero seguían siendo muy peligrosos. En general, a los pueblos antiguos no les entusiasmaba el mar. «¡Qué agradable es —decía Lucrecio— estar a la orilla y ver a los pobres diablos de los marineros pasándoselo mal!» Séneca escribe a un amigo: «Me puedes convencer a casi todo ahora, porque hace poco me convencieron para que hiciera un viaje por mar.» Se consideraba que hacer un viaje por mar era tomar la vida en las manos. En cuanto a las carreteras, había todavía muchos bandoleros. «Uno —decía Epicteto— ha oído que las carreteras están infestadas de ladrones. No se aventura a ponerse en camino solo, sino espera a tener compañía —un legado, un quaestor o un proconsul—, con los cuales ir a salvo por la carretera.»

Pero Pablo no tendría compañía oficial. «Piensa —decía Séneca— que cualquier día te corta el cuello un bandido.» Era la cosa más corriente del mundo el que retuvieran a un viajero y exigieran rescate. Si había uno que fuera de temperamento aventurero, ese uno era Pablo.

Además, a todo esto hay que añadir «la ansiedad por todas las iglesias.» Esto incluía la carga de la administración diaria de las comunidades cristianas; pero también mucho más que eso. Myers, en su poema *San Pablo*, pone en boca de este:

Mareas desesperadas de la angustia de todo el vasto mundo abriéndose paso por los canales de un solo corazón.

Pablo llevaba las angustias y los problemas de su pueblo en el corazón.

Este pasaje termina de una manera extraña. Al parecer, uno pensaría que la huida de Damasco era un anticlímax. El incidente se nos relata en *Hechos 9:23-25.* La muralla de Damasco era suficientemente ancha como para que pudieran pasar carruajes por ella. Muchas de las casas daban a la muralla, y sería probablemente desde una de ellas desde donde bajaron a Pablo. ¿Por qué menciona precisamente este incidente? Probablemente porque todavía le dolía. Pablo era la clase de persona que consideraría aquella huida clandestina peor que una paliza. Debe de haberse resistido con todas sus fuerzas a salir huyendo por la noche como un fugitivo. Su mayor humillación había sido no poder mirar a sus enemigos a la cara.

EL AGUIJÓN Y LA GRACIA

2 Corintios 12:1-10

Ahora ya tengo que seguir presumiendo, aunque no sirva para nada; así es que pasaré a las visiones y revelaciones que el Señor me ha otorgado.

Conozco a un hombre en Cristo que, hace catorce años —si fue en el cuerpo o fuera del cuerpo, no lo sé; sólo Dios lo sabe— fue arrebatado hasta el tercer Cielo. Y sé que este hombre del que estoy hablando —si fue en el cuerpo o fuera del cuerpo, no lo sé; sólo Dios lo sabe— fue trasladado al Paraíso y escuchó cosas que no se pueden decir con palabras humanas ni le está

*permitido decir a nadie. De ese hombre es del que
podría estar orgulloso. Pero de mí mismo no tengo nada
de que presumir; aunque, si quisiera hacerlo, no estaría
tan loco, porque diría la verdad. Pero renuncio a presumir, no sea que alguien se haga una idea más elevada
de mí de lo que ve en mí u oye de mí.*

*A causa de la naturaleza extraordinaria de la reve-
lación que se me ha concedido y para que no me
enaltezca de orgullo, tengo metida en la carne una
estaca, un mensajero de Satanás que me abofetea para
que no me ensoberbezca. Tres veces he orado al Señor
acerca de esto, suplicándole que me la quite de encima.
Y Él me ha dicho: «Con Mi gracia tienes bastante,
porque el poder alcanza la madurez en la debilidad.»*

*En consecuencia, estoy contento de no presumir nada
más que de mis debilidades, para que gracias a ellas
monte su tienda sobre mí el poder de Cristo. Por eso es
por lo que me alegro de las debilidades, de los insultos,
de las dificultades inevitables, de las persecuciones, de
las angustias; porque es cuando soy débil cuando soy
fuerte.*

Si tenemos sentimientos, habremos de leer este pasaje con
reverencia, porque Pablo nos descubre en él su corazón y nos
muestra su dolor y su gloria.

Totalmente en contra de su voluntad, sigue aquí presentando sus credenciales, y nos habla de una experiencia de la que
no podemos más que maravillarnos y que no podemos ni
intentar sondear. De una manera bastante extraña, Pablo parece
salirse de sí mismo y contemplarse: «Conozco a un hombre»
—nos dice. Ese hombre es él mismo; y, sin embargo, Pablo
puede mirar a ese hombre que tuvo aquella experiencia sorprendente como desde una cierta distancia. Para el místico, la
gran finalidad de toda experiencia religiosa es la visión de Dios
y la unión con Él.

Los místicos siempre han aspirado a ese momento maravilloso cuando, como decía Juan de la Cruz, la amada es en el Amado transformada. En sus tradiciones, los judíos decían que cuatro rabinos habían tenido esta visión de Dios. Ben Azzai había visto la gloria del Señor y había muerto. Ben Soma la contempló, y se volvió loco. Ajer la vio y «cortó las tiernas plantas,» es decir, a pesar de la visión, se volvió un hereje y estropeó el jardín de la verdad. Aquiba fue el único que ascendió en paz y volvió en paz.

No podemos ni figurarnos lo que le sucedió a Pablo. No tenemos que meternos en teorías acerca del número de cielos por el hecho de que él nos hable del tercer cielo. Nos quiere decir sencillamente que su espíritu se elevó en un éxtasis insuperable por su proximidad a Dios.

Podemos fijarnos en un detalle precioso, porque puede que nos ayude un poco. La palabra *Paraíso* viene del persa antiguo, en el que quiere decir *un jardín vallado*. Cuando un rey persa quería conferir un honor muy especial a alguna persona que le era especialmente querida, la hacía *compañera del jardín*, y le concedía el derecho de pasear con él por los jardines reales. En aquella experiencia, como nunca antes o después, Pablo había estado en íntima comunión con Dios.

Después de la gloria vino el dolor. Las versiones españolas de la Biblia suelen traducir por *espina* o *aguijón* la palabra a la que nos referimos. Eso es lo que puede querer decir la palabra griega *skólops*, pero es más probable que se refiera a *una estaca*. Algunas veces se empalaban los criminales en una estaca aguda. Era una estaca como esas la que Pablo sentía retorcerse en su cuerpo. ¿A qué se refería? Se han sugerido muchas respuestas. En primer lugar consideraremos las que han sugerido grandes intérpretes, pero que, a la vista de la evidencia, deben descartarse.

(i) El aguijón se ha supuesto que quería decir *tentaciones espirituales;* la tentación de la duda, o de abandonar los deberes de la vida apostólica, y el remordimiento de conciencia cuando le vencía la tentación. Ese era el punto de vista de Calvino.

(ii) Se ha considerado que se refería a la *oposición y persecución* que Pablo tenía que arrostrar, la constante batalla con los que trataban de deshacerle el trabajo. Ese era el punto de vista de Lutero.

(iii) Se ha tomado en el sentido de *tentaciones carnales.* Cuando los monjes y los ermitaños se encerraban en sus celdas o en sus lugares de penitencia, descubrían que el último instinto que había que domar era el sexo. Los antiguos padres de la Iglesia, y en general la Iglesia Católica Romana tienen ese punto de vista.

Ninguna de estas interpretaciones puede ser correcta, por tres razones. (a) La misma palabra «estaca» sugiere un dolor casi salvaje. (b) La imagen que nos pinta es la de sufrimiento físico. (c) Fuera el aguijón lo que fuera, era intermitente; porque, aunque a veces postraba a Pablo, nunca le alejaba totalmente de su trabajo. Vamos ahora a considerar otras sugerencias.

(iv) Se ha sugerido que el aguijón era *el aspecto físico de Pablo.* «Su aspecto físico es insignificante» *(2 Corintios 10:10).* Se ha sugerido que sufriría alguna desfiguración que le hacía feo y dificultaba su trabajo; pero eso no justifica el agudo dolor que debe de haber sufrido.

(v) Una de las sugerencias más corrientes es que padecía *epilepsia.* Es dolorosa y recurrente; y entre ataques el que la padece puede llevar una vida normal. Produce visiones y trances. ¿Serían los que Pablo experimentaba? Puede ser repelente. En el mundo antiguo se atribuía a los demonios; cuando la gente veía a un epiléptico, escupía para mantener a raya al mal espíritu. En *Gálatas 4:14* Pablo dice que, cuando los gálatas se dieron cuenta de su enfermedad, no *le rechazaron.* La palabra griega quiere decir literalmente no *me escupisteis.* Pero esta teoría tiene consecuencias que no es fácil aceptar. Querría decir que las visiones de Pablo eran trances epilépticos, y no podemos creer que las visiones que cambiaron el mundo no fueran más que eso.

(vi) La más antigua de todas las teorías es que Pablo sufría de *severos y postrantes dolores de cabeza*. Eso era lo que creían tanto Tertuliano como Jerónimo.

(vii) Eso podría conducirnos a la verdad; porque todavía hay otra teoría de que Pablo tenía *problemas con la vista*, y esto podría estar relacionado con los dolores de cabeza. Después de pasar la gloria del camino de Damasco, Pablo estuvo ciego *(Hechos 9:9)*. Puede que sus ojos no se recuperaran nunca del todo. Pablo dice de los gálatas que habrían estado dispuestos a sacarse los ojos para dárselos *(Gálatas 4:15)*. Y al final de Gálatas escribe: «¡Mirad que letrota tan grande escribo!» (6:11), como si estuviera describiendo la manera defectuosa de escribir de una persona que apenas podía ver.

(viii) Con mucho lo más probable es que Pablo sufriera de ataques crónicos recurrentes de fiebres de una cierta malaria vírica que acechaba las costas del Mediterráneo oriental. Los nativos de esas regiones, cuando querían hacerle el mayor daño posible a sus enemigos, rezaban a sus dioses que los «consumieran con el ardor» de esta clase de fiebres. Uno que las padeció describía los dolores que las acompañaban como «si le atravesaran la frente con un yerro candente.» Otro hablaba «del dolor demoledor que le perforaba las sienes como la fresa de un dentista, o como si le metieran una cuña entre las mandíbulas;» y decía que, cuando se le presentaba una crisis, «llegaba al colmo de la resistencia al dolor.» Eso sí merece describirse como un aguijón, y aun como una estaca, en la carne. El hombre que soportó tantos otros sufrimientos tenía también esta agonía en su cuerpo todo el tiempo.

Pablo le pidió a Dios que se lo quitara; pero Dios contestó a esa oración como a tantas: no se lo quitó, pero le dio a Pablo las fuerzas para soportarlo. Así actúa Dios. No nos baja el listón, sino nos capacita para superarlo.

A Pablo se le concedió la promesa y la realidad de la gracia todosuficiente. Veamos en su vida unas pocas cosas para las que le bastó con aquella gracia.

(i) Era suficiente para soportar el *cansancio físico*. Le capacitó para seguir adelante. John Wesley predicó 42,000 sermones. Recorrió un promedio de 7,500 kilómetros al año. Cabalgaba 100 kilómetros y predicaba tres sermones al día por término medio. Cuando tenía 83 años escribió en su diario: «Yo mismo me admiro. No estoy nunca cansado, ya esté predicando, escribiendo o viajando.» Ese era el resultado de la gracia todosuficiente.

(ii) Era suficiente para soportar *el dolor físico*. Le capacitaba para soportar la cruel estaca. Una vez una persona fue a visitar a una chica que estaba en cama, muriendo de una enfermedad incurable y dolorosísima. Le llevaba un librito con lecturas para animar a los que tienen problemas, un libro gracioso, ocurrente y feliz. «Muchas gracias —le dijo la chica—, pero ya conozco ese libro.» «Ah, ¿lo has leído ya?» —le preguntó la persona que había ido a visitarla. La chica contestó: «*Yo soy su autora.*» Esa era la obra de la gracia todosuficiente.

(iii) Era suficiente para soportar *la oposición*. Pablo se pasó la vida arrostrando oposición, y nunca cedió ante ella. No había nada que pudiera rendirle o hacerle volverse atrás. Esa era la obra de la gracia todosuficiente.

(iv) Le capacitó, como puede verse en toda esta carta, para arrostrar *la calumnia*. No hay nada más difícil de resistir que ser objeto de malentendidos y prejuicios conscientes. Una vez un hombre le arrojó un cubo de agua a Arquelao el Macedonio. Él no dijo ni palabra. Y, cuando un amigo le preguntó cómo podía soportarlo tan serenamente, le contestó: «No me arrojó el agua a mí, sino al hombre por el que me tomó.» La gracia todosuficiente capacitaba a Pablo para no tener en cuenta lo que los demás pensaran de él, sino sólo lo que Dios sabía que era.

La gloria del Evangelio consiste en que en nuestra debilidad podemos encontrar esta maravillosa gracia; porque cuando llegamos al fondo de nuestra indefensión es cuando se le ofrece a Dios la oportunidad de intervenir.

FINAL DE LA DEFENSA DE PABLO

2 Corintios 12:11-18

> *He hecho el tonto —vosotros me obligasteis. Ten-dríais que haber sido vosotros los que me alabarais, y no yo; porque no soy menos en nada que esos su-perapóstoles, aunque no sea nada. He dado señales pacientemente entre vosotros de ser apóstol con mila-gros y maravillas y obras de poder. ¿En qué os he hecho de menos con las demás iglesias, como no sea en que no os he estrujado para que hicierais caridad conmigo? ¡Perdonadme esta ofensa!*
>
> *Fijaos: Estoy dispuesto a ir a visitaros por tercera vez, y no aceptaré caridad de vosotros. No es vuestro dinero lo que yo quiero, sino a vosotros. No son los hijos los que tienen que ahorrar para los padres, sino al revés. Con mil amores gastaré yo y me gastaré hasta el colmo por vuestras almas, aunque cuanto más os quiera menos me queráis vosotros.*
>
> *Pero supongamos que digáis que no es que os haya sido una carga, sino que, como soy un tipo astuto, os metí en el bote. De los que os he enviado, ¿me aproveché de vosotros por medio de ninguno de ellos? Animé a Tito a que os fuera a ver, y mandé también con él al hermano. ¿Se aprovechó Tito de vosotros? ¿No nos portamos exactamente igual y dando los mismos pasos?*

Este pasaje, en el que Pablo está llegando al final de su defensa, suena como si fueran las palabras de alguien que hubiera hecho un gran esfuerzo y estuviera cansado. Parece casi como si Pablo se hubiera quedado hecho polvo del esfuer-zo tremendo realizado.

Una vez más, habla de mala gana de todo este asunto de la autojustificación; pero tenía que hacerlo, aunque fuera un mal trago. Podía no darle demasiada importancia a que le desacreditaran; pero el que el Evangelio perdiera su eficacia era algo que Pablo no podía soportar.

(i) En primer lugar, Pablo dice que es en todos los sentidos tan buen apóstol como sus oponentes, que pretenden ser supersapóstoles. Y su afirmación se basa en una cosa: *la eficacia de su ministerio.* Cuando Juan el Bautista envió mensajeros que Le preguntaran a Jesús si era de veras el Prometido o si tenían que seguir esperando a otro, la de Jesús fue: «Volved, y decidle a Juan lo que está sucediendo» *(Lucas 7: 18-22).* Cuando Pablo quiere demostrar la autenticidad del Evangelio que predicó en Corinto, hace una lista de los pecados y de los pecadores, y le añade una frase impactante: «¡Y eso es lo que erais algunos de vosotros!» *(1 Corintios 6:9-11).* Una vez felicitaron al doctor Chalmers por un gran sermón que predicó a una iglesia abarrotada, y contestó: «Sí; pero, *¿sirvió para algo?* La eficacia es la prueba de la autenticidad. La realidad de una iglesia no se ve en el esplendor de su edificio o en lo elaborado de su liturgia o en la riqueza de sus ofrendas o en el tamaño de su congregación, *sino en las vidas cambiadas.* Y, si no hay vidas cambiadas, falta el elemento esencial de la autenticidad. La única piedra de toque que Pablo reconocería para juzgar su apostolado era su capacidad para traer a las personas la gracia de Jesucristo que transforma las vidas.

(ii) Debe de haberles sentado muy mal a los corintios el que Pablo no quisiera aceptarles ninguna ayuda económica, porque vuelve al tema una y otra vez. Aquí establece una vez más uno de los grandes principios de la generosidad cristiana. «No es vuestro dinero lo que quiero —les dice—, sino a *vosotros mismos.*» El dar que no es darse no es nada. Hay deudas que se pueden saldar con dinero, pero hay otras para las que el dinero no sirve.

H. L. Gee cuenta en algún sitio la historia de un vagabundo que llegó una vez pidiendo limosna a la puerta de una buena mujer. Ella entró dentro de la casa para buscar algo que darle, y descubrió que no tenía cambio. Salió, y le dijo: «No tengo nada de cambio en casa. Necesito una barra de pan. Aquí tienes una libra. Ve a comprarme una barra de pan y, cuando vuelvas con el cambio, te daré algo.» El hombre cumplió el encargo y volvió con el cambio, y la mujer le dio una moneda.

Él la cogió con lágrimas en los ojos, y dijo: «No es por el dinero, sino por fiarse de mí. Nadie se ha fiado de mí así nunca, y no se lo puedo agradecer suficientemente.» Es fácil decir que la mujer asumió el riesgo que sólo podía correr una tonta sentimental; pero aquella mujer le dio al hombre más que dinero: le dio algo de sí misma al darle su confianza.

Turguéniev cuenta que una vez le paró un mendigo en la calle. Él se hurgó en los bolsillos, y no llevaba absolutamente ningún dinero. Impulsivamente, le tendió la mano y le dijo al mendigo: «Hermano, esto es todo lo que puedo darte.» A lo que el mendigo contestó: «Me has llamado hermano. Me has dado la mano. Eso también es dar.» La manera más cómoda de cumplir con nuestra obligación con la iglesia o con la caridad de ayudar a nuestros semejantes pobres y necesitados es dar una suma de dinero y santas pascuas. No es que no sea nada, pero dista mucho de serlo todo; porque, en todo verdadero dar, el dador debe dar, no sólo lo que tiene, sino lo que es.

(iii) Parece que los corintios tenían una última acusación contra Pablo. No podían decir que se hubiera aprovechado nunca de ellos; con toda su malicia, no tenían ningún motivo para acusarle de eso. Pero parece que apuntaban a que, posiblemente, parte del dinero recogido para los pobres hermanos de Jerusalén había ido a los bolsillos de Tito o del otro emisario de Pablo, y que Pablo habría recibido así su parte. Una mente tan maliciosa se agarrará a cualquier detalle insignificante para encontrar motivos de crítica. La lealtad de Pablo a sus amigos salta en su defensa. No es lo más cómodo el ser amigo de un gran hombre. Se está expuesto a toda clase de envidias. ¡Feliz el que tiene ayudantes en los que puede confiar como confiaría en su propia alma! Pablo los necesitaba, y los tenía. Cristo también los necesita.

UNA IGLESIA QUE NO ES CRISTIANA

2 Corintios 12:19-21

A lo mejor os habéis creído que era ante vosotros ante quienes hemos estado presentando nuestra defensa. ¡Hemos hablado delante de Dios, en Cristo! Todo lo que hemos dicho, amados hermanos, ha sido para vuestra edificación; porque me temo que, cuando vaya por ahí, no os voy a encontrar como yo quisiera, ni vosotros tampoco me vais a encontrar a mí como quisierais. Me temo que, cuando vaya, haya entre vosotros peleas, envidias, ataques de ira, actitudes mercenarias, críticas, murmuraciones, toda clase de soberbia y de desorden. Me temo que, cuando vaya, Dios me va a humillar delante de vosotros y voy a tener que hacer duelo por muchos de esos que ya antes pecaron y que no se han arrepentido todavía de la impureza, de la fornicación y de la inmundicia en que han vivido.

Al acercarse al final de su defensa hay algo que impacta a Pablo. Toda esa lista de cualificaciones y de autodefensas se podrían tomar como si le importara un montón lo que los demás pensaran de él. Nada podía estar más lejos de la realidad. Mientras Pablo supiera que estaba en paz con Dios, no le preocupaba lo que la gente pensara, y lo que había dicho no se debía tomar como un intento de ganar su aprobación. En cierta ocasión, Abraham Lincoln y sus consejeros habían hecho una decisión importante. Uno de los consejeros dijo: «Bueno, Señor Presidente, espero que Dios esté de nuestra parte.» A lo que contestó Lincoln: «Lo que me preocupa no es el que Dios esté de nuestra parte, sino si estamos nosotros de parte de Dios.» El objetivo supremo de Pablo era mantenerse en la debida relación con Dios sin importarle lo que la gente pensara o dijera de él.

De ahí pasa a hablar de la visita que espera hacer a Corinto. Más bien preocupado, les dice que espera no encontrarlos como no quisiera; porque, si así fuera, podían estar seguros de encontrarle ellos también a él como no quisieran. Hay aquí una cierta amenaza. No quiere tomar medidas graves; pero, si fueran necesarias, no las evitaría. Y entonces Pablo menciona las características de lo que podría ser una iglesia que no tuviera nada de cristiana.

(i) Tiene *peleas (éris)*. Esta es una palabra de las batallas. Denota rivalidad y competencia, discordia sobre la posición y el prestigio. Es característica de la persona que se ha olvidado de que sólo el que se humilla es ensalzado.

(ii) Tiene *envidias (zêlos)*. Esta es una gran palabra que ha venido a menos en el mundo. Originalmente describía una gran emoción: la de la persona que contempla con admiración una vida noble o una acción generosa y se siente movido a emularlas. Pero de tratar de seguir los buenos ejemplos se pasa a veces a envidiarlos, a desear tener lo que no nos corresponde, y se mira con malos ojos el que otros posean algo que se nos niega a nosotros. La emulación de cosas buenas es una cualidad noble; pero la envidia es la característica de una mentalidad mezquina.

(iii) Tiene *ataques de ira (thymoí)*. Esta palabra no denota una indignación controlada y prolongada, sino explosiones repentinas y acaloradas de rabia. Es la clase de ira que Basilio describía como *la intoxicación del alma* que arrastra a una persona a hacer cosas de las que luego se siente amargamente avergonzada. Los antiguos decían que tales explosiones de rabia eran más características de las bestias que de los seres humanos. La bestia no se puede controlar; la persona debería poder; y, cuando la pasión nos arrebata, nos parecemos más a las bestias irracionales y salvajes que a las personas racionales y civilizadas que se supone que somos.

(iv) Tiene *actitudes mercenarias (erithía)*. Originalmente esta palabra simplemente describía *el trabajo que se hace por un salario,* la jornada laboral de un obrero. De ahí pasó a significar lo que se hace exclusivamente por dinero. Describe la ambición totalmente egoísta que no tiene en cuenta el servicio, sino solamente lo que pueda sacar para sí.

(v) Están *las calumnias y las murmuraciones (katalaliaí y psithyrismoí)*. La primera palabra describe el ataque abierto y en voz alta, los insultos que se lanzan en público, el vilipendio público de una persona simplemente porque ve las cosas de otra manera que nosotros. La segunda palabra es todavía más repulsiva. Describe la campaña de murmuración que se propaga de boca en boca, el cuento desacreditador que se transmite en secreto. De la primera clase de ataque uno se puede al menos defender, porque lo ve venir; pero ante la segunda uno está indefenso, porque se trata de una corriente subterránea que no presenta la cara, y de una insidiosa contaminación de la atmósfera cuya fuente no se puede atacar porque se oculta.

(vi) Está *el engreimiento (fysioseis)*. En la iglesia, uno debe tener un alto concepto de su ministerio, pero no de sí mismo. Cuando los demás vean nuestras buenas obras, no será a nosotros a los que glorificarán, sino a nuestro Padre Que está en el Cielo, a Quien servimos y Que nos ha capacitado para obrar bien.

(vii) Están *los desórdenes (akatastasíai)*. Esta es la palabra que designa los tumultos, los líos y los jaleos. Hay un peligro sutil que acecha permanentemente a la iglesia. Una iglesia es una democracia, pero hay que tener cuidado de que no se convierta en una democracia a lo loco. Una democracia no es una situación en la que cada cual puede hacer lo que le dé la gana, sino el lugar en el que se entra en una comunión en la que la consigna no es el aislamiento individualista, sino la solidaridad interdependiente.

(viii) Por último están los pecados de los que hasta los más recalcitrantes entre los corintios podría ser que no se hubieran arrepentido.

(*a*) Está *la inmundicia (akatharsía)*. La palabra describe todo lo que incapacita a una persona para entrar a la presencia de Dios. Describe una vida que se refocila revolcándose en la suciedad del mundo. Kipling Le pedía a Dios:

> *Enséñanos a mantenernos siempre*
> *controlados y limpios noche y día.*

Akatharsía es lo contrario de esa limpieza de corazón que es condición imprescindible para ver a Dios *(Mateo 5:8).*
(*b*) Está *la fornicación.* Los cristianos corintios vivían en una sociedad que no consideraba nada malo el adulterio, y que daba por sentado que todo el mundo buscaba el placer donde quería. Era muy fácil contraer el contagio o recaer en un estado que apelaba tan directa y poderosamente al lado más bajo de la naturaleza humana. Tenían que aferrarse a la esperanza que puede, como dice un poeta,

> *«purificar el alma de la sensualidad y del pecado*
> *con la pureza de la que Cristo nos ha dado ejemplo.»*

(*c*) Está *la deshonestidad (asélgueia).* Aquí nos encontramos con una palabra intraducible. No quiere decir solamente impureza sexual, sino la aberración total. Como la definía Basilio: «Es la actitud del alma que nunca se ha sometido ni se someterá a ninguna disciplina.» Es la insolencia que no conoce límites, que carece del sentido de la decencia de las cosas, que se atreve a todo lo que apetezca un capricho desmedido, que no tiene en cuenta la opinión pública ni su propio buen nombre con tal que conseguir lo que quiere. Josefo se la atribuye a Jezabel, que construyó un templo a Baal en la ciudad de Dios mismo. El pecado capital por excelencia de los griegos era *hybris*, e *hybris* era la orgullosa insolencia que «ni teme a Dios ni respeta a las personas.» *Asélgueia* es el espíritu insolentemente orgulloso que ha perdido totalmente el honor y que se apodera de lo que se le antoja donde, cuando y como sea, sin tener en cuenta ni a Dios ni a nadie.

UNA ADVERTENCIA, UN DESEO, UNA ESPERANZA Y UNA BENDICIÓN

2 Corintios 13

Voy a ir a veros por tercera vez. Todo se decidirá de acuerdo con la evidencia que aporten dos o tres testigos. A todos los que ya han pecado y a todos los demás ya os he dicho, y repito ahora lo que os dije cuando estuve con vosotros en mi segunda visita; ahora lo repito mientras estoy ausente: si voy a vosotros otra vez, no voy a ser blando con nadie. Tomaré las medidas oportunas, ya que estáis buscando una prueba de que es verdad que Cristo habla por mí, el Cristo Que no es débil en lo que a vosotros concierne, sino Que es poderoso en medio de vosotros. Sí, es verdad Que fue crucificado como una persona débil, pero está vivo por el poder de Dios.

Seguid haciendo examen de conciencia, a ver si estáis en la fe. Seguid poniéndoos a prueba. ¿O es que no sois conscientes de que Jesucristo está en vosotros —a menos que seáis unos réprobos? Pero pedimos a Dios que no hagáis nada irremediable. No es que queramos una oportunidad para probar nuestra autoridad. Lo que sí queremos es que vosotros actuéis como es debido, aunque eso quiera decir que no se nos ofrezca la oportunidad de hacer gala de nuestra autoridad.

No podemos hacer nada en contra de la verdad, sino de acuerdo con la verdad. Porque nos alegramos de ser nosotros los débiles y que vosotros seáis los fuertes. Eso es lo que Le pedimos a Dios: que alcancéis plenamente la mayoría de edad.

La razón por la que escribo estas cosas estando ausente es para que cuando esté presente no tenga que trataros con dureza según la autoridad que me ha dado el Señor para construir, y no para destruir.

Y para terminar, hermanos, ¡que os vaya bien! Seguid progresando en vuestro camino hacia la perfección. Aceptad la exhortación que os hemos brindado. Vivid en armonía unos con otros. Estad en paz, y el Dios de paz y de amor estará con vosotros.

Daos unos a otros un beso santo de nuestra parte. Todos los que pertenecen a Dios os mandan saludos.

¡La gracia de nuestro Señor Jesucristo, y el amor de Dios, y la comunión del Espíritu Santo sean con vosotros!

Pablo termina la carta severa con cuatro cosas.

(i) Termina con *una advertencia*. Va a ir a Corinto otra vez, y ésta no habrá tiempo para andarse por las ramas. Lo que se diga se atestiguará y decidirá definitivamente. Tendrá que haber una confrontación. No se debe permitir que la situación se haga crónica. Pablo sabía muy bien que hay un momento en el que hay que dar cara a las situaciones desagradables.

(ii) Termina con *un deseo*. Su deseo es que los corintios actúen como es debido. En ese caso, él no tendrá que imponer su autoridad, y eso no será ningún chasco para él sino una gran satisfacción y alegría. Pablo no quería imponer su autoridad sólo por hacer gala. Lo hacía todo para construir, y no para destruir. La disciplina debe tener siempre como objetivo el levantar a las personas, y no el hundirlas.

(iii) Termina con *una esperanza*. Espera tres cosas de los corintios. (*a*) Espera que sigan adelante hacia la perfección. No debe haber parones en la vida cristiana. El que no avanza, se queda atrás. Los cristianos siempre van de camino hacia Dios; por tanto cada día, por la gracia de Cristo, deben estar un poco más listos para enfrentarse con el escrutinio de Dios. (*b*) Espera que escuchen la exhortación que les ha dirigido. Hay que ser una persona como Dios manda para prestar atención a consejos difíciles. Estaríamos mucho mejor si dejáramos de una vez de hablar de lo que queremos y empezáramos a escuchar a los sabios, y especialmente a Jesucristo. (*c*) Espera que vivan en armonía y en paz. Ninguna congregación puede dar culto al Dios de la paz con un espíritu de amargura. Tenemos que amarnos unos a otros para que el amor de Dios tenga realidad entre nosotros.

(iv) Por último, acaba con una *bendición*. Después de la severidad, de la lucha y del debate, llega la serenidad de la bendición. Una de las mejores maneras de hacer la paz con nuestros enemigos es orar por ellos; porque nadie puede odiar a una persona y orar por ella al mismo tiempo.

Y así dejamos la turbulenta historia de Pablo y la iglesia de Corinto con la bendición resonando en nuestros oídos. El camino ha sido duro, pero la última palabra ha sido *paz*.

PALABRAS griegas, hebreas y latinas

Transcripción fonética aproximada para dar una idea de cómo se supone que se pronunciaban estas palabras cuando se escribió el *Nuevo Testamento*. En *cursiva* las palabras griegas, en **negrita** las hebreas y en normal las latinas. **h**: como la **j** en andaluz; **j**: como en castellano; **th**: como la **z** en castellano o la **th** en inglés; **y**: en griego como la **u** en francés, siempre vocal; **z**: s sonora que no existe en castellano pero sí en las demás lenguas hispánicas, inglés y francés; **ll**: doble **l**. Las demás, como en castellano. Las vocales con acento circunflejo (^) son largas. Se añade la **u** después de la **g** y delante de la **e**, **i** e **y** cuando suena como *guerra*.

NOMBRES Y TEMAS QUE APARECEN EN EL TEXTO

Abreviaturas: A.T., Antiguo Testamento; N.T., Nuevo Testamento; s, detrás de un número de versículo o de página, indica que el tema sigue en el/la siguiente; ss, en los/las siguientes; v, véase; cp, compárese; R-V, versión de la Biblia de Reina-Valera; B-C, de Bóver-Cantera; N.B.E., Nueva Biblia Española; D.R.A.E., Diccionario de la Real Academia Española de la Lengua.